# DINERO FÁCIL LA MENTIRA QUE ATRAPA

HISTORIAS DE UNA EQUIVOCADA PROFESIÓN

**ALVERA**

Publicado por Ibukku
**www.ibukku.com**
Diseño y maquetación: Índigo Estudio Gráfico

ISBN Paperback: 978-1-64086-619-5
ISBN eBook: 978-1-64086-620-1

# Índice


| | |
|---|---|
| INTRODUCCIÓN | 7 |
| CAPÍTULO I<br>BARRIO EL PRADO | 9 |
| CAPÍTULO II<br>LOS AÑOS 80's EL ORIGEN DE LA FAMA | 15 |
| CAPÍTULO III<br>OPORTUNIDADES | 23 |
| CAPÍTULO IV<br>DE REGRESO AL INICIO | 35 |
| CAPÍTULO V<br>LA SUERTE SE ACABA | 51 |
| CAPÍTULO VI<br>LOCURA IMPENSABLE | 57 |
| CAPÍTULO VII<br>SIN MEDIR LAS CONSECUENCIAS | 71 |
| CAPÍTULO VIII<br>DESTINO EUROPA | 87 |
| CAPÍTULO IX<br>OLAS DE CANCÚN | 101 |
| CAPÍTULO X<br>EN LAS PUERTAS DEL INFIERNO | 123 |
| CAPÍTULO XI<br>LA MUERTE DEL CIRUJANO | 141 |
| CAPÍTULO XII<br>EL DENUNCIO Y LA CÉDULA | 149 |
| CAPÍTULO XIII<br>EL ROBO DEL SIGLO | 157 |
| CAPÍTULO XIV<br>EL FINAL DEL MUÑECO | 173 |

CAPÍTULO XV
PARAGUAY 179

CAPÍTULO XVI
DURMIENDO CON EL ENEMIGO 191

CAPÍTULO XVII
LAS MALAS DECISIONES 197

CAPÍTULO XVIII
HERMOSA FANTASIA 205

CAPÍTULO XIX
ANTILLAS HOLANDESAS 211

CAPÍTULO XX
UNA RATA EN EL NIDO 221

CAPÍTULO XXI
INVENTOS DE LABORATORIO 231

CAPÍTULO XXII
5 HORAS EN EL APARTAMENTO 243

CAPÍTULO XXIII
EL DÍA 24 259

CAPÍTULO XXIV
PRISIÓN DE ROTTERDAM 265

CAPÍTULO XXV
MI SENTENCIA "UN MILAGRO DE DIOS" 281

CAPÍTULO XXVI
TER APEL, EL FINAL DE UN CICLO 287

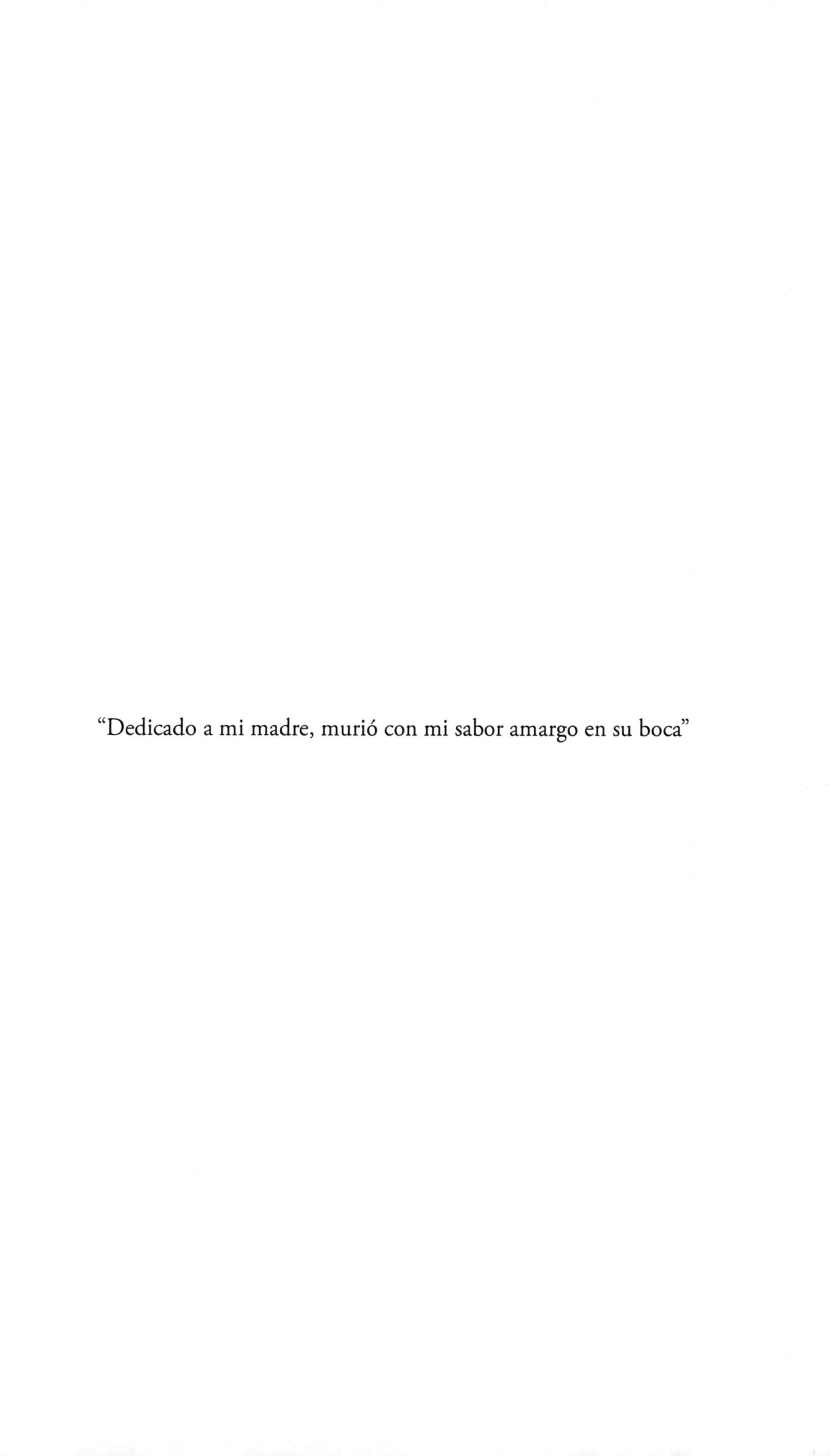

“Dedicado a mi madre, murió con mi sabor amargo en su boca”

# INTRODUCCIÓN

Desde hace mucho tiempo tengo la inquietud, ganas de escribir un libro y contar muchas de las cosas que me han pasado a través de toda mi vida.

Sé que mucha gente ha vivido, pasado cosas, cometido errores iguales, porque todos tenemos una historia que contar, un error que lamentar.

No sé si los míos que son muchos, le interesen a alguien, por lo menos, me gustaría que leyeran este libro en especial gente joven, quienes tienen el tiempo para cometer errores, meditar, pensar, corregir y evitar volver a cometerlos.

Algo que no hice, volvía a cometer una y otra vez los mismos, llegar a esta edad, a este punto de mi vida, tengo 52 años, todavía me quedan fuerzas, mas sin embargo me da tristeza tener que empezar a escribir el manuscrito aquí en la cárcel de Holanda, esperando cual va a ser mi sentencia.

Lunes 20 de agosto 2.018, han pasado 25 días de mi arrestó en el sur de Rotterdam, empieza otra historia más; le pido a DIOS sea la última donde pierdo mi libertad.

# CAPÍTULO I
# BARRIO EL PRADO

Quiero empezar desde mi niñez pues mi vida se divide en un antes y un después, les explicare más adelante.

Nací en la ciudad de Barranquilla, Colombia. Mi niñez fue algo normal, crecí sin conocer a mi padre, figura clave en la orientación de los hijos, por su ausencia pienso, fue el origen de muchos de mis errores, falleció cuando tenía 2 años me contó mi madre, se conocieron siendo oficial de la marina colombiana, estuvo en la base del río amazonas al sur de Colombia, dice que ahí fue donde se contaminó con amebas, posteriormente lo complicaron, se enfermó de peritonitis, de eso murió.

Se había retirado de la marina, trabajaba como gerente en un laboratorio en la ciudad de Bogotá, hasta ahí me se la historia de mi padre.

Nos dejó una casa en el barrio El Prado en la ciudad de Barranquilla, un barrio de clase media alta donde tengo buenos recuerdos de mi niñez, estuve rodeado de maravillosos vecinos en una época sana, los años 70's.

Desde mis vecinas de al lado, Margarita y Lina, que eran la sensación de la calle, enfrente un empresario que su hijo siempre se metía en líos con la policía por su afición a fumar marihuana,en la misma calle vivían unos grandes amigos, de los cuales llevo un bonito recuerdo, en esa época eran dueños de grandes empresas, después de muchos años todavía sigo en contacto con el menor de ellos, todavía lo recuerdo a las 7 am llamando a mi madre por su nombre, para que nos levantara, mi gran amigo Joaco, tengo tantos recuerdos de la piscina de su casa, rodeada de árboles de Fruta, llamada perita, las puertas de su casa siempre estuvieron abiertas para mí y mis hermanos, que gran familia, el señor Ángel, la señora Liliana, todos sus hijos siempre fueron muy amables con nosotros.

En frente de la casa de Joaco estaba una de las varias casas que tenía en la misma calle el empresario Rafael Santos Rodríguez, dueño de importantes industrias, este señor fue uno de los grandes millonarios de Colombia, en la calle siguiente estaba la casa principal, que ocupaba una manzana completa, tengo muchos recuerdos de esa casa, era tan grande que el paseo de todos los niños de la zona era entrar a recoger frutas, la mamá del señor Rafael Santos muy gentilmente nos dejaba entrar a sacar costales enteros de diferentes frutas, parecía una finca, mangos, cocos, tamarindos, naranjas guayaba y otras más, muchas veces teníamos que brincar el muro y salir corriendo porque estaba aterrizando el helicóptero del señor Rafael, que vecindario tan bueno.

Cerca también vivía una vecina que fue reina de belleza en esa época, éramos amigos de sus hermanos, quienes también nos invitaban a su piscina los fines de semana, aparte que nunca faltó una invitación a la piscina del club country, estaba a 2 calles de nuestra casa, en esos tiempos ahí estaban los campos de golf, los vecinos nos íbamos a ver jugar.

Recuerdo a muchos de mis vecinos; como el veterinario Doctor Gonzales, que siempre atendía con amabilidad, los Martínez diagonal a nuestra casa, a lado vivían los Berrio.

Como olvidar al señor Antuar Benue, el francés que trajo la carnicería TORRE EIFFEL, pero después se retiró y abrió su propia carnicería en el parqueadero de su casa a media calle de la nuestra, tenía dos hijos, Lyo y Caterina, fue la primera novia de mi hermano mayor, Lyo con su temperamento aventurero y temerario siempre se metía en líos, hasta que un día fue al barrio conflictivo de la zona, en la rivera del río Magdalena, uno de los más largos de Colombia.

Este río nace en el interior del país, desemboca en la ciudad de Barranquilla, tiene 1.540 km de longitud, en las orillas del río, en esa época, había asentamientos con viviendas informales, se caracterizaba porque era relativamente cerca del barrio el prado.

Ahí tuvo un problema, en la pelea le dieron tan duro que le reventaron el apéndice, murió poco después, todavía recuerdo la imagen del señor Antuar sentado en el piso de la funeraria, Lyo acostado en una camilla, lo estaban preparando para el velorio; que DIOS lo tenga en su Gloria.

En la esquina de la casa estaban los Hernández, tenían un grupo de rock llamado AVENTURAS DEL VIENTO

Recuerdo mi época de primaria en el Colegio Sagrado Corazón de padres católicos, ahí tuve muchos amigos que después, a través de los años volví a ver.

En mi salón de clases tenía un compañero llamado Aquino, su hermana se volvió una cantante famosa, es una de las artistas que ayudaron a colocar a Barranquilla en el mapa de mucha gente, también en mi clase estudiaba Joaco mi vecino, los sobrinos de un senador de la costa del país, con los cual tengo muchas anécdotas.

Años después, vivían en el mismo edifico de FITO, un vecino que recuerdo mucho porque en esa época tenía el televisor más grande que había salido, todo el grupo de vecinos íbamos a su casa a ver películas, era la sensación de la época, que buenos momentos.

Recuerdo el cañón del country, era donde desembocaba el todavía existente y controversial arroyo de la calle 76, en esa época no estaba canalizado, se hacía un río que pasaba por la parte trasera del batallón militar de la zona, el lugar donde íbamos los jóvenes del barrio hacer parrillada, los fines de semana.

Así como recuerdo con alegría esos momentos felices, también recuerdo con mucha tristeza la tragedia del famoso Hotel EL PRADO, que hace parte de la cultura e historia de Barranquilla, nunca supe por qué pero se derrumbó el edificio nuevo que estaba en construcción, murieron muchos albañiles aplastados por las losas del edificio de varios pisos, que gran tragedia, todos los vecinos ayudamos en lo que podíamos, sacar piedras, recoger escombros, recuerdo el olor a muerte que había en la zona, con el paso de los días y el calor del sol de Barranquilla se volvió insoportable, duró varios días hasta que por fin se recogió la última piedra, no supe cuántos fueron los muertos pero sí sé que fue una lamentable tragedia.

Enfrente de la casa de la Reina de belleza, vivía un señor llamado Habid, que empezó vendiendo en el garaje de su casa cigarrillos y whisky, años después, junto a su esposa fueron integrantes del famoso cartel de la costa colombiana y últimos dueños del Hotel El Prado, mucho después de la tragedia.

Hasta aquí todo en mi vida va normal como cualquier niño, después de la muerte de mi padre, mi madre se fue a trabajar a la empresa de mi abuelo, el viejo Marcos, personaje de buen corazón quien asumió la responsabilidad de padre, nos ayudó a mi madre, mis hermanos igual que a todos en la familia de parte materna, con mi abuelo trabajaban mis tíos y tías maternas, a raíz de la muerte de mi padre, mi madre se distancio de su familia.

El viejo Marcos era dueño de una de las empresas litográficas más grandes de la ciudad y de la región en esa época, alcanzaba para mantener a sus hijos, hijas nietos, nietas.

Quiero aprovechar que estoy contándoles mi vida para compartirles algo de la historia de los orígenes de mi abuelo.

Como muchos saben, los que crecieron en Colombia, leyeron la historia de este país, quien nos libertó de los españoles en la época de la colonia fue Simón Bolívar, quiero contarles que este señor que este señor que nació en Caracas-Venezuela, descendiente de españoles con mestizos, tenía buena posición económica y estudió en Europa, después regresó a Venezuela y Colombia e inicio su campaña libertadora, en la cual incorporó como parte de su estrategia militar, una legión extrajera, formada por varios mercenarios de diferentes países de Europa, entre ellos había un oficial de origen alemán llamado Frank, que estaba a cargo del escuadrón de lanceros LOS DRACOS de Colombia, este oficial años después cambio su nombre por Francisco.

Gracias a esta legión extrajera se ganaron muchas batallas claves para la independencia de Colombia, Venezuela, Ecuador y Perú.

Esto no lo cuentan en las escuelas, no estoy restando merito a los aguerridos soldados criollos que ayudaron al Libertador Bolívar, a los cuales les debemos la independencia de los españoles, solo quería contarles de donde salió mi abuelo Marcos.

El oficial alemán se radicó en Cartagena de Indias, desde ahí organizo su escuadrón, ahí conoció y se casó con una señora de la sociedad cartagenera, como era de esperar lo que ya muchos saben, la belleza de las mujeres de la costa colombiana encanta y deslumbra a los europeos, el oficial alemán aparte de su esposa tenía una amante, de ella desciende mi abuelo, yo soy la quinta generación del alemán Frank, como desconozco las leyes alemanas, el apellido alemán me llegó por parte de mi madre, no de mi padre, no sé si tenga derecho a pedir la nacionalidad, pero bueno, esperen y lean mis historias por el mundo, sabrán que eso no fue impedimento para recorrerlo.

Sigamos con mi historia, como les conté, mi abuelo mantenía a todos sus hijos e hijas, una de mis tías se metió a novicia, quería se monja, pero después se retiró, se fue a estudiar en USA, allá conoció un ex cura y se casaron, hasta hoy todavía están juntos, gloria a Dios por eso, otra se fue a estudiar a Italia y terminó viviendo en Alemania hasta el día de hoy, el resto de tías y tíos trabajaban en la empresa de mi abuelo.

Como no les voy hablar de mi hermosa y cariñosa abuela, su esposa Doña Carmen, a pesar de su bella sonrisa, elegancia y amabilidad también tenía su carácter fuerte, el cual muchas veces se convertía en llanto, rabia y frustración ¿adivinen por qué?

La herencia del oficial alemán se lleva en los genes, mi abuelo también era mujeriego, igual que mis tíos hasta yo, en vez de heredarnos tierras, propiedades, dinero, nos dejó la herencia de mujeriegos, ni modo esa es la casta alemana.

En la fábrica de mi abuelo trabajaba una señora que se convirtió en la amante principal de mi abuelo, con ella tuvo dos hijos que se fueron a vivir a USA, nunca conocí a esos tíos. Durante muchos años esa amante fue la causa del llanto, rabia y frustración de mi abuela Carmen, esta señora fue la causante de la separación de mis abuelos y de muchas peleas, inclusive con mis tías, ellas decían que esa señora era bruja y tenía a mi abuelo amarrado con sus hechizos, contaban que ella la había hecho un trabajo a mi abuelo para que abandonara a mi abuela.

Yo no creo en brujerías, solo creo en mi Dios Padre celestial dueño de este mundo, pero de que existen, existen,según me contaron, la amante de mi abuelo les hizo un trabajo de brujería a mi mamá y a mis tías para que terminaran solteras, sin marido, sonaba a ciencia ficción o cuento de novela, aunque se casaron 2 hermanos con 2 hermanas, creo primero fue mi madre y mi padre, después su hermana y mi tío paterno, ya saben, mi padre murió, mi madre nunca se volvió a casar, mi tía se separó de mi tío, jamás se volvió a casar, mi otra tía es madre soltera, sola crió y sacó adelante a su hijo, mi tía de Alemania nunca se le conoció marido, solo mi tía ex novicia que se casó con un ex cura siguen juntos ¿será que mi mamá y mis tías terminaron solas por la maldición de la bruja? Eso solo lo sabe mi Dios.

La empresa de mi abuelo por problemas económicos, mala administración y por ser él terco, vaya que lo era, siempre fue lo que él decía, no escuchó a sus hijos que querían sacar la empresa adelante, se declaró en banca rota, mi abuelo no pudo con la fábrica, la cerró y se acabó la fuente de ingresos de toda la familia, cuando se hunde el barco es sálvense quien pueda.

# CAPÍTULO II
# LOS AÑOS 80's EL ORIGEN DE LA FAMA

Aquí empieza el punto del que les hablé, mi vida se divide en un antes y un después de mudarnos del Barrio el prado.

Como la fábrica de mi abuelo cerró, nos quedamos sin fuente de ingresos, mi madre tuvo que vender la casa, le dieron una parte en efectivo, el resto un apartamento en el norte de Barranquilla, que en esa época estaba apenas poblándose.

En esos tiempos la ciudad llegaba hasta la calle 96, el apartamento que nos dieron quedaba en la zona llamada Los Nogales, aquí es donde empiezan mis locuras y errores, aquí me convertí en el dolor de cabeza de mi madre y mis hermanos.

Les voy hacer un pequeño resumen de los nogales para que entiendan un poco porque cambió mi forma de ser.

Pase de vivir en un sector tranquilo y seguro como el Prado a los Nogales, como ya todos saben, de esa época surgió la tan lamentable fama que tenemos los colombianos en el extranjero,en el año 1979 nos mudamos a esa zona, por casualidad o causalidad, en esa época también creció el narcotráfico en Colombia, cada región se ganó su propia fama, fue escribiendo su propia historia, los de Medellín, los de Bogotá, los de Cali, pero como soy de la costa norte de Colombia, les voy a contar parte de la nuestra.

Antes de ser famosos por la cocaína, Colombia exportó toneladas de marihuana a USA, el país tiene una posición geográfica privilegiada, diversos climas, tenemos mar pacífico y atlántico o Caribe, bastante de esa marihuana salía por la costa Caribe, principalmente por el departamento llamado la guajira, que es la zona más septentrional de Sur América.

Colombia se divide en departamentos, en otros países se llaman estados, el departamento de la guajira era en su mayoría de población indígena de la Etna wayuu o descendientes de esta, era los dueños de las tierras y de las playas por donde salía la famosa hierba, de la noche a la mañana, los humildes indígenas pasaron a ser millonarios, por toda la guajira salían tanto barcos como avionetas, obviamente la economía de los guajiros prospero de manera exuberante, como las ciudades de ese departamento eran bastante modestas, Barranquilla era y todavía es la principal moderna y prospera ciudad de la costa Caribe.

La mayoría de nuevos millonarios guajiros se fueron a comprar casas a Barranquilla, como la zona de moda y en construcción eran Los nogales, llegaron a formar gran numero, como les dije antes, pasaron de ser humildes a millonarios, la gran mayoría en esa época carecía de estudios superiores, muchos solo tenían la primaria y otros ni siquiera eso.

Parece algo normal en un país subdesarrollado de sur América, se oye fácil pero no tienen idea de lo que es ver a alguien pobre y sin educación convertido en un millonario de la noche a la mañana,

Les voy a contar parte de lo que viví en esa época conviviendo con los guajiros de vecinos, empezando por el señor de la esquina, que era dueño de las 3 casas que ocupaban hasta la esquina y un terreno enfrente de las 3 casas, el señor creo que nació en Riohacha, capital de la guajira, casado con una señora muy amable, padres de varios hijos, con este señor comencé a conocer los extremos y la exuberancia de los guajiros, cada vez que "coronaba", así le decían al momento de que un cargamento llegaba satisfactoriamente a su destino, USA era por lo general ese destino .

El señor pedro, así se llamaba mi vecino, en la mayoría de los "corones" o fechas importantes contrataba orquestas y grupos musicales de moda, por su casa pasaron los conjuntos vallenatos más famosos de la época, las agrupaciones internacionales de salsa y merengue.

En esa época todos esos grupos musicales tocaban en el prestigioso Hotel El Prado, los Carnavales de Barranquilla eran y siguen siendo aún una sensación, los empresarios musicales los presentaban en el hotel, pero yo no tenía que ir al hotel a verlos simplemente buscaba la manera de meterme así sea de colado a la fiesta del señor pedro, sino podía simplemente me asomaba por la ventana de mi cuarto que estaba en el tercer piso del edificio enfrente donde vivíamos. Vaya que gozaba a expensas de los corones de Pedro.

Otra señal que aprendí para saber cuándo había corone, era que estacionaba a lo largo de su casa y el lote de enfrente, las camionetas que traía de

USA, una vez conté 70 camionetas pick up Ford Ranger que tenían el logo de un concesionario de autos de Hialeah en Miami.

En la misma calle de enfrente vivía otro guajiro que él y su familia ya tenían fama adquirida con el poder y el dinero, desde esa época los apellidos ganaban importancia dependiendo de la fuerza económica que tenían. Este señor que le decían "tano" cada vez que tomaba alcohol y se emborrachaba, cosa que era muy frecuente, sacaba su pistola 9 mm, la descargaba contra el techo de su casa, ni se imaginan los orificios que le hacía, tener un arma era lo normal de la época, camionetas, armas, escoltas, guarda espaldas, hicieron parte de la moda.

Otro vecino era el acordeonero de un grupo vallenato muy de moda, al que le mataron su cantante principal, a ese velorio asistieron miles de fanáticos y admiradores del difunto.

Había una familia originaria de santa marta, ciudad también de la costa, cerca de Barranquilla, el señor era hermano del jefe de un grupo guerrillero hasta el momento de su muerte, este grupo ya desmovilizado sus dirigentes forman parte de la política del país, con estos vecinos de santa marta compartí muchos momentos agradables.

Como no hablar del vecino doctor que logro un poco de fama con su teoría de curar el cáncer con las plumas del gallinazo.

Nombrar a todos mis vecinos me llevaría escribir un libro por cada uno, solo voy a nombrar a quienes influyeron positiva o negativamente en la etapa de mi juventud.

Como era de esperar, los lujos, las exuberancias de los vecinos que coronaban eran usual, había fiestas, whisky, comida, por su puesto cocaína de la mejor calidad para que los invitados degustaran.

Acababa de cumplir los 15 años, soy el menor de 4 hermanos, mi hermana es la mayor, seguimos 3 varones, en esa edad somos como los bebes recién nacidos, aprendemos lo que vemos, lo que oímos, lo que está a nuestro alrededor, lamentablemente lo digo, aunque nada del pasado se puede cambiar, si me arrepiento de muchas cosas, muchos errores que cometí en mi juventud, por pensar que a los 15 años ya eres dueño del mundo y de tu destino, a esa edad aprendí a tomar alcohol y fumar cigarrillo, cuesta trabajo decirlo y entenderlo pero las cosas malas son las que aprendemos fácil y rápido.

En los nogales tuve que buscar un colegio cerca del edificio donde nos mudamos y que se ajustara al presupuesto de mi madre, a pesar que había muerto mi padre y mi abuelo estaba en banca rota, mi madre consiguió trabajo, gracias a DIOS nunca nos faltó ni un día el plato de comida, aunque algunas veces la situación estuvo dura, jamás nos fuimos a dormir con hambre, no recuerdo si alguna vez en vida se lo dije, pero siempre admiré y estoy orgulloso de lo guerrera y luchadora que fue mi madre (Q.E.P.D).

Aunque ella siempre nos cuidó y nos dio buen ejemplo, la falta de un padre que te diera los consejos y te hablara del tema que solo se entiende entre varones, si me hizo falta, no quiero justificarme ni echarle la culpa de mis errores al no haberlo tenido conmigo, pero sé que mi vida hubiera sido diferente con él.

Volviendo al tema del colegio, había magníficos en el sector, pero el que se ajustaba al presupuesto de mi madre era el colegio San Pedro Apóstol, no vayan a creer que con ese nombre era un colegio religioso, nada que ver, el san Peter, como le decíamos era el lugar perfecto para todos los que tenían problemas académicos en otros colegios donde el rendimiento y las exigencias académicas eran mayores.

Ahí llegaban estudiantes de los colegios de renombre de la zona, de alto nivel económico, casi todos expulsados o se cansaron de batallar con el tema del exigente rendimiento académico, el san Peter era flexible.

Como era de esperar y como pasa en todos los colegios del mundo, me hice de mi grupo de amigos, pero no exactamente para estudiar, teníamos una agenda social de todas las "parrandas" del momento, así le decíamos a las fiestas del fin de semana, no puedo ni voy a decir que todos mis compañeros eran malas personas o malos ejemplos, pero ahí conocí muchos hijos de narcotraficantes de moda en la época, me invitaban directamente o invitaban a un amigo y este nos invitaba a todo el grupo.

Como les conté antes, comencé a consumir alcohol y cigarrillo muy joven, en esa época la cocaína era algo normal en la casa de los "traketos" así les dicen a los narcotraficantes en Colombia, los hijos de ellos siempre tenían y las famosas parrandas hicieron el consumo habitual.

La frecuencia de las fiestas fue aumentando y los dolores de cabeza de mi madre y mis hermanos también, pero inversamente proporcional, mi rendimiento académico fue decayendo, los estudios para mí se volvieron algo, ni siquiera de segundo plano, creo de tercero, perdí todo interés en estudiar y me dediqué a disfrutar del momento y los excesos productos del narcotráfico de la época, aunque todavía hoy en día, ese negocio es sinónimo de lujos y excesos, los que vivió Colombia y en específico la costa Caribe en los años 80´s, dejó una huella y un lastre que llevamos los colombianos a cualquier lugar del mundo que vayamos.

En esa época salían tantas lanchas y barcos con droga desde Colombia, que también podría hacer una novela, así como los productores de Telemundo hicieron una contando las historias del señor de los Cielos, la de Colombia la llamarían "Los señores de los Mares", desde taganga, población cerca a santa marta, hasta la guajira salían cualquier cantidad de embarcaciones hacia todos los destinos posibles, Panamá, Costa Rica, Jamaica, Rep. dominicana, México y USA, eran algunos de los muchos destinos.

También eran muchas las peleas y guerras que había en esa época, los problemas y la violencia que está viviendo México ahora, en Colombia la pasamos en los años 80´s, por eso sabemos en carne propia como se vive.

Yo mismo desde joven vi lo que le pasó a un vecino que le decían "Ronco", vivía a 3 calles del edifico de nosotros.

Una noche entraron a su casa un grupo fuertemente armado, desde la seguridad de la puerta, todos los que iban encontrando en el camino, hasta que encontraron al Ronco, los asesinaron, dejaron un rastro de sangre y muerte en toda la casa, cuando supimos la noticia salimos todos los vecinos llevados por la curiosidad, al llegar vi a uno de los hijos del ronco en la puerta llorando, era un niño de tal ves 10 o 12 años, de nombre "Carmelo", esa imagen y la policía sacando los cuerpos, todavía la llevo grabada.

Ese niño, a lo largo de mi vida lo volví a ver, hasta recuerdo, fuimos compañeros del colegio san Peter, hay rumores e historias, cuentan que Carmelo se volvió violento e implacable a través de su vida, pero conmigo siempre tuvo una relación cordial, lo atribuyo a que fuimos vecinos de juventud, inclusive una joven que vivía casi al lado de su casa fue mi primera novia.

Para mi digan lo que digan de Carmelo, siempre seguirá siendo mi vecino y amigo, el cual tuvo la desgracia de ver morir a su padre de tan lamentable forma.

En esa época nada sorprendía, ni siquiera el final que tuvo un capo de mucho renombre, su esposa se enredó en una relación sentimental con su propio guarda espaldas, los dos organizaron una maquiavélica forma de matarlo, se quedaron con el dinero del gran capo.

Así como las fiestas, lujos, carros nuevos eran algo normal, los abusos guerras, muertes, también.

Yo seguía o trataba de seguir mis estudios, pero tristemente era hacerle perder el dinero a mi madre, bastante era el esfuerzo que ella hacía para conseguirlo, ni en el san Peter me fue bien, me cambié a otro llamado Barlovento, para después terminar en el Santa Cecilia, ni se imaginan la cantidad de **personajes** que conocí en mi época de estudiante, sin contar con todos los vecinos que tenía más los que cada día llegaban a los nogales.

No voy a entrar en detalles de lo vivido y hecho en esa época, pero si quiero contarles de las primeras oportunidades y señales que Dios me dio, por mi ignorancia, por estar ocupado viviendo una vida que al final nos lleva al borde de un abismo, ni siquiera me tomé el tiempo para pensar ver asimilar todas esas oportunidades que tuve enfrente, que no supe aprovechar.

Les voy hablar de esa primera novia de juventud que tuve, vecina de Carmelo, con la cual duré 7 años de amores, se llama "Lucy", todo empezó por otro vecino que le dicen "Armadillo", me la presentó, era su cuñada, cada vez que iba a visitar a su novia, estaba Lucy de metida, quería privacidad para hacer de las suyas, había que conseguirle un novio a Lucy, Armadillo se encargó que nos hiciéramos novios.

Lucy era una trigueña agradable, al principio no me gustaba mucho, pero tenía una mamá con bastante dinero, su padre hacia mucho salió de sus vidas, Lucy con su hermana y su madre viajaban a Miami cada vez que podían, traía una maleta llena de regalos para mí, aunque el dinero no compra los sentimientos, ayuda bastante a enamorase, después de 2 años de relación, estaba locamente enamorado de Lucy, mi madre no gustaba de ella porque sabía a lo que se dedicaba mi suegra, ella fue criada con otra mentalidad.

La familia de Lucy, igual que ella, eran de una población en el departamento del magdalena, en esa zona también florecía el narcotráfico, mi suegra y su hermano llegaron a tener un avión de carga, lo enviaban a USA cargado de drogas,recuerdo que una vez fuimos a un paseo cerca de la población de donde eran originarios, a una finca que tenía el tío de Lucy, estando ahí escuche una conversación, por radio teléfono, fuimos todos a recoger a dos "gringos", es lo mismo que decir norte americanos, a la pista que estaba al fondo de la finca, los gringos trajeron varias cajas con dólares, se quedaron un par de días con nosotros, fuimos de paseo al río que pasaba por la finca, uno de los pilotos americanos piso sin tener zapatos una Sting ray, mantarraya de río,el pobre gringo se regresó a usa con el pie hinchado pero también con la avioneta llena de cocaína.

¿De dónde creen que sacaba dinero Lucy para traerme tantos regalos?

Pasaron muchos años entre peleas y reconciliaciones, siguieron los dolores de cabeza de mi familia, ahora de Lucy también, salía un viernes de mi casa en dirección al colegio, no aparecía en 3 días, ya mi hermano mayor conocía mi rutina, mi madre lo mandaba a buscarme, ni se imaginan el estado en que me traía de vuelta, entre borracho y drogado que ni caminar podía, que vergüenza.

En esa época conocí mucha gente, pero pocos eran amigos de verdad, como una familia de guajiros conformada por tres mujeres cuatro hombres, fui compañero de parrandas desde el mayor hasta el menor, eran mis verdaderos amigos de la época, después de varios años, en diferentes circunstancias a dos de los hermanos los asesinaron.

Perdí muchos amigos en esa época eran tiempos muy duros y violentos, me siento afortunado al estar vivo aún, fueron muchas las situaciones donde estuve al borde de la muerte, pero como era tan testarudo y terco como mi abuelo, nunca le di valor a estar vivo, salvarme tantas veces.

Para que tengan idea del dolor de cabeza que fui para mi madre, ella cuando joven conoció a mi padre de oficial de la marina, también conoció a un joven oficial del ejército de Colombia, quien después de muchos años llegó a ser director de la Escuela Militar de Cadetes en la ciudad de Bogotá, mi madre en esa época ya trabajaba de secretaria en la oficina de la Gobernación del Atlántico, donde duro más de 25 años trabajando, ya no recuerdo cuantos fueron.

En la gobernación se encontró con el ahora general amigo de la juventud, le contó que yo era un joven problema, el general le dijo a mi madre que me mandara a Bogotá, que él me iba a enderezar y volver por el camino correcto, efectivamente mi madre me mandó a estudiar de internado a la ESMIC.

Ahí tuve amigos, los cuales después de muchos años unos se volvieron guerrilleros otros paramilitares, otros delincuentes organizados, lo pude constatar en una reunión de ex compañeros a la que asistí. Un teniente de la época, años después terminó siendo parte de la escolta del narcotraficante de Medellín que le dio la fama a Colombia, pero no todos se volvieron del lado malo, mi comandante de pelotón, fue el primer oficial de color moreno en llegar a General, obtuvo el cargo de comandante del ejército de Colombia.

Estando internado nos daban permiso de salida los fines de semana, con mi grupo de compañeros costeños, nos íbamos de fiesta, los pronósticos y deseos de mi general no se dieron, después de casi 2 años me retiré, prácticamente me tocó escaparme, la vida militar nada que ver con mi temperamento alocado y rebelde.

# CAPÍTULO III
# OPORTUNIDADES

Esta fue la primera de las oportunidades de mi Dios, para tener y hacer una vida honesta, la desaproveché por ser un tonto.

Gracias a mi Dios, tuve la oportunidad de viajar por el mundo, entre islas y países conozco o estuve, en unos días en otras semanas en otros meses, fueron alrededor de 50 más o menos, entre Norte, Centro, Sur América, el Caribe y Europa.

El estar en tantos lugares me enseñó que todas las personas, sin distinción de sexo, color, clase social o posición económica, a todos se nos dan oportunidades para salir adelante y progresar, lo que pasa es que estamos tan ocupados viviendo o haciendo la vida a nuestro parecer, que ni nos damos cuenta que la tenemos enfrente y la dejamos pasar, sea por miedo, por ignorancia o por no querer salir de la zona de confort que hemos construido, se nos va, se nos pasa, muchas veces no se vuelve a presentar, son tantos los momentos, situaciones que nos ocurren que muchos ni lo entendemos.

En el año 1986, tenía un amigo llamado Andrés, oriundo de Montería, otra ciudad de la costa Caribe, un vecino más de los nogales con el cual hice buena amistad. Andrés tenía su novia cerca de su casa, llevaban varios años de noviazgo, un día ella le dice que está embarazada, imagínense la sorpresa de un joven de 20 años que apenas había terminado su bachillerato y empezaba la universidad, lo primero que hizo fue salir corriendo para montería y esconderse pues no sabía qué hacer, cómo actuar. Al cabo de varios días de pensar, consultar y meditar, tomó la decisión de dar cara al problema, casarse con su novia, así como estuvo con ella cuando la embarazó, tenía que ser responsable y afrontar.

Recuerdo que fue un viernes el día que regresó de montería, fue hablar con su novia y los padres de ella, después de salir de ésa reunión, pasó por la casa de Lucy, sabía que ahí estaba, me dijo : "compadre acompáñeme que me voy a casar, quiero celebrar con unos traguitos", nos fuimos a un lugar de moda donde se presentan grupos musicales a ofrecer sus servicios, algo parecido a la plaza Garibaldi en CDMX, pero al estilo costeño, estuvimos hasta la madrugada del sábado tomando y dándonos unos pases de "perico", así le decíamos a la cocaína.

Andrés se encontró con dos amigos guajiros que se unieron a la parranda, ya entrada la mañana, cerraron el lugar, pero antes compramos alcohol para seguir la fiesta en otro lado, no me acuerdo de quien fue la idea, pero nos fuimos a santa marta, que está algo más de una hora de distancia de Barranquilla, supuestamente a desayunar pescado, pero cuando llegamos al rodadero, un municipio que esta antes de llegar a santa marta, es un centro balneario muy famoso, nos sentamos a orillas del mar, contratamos un conjunto vallenato callejero, algo típico, seguimos tomando. Al cabo de varias horas, mi cuerpo no daba más, tomé tanto alcohol que ni el "perico" me mantenía despierto, me levanté, me fui a dormir al carro de Andrés, una Fiat panorama, me senté del lado trasero izquierdo detrás de la silla del conductor, bajé el vidrio recosté mi codo, me quedé dormido.

De los tres borrachos que dejé a orillas de la playa, uno se vino a dormir también, pero éste vino directo al lado izquierdo del carro a decirme que me moviera hacia el lado derecho porque ahí él quería dormir, como les parece la frescura de este amigo, después de discutir y rabiar accedí, me moví al lado derecho del carro, seguí durmiendo, al cabo de un rato llegó Andrés junto al otro amigo, en igual o peores condiciones, que nosotros.

Andrés era el conductor, el otro amigo se sentó al lado derecho de él, no me acuerdo los detalles porque yo estaba profundamente dormido, pero según cuenta el otro sobreviviente, salimos los 4 de regreso a Barranquilla, a pocos kilómetros del rodadero, Andrés se quedó dormido manejando, nos estrellamos casi de frente con un camión, el impacto mayor fue del lado del conductor, Andrés que salió a festejar la venida de su hijo, fue el primero que murió, salió volando a través del vidrio panorámico y se degolló, porque NO tenía el cinturón de seguridad puesto, el amigo que tanto me insistió que le diera mi lugar para dormir, el marco de la puerta con el impacto se dobló, se le enterró en la cabeza y murió en el acto, solo recuerdo que me levanté en un hospital todavía borracho, pidiéndoles alcohol a las enfermeras pensando que eran meseras, se me fracturó el fémur izquierdo y el codo derecho.

Mi amigo Andrés murió sin conocer a su hijo, esta fue la primera de las varias ocasiones, donde me vi de cara con la muerte, ni así aproveché otra oportunidad que me daba DIOS, todavía no entendía que tengo un propósito, una misión que cumplir antes de morir.

Después de recuperarme estuve más calmado, a pesar de ser un cabeza dura, tradición familiar, entendí que estar vivo, en un fatídico accidente, era por algo, empecé a tomar las cosas con más tranquilidad.

Con mucha ayuda, todavía recuperándome del accidente, logré terminar mi bachillerato en el colegio santa Cecilia.

Gracias al gobernador de ese momento, mi madre me consiguió un trabajo con la hija de él, ella era la gerente general de un banco, me consiguió un empleo en una sucursal cerca de donde vivíamos, en la calle 82. La Tata, era como le decían a la gerente general del banco, le dijo a mi madre que me iba apadrinar y apoyar para que hiciera vida laboral, empecé como mensajero, la señora me ayudó para que el banco me pagara la universidad, que afortunado era, trabajaba de día, estudiaba de noche, empecé mis estudios de administración de empresa en la Universidad Autónoma de Caribe, cerca también de donde vivíamos,al poco tiempo fui ascendido a un cargo mejor y transferido a la oficina principal donde estaba la tata.

En esa época mi hermano mayor tenía un buen empleo en la empresa Electrificadora del Caribe, se había casado, pidió la visa para ir de vacaciones con su esposa a Miami. A mí me volvió a dar otro de mis arrebatos aventureros, saqué un certificado de estudios de la universidad, fui hablar con tata para que me diera una buena recomendación laboral para el consulado americano y pedir la visa de turismo.

Lo primero que me dice la señora: tú lo que tienes es ganas de ir y quedarte allá viviendo, le dije: Doña tata como se le ocurre a usted que voy a desaprovechar esta oportunidad que usted me está dando de hacer mi carrera aquí en el banco, no se preocupe que solo voy de vacaciones, en dos semanas regreso. La señora confiando en mí, me hace una carta de referencias laborales tan buena, que el consulado americano NO dudo y me dio la visa de turista por cinco años.

Me fui de vacaciones a Miami, allá me encontré con mi hermano mayor, su esposa y varios conocidos de ellos, después de llegar, ver, conocer y disfrutar del calor de Miami, dije: que va esto es lo mío, a Barranquilla no vuelvo, me quedé con un permiso de turismo por 6 meses, dejé botado mi trabajo y mis estudios en Barranquilla, para aprovechar la oportunidad de estar en Miami.

A través de los conocidos de mi hermano fui conectándome con más gente, más colombianos.

Una familia de Medellín que la hija estaba casada con un cubano-americano, me ayudaron a conseguir una habitación donde quedarme, Julio, así se llamaba.

Me consiguió un trabajo en el car wash de Fisher Island, una de las islas privadas que están en Miami Beach, que dicha era acabado de llegar y trabajar en una isla donde tienen los famosos sus casas, lastimosamente, ese trabajo fue breve por causa de una pistola que se perdió en uno de los carros que le hicimos el servicio, misteriosamente se desapareció, no se supo a ciencia cierta quien la tomó, como dice el viejo y famoso refrán, **justos pagan por pecadores**, nos echaron a todos, fin de mi historia en Fisher Island.

Después de ese trabajo tuve varios, los normales que hacen los inmigrantes cuando llegan a USA.

Seguí conociendo paisanos y haciendo amigos, entre los cuales, había unos hermanos mellizos barranquilleros, Hugo y paco que vivían con su hermano mayor, Luis, su casa estaba en KENDALL al sur de Miami, donde estaba la mayor comunidad de colombianos.

A pesar de eso, decidí vivir en Hialeah, donde había más trabajo, ahí estaba radicada la mayoría de población cubana.

Recuerdo que con mis ahorros me compré un auto chevy, viejito, pero me servía para cruzar la ciudad y moverme a todos lados, tenía la aguja del velocímetro atorada en la milla 45 le pusimos de apodo "EL FOURTY FIVE (45)".

Un día salí con los mellizos a buscar trabajo en la calle 8 de Miami, en una esquina se reunían, en esa época, todos los ilegales que salen a buscar trabajo, en horas de la madrugada pasaba un autobús, recogía a los que alcanzaban a entrar, eran muchos, rápidamente se llenaba, nos llevaron cómo a 4 o 5 horas de Miami, ya ni recuerdo, a un sembrado de pepinos, pagaban 50 dólares el día, dijimos, WOW 50 dólares por un rato aquí en el campo, vamos a echarle ganas.

Lo que me llamó la atención fue ver en esa esquina de la calle 8 a tantos mexicanos y centroamericanos, con chamarras, sacos, campera, chaqueta, abrigos botas guantes ropa de frío y termos con bebidas, era la primera vez que íbamos a esa aventura.

Después de varias horas de estar recogiendo pepinos, sin guantes sin abrigos sin agua, estábamos con las manos destrozadas, muriéndonos de sed, congelándonos del frío, gracias a los que, si vinieron preparados, tuvieron compasión, nos dieron algo de comida y agua. Ahí conocí y aprendí lo valioso e importante que es la mano de obra de los mexicanos y centroamericanos, de la cual tanto reniega y critica el presidente de la mayor potencia americana, no me imagino y nunca vi a un "gringo" aguantando las 6 o 7 horas que dura ese trabajo, al cual hay que ponerle alma vida y corazón, les voy a ser sinceros, admiro a esa gente que lo hace, porque ni con la necesidad de los 50 dólares, ese fue el primer y último día de trabajo en el campo, nunca más volvimos.

Conseguí un trabajo de construcción, que tampoco es fácil, trabajar bajo el sol radiante de Miami, exige mucho esfuerzo y muchas ganas, estos son los trabajos que a nadie les gusta, pero como la mayoría de inmigrantes necesitamos una entrada de dinero, hacemos lo mejor posible o más bien aguantamos lo que más podemos. Años después, cada vez que pasaba por la 27 avenida del NW de Miami, miraba a lo alto del edificio donde trabajé ayudando a colocar las tejas decorativas del techo.

Gracias a Julio el cubano americano, conseguí otro trabajo instalando cocinas integrales con otro cubano en Hialeah, llamado José Alberto, él y su esposa se portaron súper bien, aparte de darme trabajo me abrieron las puertas de su casa, más que un jefe lo consideré un amigo.

Si de dar gracias se tratara, la comunidad cubana de Hialeah se portó muy bien, casi todos eran serviciales, atentos siempre con una sonrisa o una frase amable dándote la bienvenida, sea en un café o restaurante, inclusive en los lugares de trabajo.

También conseguí donde vivir cerca del trabajo, en una casa también de cubanos, la propietaria acomodó un cuarto o habitación para que estuviera independiente, la señora siempre muy atenta, que no me hiciera falta nada, estuviera cómodo y a gusto.

José Alberto me consiguió trabajo en un taller de carpintería donde hacían las cocinas integrales para después ayudar a instalarlas, prácticamente tenía dos trabajos en uno, que bendición. Raúl era el propietario del taller, en la forma de hablar de los cubanos de Miami, le decían factoría, que en inglés es Factory, en español fábrica.

Raúl las fabricaba, conseguía el cliente que las comprara para que después José Alberto las instalara, ellos tenían un negocio rentable, estoy muy agradecido por haberme invitado, darme la oportunidad de participar en los dos procesos.

Cerca de donde vivía había una plaza comercial, con un supermercado, varios negocios incluyendo una farmacia, donde trabajaba una joven que mi jefe José Alberto me había presentado.

Entre visitas llamadas y pasar a saludar, nos hicimos novios, ella nació en New Jersey, hija de un cubano de matanza y una señora de la habana, hacía muchos años ellos emigraron de Cuba, se conocieron en USA, se casaron, tuvieron dos hijas, Julia y Carmen.

Me hice novio de Julia, la mayor, me invitó a su casa, me presentó a su familia, que gente tan amable agradable y cariñosa, me dieron la bienvenida, me recibieron con agrado. Mi suegro el señor Alberto (Q.D.E.P) que persona tan amable, decente, servicial, me recibió como a un hijo, llegó a decirme que yo era el hijo varón que no tuvo, me ofreció ayuda en todo, que bendición para mi conocer esa familia.

A pesar de tener una relación seria con Julia, seguía con mis amigos barranquilleros haciendo parrandas en su casa de Kendall, esas fiestas eran al estilo barranquillero, alcohol y cocaína, ni estando en USA había dejado esas malas costumbres.

Mi "45" como estaba viejo, no aguantaba las idas y venidas desde Hialeah a Kendal, era cruzar Miami de norte a sur.

Como lo primero que hace uno cuando llega a una ciudad nueva, es preguntar a todos los conocidos, que otro paisano está viviendo ahí, es normal que las personas busquen amigos para no sentirse tan solos en una tierra ajena. Me encontré con un amigo barranquillero llamado Félix que vivía en Miami Lakes, es la zona que esta al norte de Hialeah, se caracteriza por la cantidad de lagos que tienen casi todas las casas en la parte trasera. Félix había comprado una pick up Ford ranger, no era nueva, pero estaba mucho mejor que mi "45", como es de esperar, entre amigos y paisanos nos apoyamos, ayudamos, muchas veces le pedí prestada la pick up a Félix para trasladarme a Kendall a visitar a mis amigos barranquilleros.

Un viernes salí de trabajar, cambié de carro, Félix era tan amable que podía dejar el mío en su casa y llevarme la suya.

Me fui a Kendall en la pick up, como de costumbre había "Reunión Social", así le decíamos a las parrandas, estábamos en Miami, había que subirles la categoría a las fiestas.

Tenía la costumbre de ponerme hasta el tope de ebrio, aunque estaba en la edad de los 30s, presentaba problemas con el alcohol, pero era tan tonto e ignorante que no lo podía reconocer.

Esa noche en la fiesta había jóvenes de ambos sexos, casi todos colombianos barranquilleros, había una joven que le decían "La bestia", porque era peso pesado, pero no en la gordura, sino en el consumo de alcohol y drogas, con ella dure hasta las 8 am del día siguiente, lo normal era que me acostara a dormir, pero como todos estaban en igual estado de alcohol que yo, no había quien me aconsejara o detuviera, me dio la locura de regresarme a Hialeah a esa hora y en ese estado. No podía distinguir si estaba más borracho que drogado, la casa de mis amigos quedaba en una calle en forma de curva, un camellón de árboles en el medio, salí como loco a toda velocidad pensando que el motor de la ranger 150 no lo para nadie, pero si la paró un árbol bien grande y fuerte del camellón.

Solo alcancé a recorrer pocos metros, me fui a estampar de frente con el árbol, del impacto tan fuerte el motor quedo hundido, la forma del árbol dibujada en el frente de la pick up, con el golpe gracias a Dios, solo me hice un agujero en el codo izquierdo con los vidrios del panorámico.

Otro accidente más jugando con mi suerte, del susto se me pasó de inmediato la borrachera y todo, el shot (disparo) de adrenalina fue tan fuerte que volví a la realidad.

Regresé caminando a donde mis amigos, les avisé lo que pasó, cuando regresé al lugar donde quedó la pick up, había partido el árbol en dos, estaba una patrulla del Metro Dade de Miami, Policía Metropolitana esperándome.

Aparte del susto por haber destruido la pick up de mi amigo, un árbol de la ciudad, el impacto de ver al policía me aceleró los latidos del corazón 5 veces más de lo normal.

El policía al ver el choque, saber que era el conductor, me pregunta si había consumido alcohol, alguna sustancia psicotrópica, alucinógena.

Como se le ocurre señor oficial le dije, me dirigía a mi trabajo, creo que fue un desperfecto mecánico y perdí el control.

Me dijo: voy hacerte la prueba de alcoholemia, pero antes vamos al hospital mira como sangra tu herida, estaba bañado en sangre.

Llamó una grúa, se llevaron la pick up al patio del tránsito, a mí me llevó al hospital de Kendall que estaba cerca del accidente, llegamos a urgencias, pero había que esperar turno, era fin de semana, había muchas emergencias.

Entiendo ahora, fueron los planes de mi Dios, al policía le entró una llamada de emergencia a su radio, se acercó a la ventanilla de enfermeras, le dijo: me tengo que ir, lo atienden y lo retienen hasta que regrese, que le voy hacer el examen de alcoholemia y toxicológico.

El policía se fue, me atendió el doctor de turno, me hizo una sutura de varios puntos en la herida, me dijo: siéntate afuera a esperar al policía, si señor le respondí, salí, llamé a mis amigos para que me recogieran, me llevaran a mi cuarto de Hialeah, ni loco iba a esperar al policía, la multa por DUI "Driving Under Influence, Manejar Bajo la Influencia de Alcohol y Drogas, era muy grande.

Después de este nuevo golpe y nueva estupidez, volví a entrar en razón, estaba empezando a entender que "LOS GOLPES ENSEÑAN".

Seguí con mi trabajo y mi relación con Julia, me dediqué a ella y su círculo familiar, me quería tanto esa familia que mi suegro sugirió que me casara con Julia, para arreglar mi situación migratoria, hablamos con toda la familia, estuvieron de acuerdo con agrado y gentileza.

Estábamos enamorados, pero no sabía si estaba listo para dar ese paso.

¿Listo? ¿Qué más podía pedir? Tener una bonita esposa, tener una familia que te recibe como a un hijo, lo principal, tener la tan codiciada "Green Card" Residencia americana, que bendición tan grande, tenía poco tiempo de vivir en Miami, mi vida resuelta, otra oportunidad que me daba Dios en la vida.

Como estaba más organizado busqué un tío por parte de padre, era el gerente de ventas, para la Florida y Sur América de Autos ingleses, imagínense los amigos, clientes que debía tener vendiendo esos costosos autos.

Mi tío, su esposa, toda la familia se portaron muy amables, me invitaron a su casa que estaba al norte de Miami en un exclusivo y elegante condominio. Me dijo: arregla tus papeles y te consigo un buen trabajo, cuenta conmigo, pero te advierto, te dejo claro, si te metes en líos o tienes algo que ver en negocios de drogas, te olvidas que existo, no quiero saber nada de eso, tranquilo tío le dije: no soy tonto.

Tristemente como verán más adelante, aparte de fallarle a mi esposa, le fallé a mi tío, ni siquiera le di la oportunidad de confiar en mí, no aproveché todos los beneficios que da el vivir una vida honesta, bajo la protección de un tío con la solides económica para no tener de que preocuparte más.

Seguimos con los preparativos del matrimonio, mi suegro quería lo mejor para su hija, alquiló un salón de bailes, rento una limosina, conseguimos una iglesia bien bonita en la 42 avenida del NW de Miami, todo quedó espectacular, la ceremonia, la fiesta, lo más importante, la novia. Julia estaba hermosa, mi tío fue el padrino de bodas, mi hermano vino de Colombia, fue el otro padrino, el suegro pagó hasta la luna de miel. Que afortunado era, la verdad que ni me lo creía, tan buena suerte, tantas bendiciones después de haber sido tan loco e irresponsable poco tiempo atrás.

Por si acaso mi buena suerte no fuera suficiente, el suegro me invitó a trabajar con él, prácticamente me dio su negocio, tenía una distribuidora de pescados y mariscos a orillas del río en Miami, cerca al centro, le vendíamos los productos a los supermercados del NW de la ciudad; prácticamente se me había cumplido el famoso "sueño americano".

¿Qué más puede desear un hombre en la vida? Vivir en Miami, casado con una buena esposa un buen trabajo, lo más deseado por los inmigrantes, estaba tramitando la Green card, mi Residencia Americana.

Seguí con mi trabajo como Dios manda, busqué a otro tío del lado de mi madre, acababa de llegar de la guerra en Irak. Él consiguió un trabajo en una empresa de carga aérea, mi tío Juan, con él también tenía buena relación.

Todo seguía normal con Julia, conseguimos un apartamento tipo townhouse, que son de 2 pisos dentro de un conjunto de viviendas. Poco a poco la fuimos amoblando, nos quedó bien bonito y cómodo, me compré un auto Mitsubishi y Julia un Ford Mustang.

Cuando por fin me dieron la Residencia Americana (Green card) me fui con Julia a Barranquilla a celebrar y disfrutar de los famosos carnavales, casualmente fue el primer año que se presentaba el gran desfile en la famosa Vía 40, vimos el espectáculo desde una tarima, parece increíble, tengo guardada una fotografía de ese momento, han pasado casi 30 años.

Para ella todo el alboroto y ruido que hacemos en los carnavales, no era tan extraño, en Miami los carnavales de la Calle 8 son famosos, por la diversidad de culturas sobre todo latinas que participan, cada uno muestra algo típico de su región.

Pasado un tiempo, recuerdo bien, estaba enfrente de la Plaza Comercial, Mall le dicen en inglés, más grande de Hialeah, me encontré con un amigo y excompañero de escuela de mi hermano, que también era vecino del barrio el prado, era el acompañante de turno de la ex esposa de un narcotraficante guajiro muy famoso, al separarse de él, quedo con mucho dinero aparte del propio.

Conseguía o conocía, no sé cómo describir esa acción de ella, lo único que sé, es que les sacaba visa a USA y se los llevaba de paseo.

Le decían o dicen, no sé si todavía estará viva, la zurda, ahí los encontré a los dos, a ella ya la conocía porque años atrás tuvo de acompañante al hermano de un amigo y vecino del edificio en los Nogales, pero el ex marido de ella, tenía por hobby matarles los acompañantes, mi amigo su hermano y toda su familia tuvieron que huir a Europa para que ese señor nos los asesinara.

Ahí me los encontré de compras, shopping como le dicen, el amigo de mi hermano que se llama Orlando, me pido, mi número de teléfono, me pregunto si quería ganarme un “DINERO FÁCIL”, me explicaría después, pero tenía una **VUELTA BUENÍSIMA** y segura, vuelta le decimos en Colombia a las rutas o maneras de exportar droga.

Al principio ni siquiera le hice caso, venia de pasar una época en Colombia donde muchos amigos y vecinos estaban trabajando en “**ese negocio**”, nunca me interesó participar en nada, simplemente gozaba de los benéficos de ellos.

Orlando me invitó a la casa que tenía la zurda en Miami Lakes, me explicó cómo era la **SUPER VUELTA**, cuesta trabajo creer y entender que exista alguien tan tonto como para arriesgar todo lo logrado y obtenido en USA, por experimentar y tratar de ganarse un **"DINERO FÁCIL"**.

Acepté hacer parte de la súper **segura** y **fácil** vuelta, aunque parezca un cuento de mitología o ciencia ficción, pero abrirle la puerta al diablo es dejarlo entrar con todos sus demonios, al dejar entrar en mi cabeza tan absurda y estúpida idea, también entraron y volvieron las malas decisiones. Regresé a mis andanzas, volví a salir de fiestas con los amigos de Kendall, a tomar alcohol como tonto y emborracharme, ir a bares, discotecas y todo lo que se me ocurriera, pareciera que el atractivo **DINERO FÁCIL** fuera el detonante de todas mis estupideces, inclusive conocí una colombiana de Cali y empecé a engañar a mi esposa.

No piensen que los hombres cambiamos a una buena mujer por otra mejor, eso NO existe ni en las películas, la realidad es que casi siempre para no decir siempre, cambiamos a la buena esposa, que te quiere, que te cuida, que te está dando y haciendo todo para ti, por una que está esperando que aparezca el primer tonto, como YO, para ellas resolver sus problemas económicos.

No quiero entrar en muchos detalles porque de las pocas cosas que me arrepiento en la vida y lamento, después de más de 28 años sigo lamentándolo, fue haberle fallado y decepcionado a Julia, a su familia.

Me abrió las puertas de su casa; de su corazón, yo deslumbrado y ciego por la absurda y tonta súper vuelta, en pago le fui infiel, no bastando con serle infiel, un día que estaba tomando cervezas en nuestro apartamento, había una reunión familiar, me puse como casi todas las veces que tomaba, pasado de tragos y bien estúpido, le falté el respeto a una prima de mi esposa.

El estar tomado no es excusa y mucho menos fallarles a todos en esa familia del modo que lo hice, la verdad si merecía un castigo.

Un día me encontró con mi amante, me botó del apartamento y de su vida, como es de suponer, como debía ser, a los pocos días estaba preso en una cárcel federal junto con Orlando, gracias a la **súper vuelta**.

Por si fuera poco el castigo de perder mi libertad, Julia me avisó que estaba embarazada; iba a tener mi primera hija y yo estaba en una cárcel; ahora entendía la frase de que "CADA UNO SE FORJA SU PROPIO DESTINO".

Recibí mi sentencia de varios años, mi hija nació, gracias a DIOS Julia dejó que le escogiera el nombre, recién nacida me la llevó de visita a la cárcel, no me iba a perdonar, pero tampoco podía cambiar el hecho de que era su padre, aunque después me dejó bien claro que "Padre no es el que hace, sino el que cría".

Después de varias visitas y ver a mi hija recién nacida, me trasladaron lejos de Miami a otro estado, como era de suponer, Julia se divorció legalmente de mí, jamás volví a ver a mi hija.

Ese es el castigo más largo, el cual sigo pagando, nunca tuve la oportunidad de pedirle perdón por haberle fallado como padre, me gustaría conocerla, saber de ella antes de morir, eso es algo con lo que he soñado todos estos años. Cada 5 de mayo me acuerdo de su cumpleaños.

# CAPÍTULO IV
# DE REGRESO AL INICIO

Pasó el tiempo, no volví a recibir más visitas, mi tío Juan me apoyó con dinero todos los meses hasta que terminé mi sentencia.

Por haber cometido un delito federal me quitaron la residencia, mi Green card, cuando terminé mi castigo fui deportado a Colombia.

Aunque parezca increíble, ahí estaba de regreso en Barranquilla, como un perdedor, aunque me dé vergüenza contarlo, perdí a mi esposa a mi hija, mi trabajo mi Green card, TODO, por tomar una **mala decisión**, como les dije antes, uno mismo se busca los problemas y toca asumir las consecuencias.

A empezar de cero nuevamente y viviendo en la casa que siempre tiene las puertas abiertas para uno, aunque haya cometido el error que fuera, mi madre siempre me recibía con todo el amor del mundo. Más adelante les hablare de ella, mi hermosa mamá.

Viviendo el día a día, tratando de acostumbrarme nuevamente al ritmo y estilo de la ciudad, en una ocasión me encontré con uno de mis amigos de antes en Barranquilla, con Fernando, hijo de uno de los guajiros que habían hecho fama y poder, eran famosos por una característica particular en su cara, que los volvió populares, Fernando siempre fue muy amable y servicial conmigo, al verme de regreso y sabiendo, mi historia; aprovechando que iba de vacaciones a Cartagena de indias, con su novia, me invitó con todos los gastos pagos.

Una noche fuimos los tres, al casino del Hotel Caribe, que está en la zona del laguito, lugar famoso, visitado por muchos turistas, entre las máquinas y juegos, vi en la ruleta una señora muy bella y elegante sentada sola escogiendo un numero para hacer su apuesta; me acerqué queriendo encontrar un motivo para poder hablarle y hacer amistad, le dije que apostara a un número por mi escogido.

Ella me miró con indiferencia, pero por alguna razón colocó las fichas donde le dije, sin hablarme esperó que la ruleta se detuviera, para mi asombro y el de ella se detuvo en el número que le dije, ganó esa apuesta, al ver que le di suerte me invitó a sentarme con ella y compartir un trago.

Avanzada la noche, después de mucho conversar, me invitó a su hotel, me pagó el brazalete de huésped, me quedé con ella toda la noche.

Adela es su nombre, es una venezolana abogada de unos 40 años, pero tenía un cuerpo bello trabajado en el gimnasio, obvio con la ayuda de un Cirujano plástico también, pero de todos modos muy elegante y bella.

Me cambié del hotel donde estaba con mi amigo al hotel donde se quedaba ella, disfrutamos todos los beneficios que ofrecía el paquete vacacional que había comprado.

Incluía paseos por la ciudad amurallada, el castillo de San Felipe, una gran variedad de sitios turísticos que ofrece "La Heroica", así le dicen a Cartagena de Indias, para diferenciarla de Cartagena que está en la región de Murcia en España.

Obviamente en los paseos estaba incluido ir a las "Islas del Rosario" un archipiélago muy bonito y famoso que está a poco menos de una hora en lancha desde el muelle de Cartagena, también el Paseo a Barú una pequeña península en la zona que tiene hermosas playas y aguas cristalinas.

Después de varios días, de solo disfrutar, me contó que era divorciada, vino a Cartagena a darse unas vacaciones de su ocupada agenda de abogada, resultó siendo la ex esposa de uno de los directivos de las empresas de Polar de Venezuela.

Quedamos con muy buena química y ratos agradables, al regresar a Venezuela me invitó a visitarla, no pasó ni una semana, me envió el tiquete de avión y los viáticos para que fuera a su casa en Caracas.

Estando allá, le conté de mi mala experiencia en USA, nada de eso le importó, conocí a su hijo de 10 años y a su madre, a todos les caí bien. Adela me ofreció una relación seria, al principio no creía en tanta buena suerte acabado de llegar, después de varios años de cárcel.

Tuvo el gesto y me llevo a pasear por varios sitios turísticos de Caracas, en lo particular el que más me gustó y disfruté fue subir al Cerro El Ávila, por sus restaurantes de comida típica y la hermosa vista de la ciudad.

A los varios días me regresé a Barranquilla, pero Adela había tomado en serio nuestra relación, al punto que me pidió que regresara y me quedara viviendo con ella, no podía asimilar tanto y todo tan rápido, lo primero que pensé, era que no estaba preparado para tanta responsabilidad.

La misma idea cobarde que me pasó por mi cabeza cuando estaba en Miami antes de casarme con Julia, no sé cuál era el miedo a dar ese paso, será miedo a la responsabilidad que eso conlleva, pero como dice el famoso refrán: "Al que No le gusta el Caldo se le dan dos tasas", al momento de hoy en día que estoy escribiendo los recuerdos de mi vida, aunque en la actualidad esté soltero, llevo cuatro matrimonios, más adelante conocerán la particularidad de cada uno.

Ella al ver que yo estaba dudando se presentó en Barranquilla con varios regalos para mi madre, le dijo que me quería ayudar, como sabia de mi experiencia en bancos iba hablar con el Gerente General de uno de los bancos más importantes de Venezuela, que era su amigo, para que me diera trabajo. Quería algo serio conmigo, mi madre al ver tanta oportunidad y buena suerte la mía, insistió, casi me obligo a irme con Adela a Venezuela, para que aprovechar la bendición que estaba recibiendo.

Pero como siempre he sido un cabeza dura y un terco, lo que se hereda no se hurta, soy nieto del Viejo Marcos, que piensa que sus decisiones son las más acertadas, que el mundo gira a mi antojo, al final le dije que NO, ella al ver mi actitud no insistió más, dio por terminado todo. Ya se imaginarán el enojo de mi madre, siempre he querido hacer las cosas a mi manera, ese ha sido el gran error que me ha llevado a todos los problemas que les voy a contar

Esa fue una gran oportunidad que no supe aprovechar, con las relaciones y amistades de Adela hubiera podido tener grandes logros en Venezuela, en el peor de los casos hubiera emigrado con ella si al tiempo de ahora seguiríamos juntos. Es una pena que un país tan maravilloso, con gente tan bella, que tiene de todo, sin hablar de la mayor reserva petrolera del mundo, este pasando por esa situación culpa de la corrupción y mal manejo de un pequeño grupo que tienen controlado el país.

Mi tío Juan que ya tenía su propia empresa de envíos de carga, paquetería a Colombia y Sur américa desde Miami, me ofreció trabajo y me envió dinero para comprar una pick up para repartir la carga puerta a puerta.

Siempre estaré agradecido de su buen corazón.

Gracias a Dios nos fue bastante bien, logré reunir dinero para la cuota inicial de un apartamento que estaba en un edificio en construcción, prácticamente estaba en planos, así tenía tiempo para reunir más dinero.

Aprovechando la bondad de un primo segundo por parte de mi madre, en esa época era el jefe de seguridad de una mina de carbón, tenía un salario muy bueno, me ayudó y pidió un crédito hipotecario sobre el apartamento, me comprometí a pagarlo en los próximos 15 años. Gracias a Dios, con esfuerzo y altibajos, después de años pude pagarlo, escogí la vida de mucho rodar por el mundo, como leerán más adelante, años después me fui de Colombia, lo coloqué en alquiler, por cosas de la vida, el propietario de la inmobiliaria que le entregué el apartamento es hermano de Aquino mi compañero de juventud.

Acordándome, aprovecho esta reseña, para dar crédito y homenajear a las personas que son de origen barranquillero y han logrado muchos triunfos fuera de Colombia, ayudan a colocar a la ciudad y al país en renombre, no solo de mi ciudad, muchos son los colombianos, que triunfan en el mundo, desde cantantes de diferentes géneros, Deportistas, Ingenieros, Químicos y en muchas modalidades, mitigando un poco la indeseable fama que nos ganamos los colombianos en los años 80s.

Sigamos en mi historia. En el negocio de la carga conocí mucha gente que traía diferentes productos de USA a Colombia, como equipos médicos, computadoras, repuestos de motocicletas. Cuando salía a repartir la carga que me mandaba mi tío Juan, iba conociendo clientes y haciendo amigos, semanalmente le llevaba repuestos de diferentes tipos de motos a un señor que vivía cerca a la Clínica Genera del Norte, ahí tenía su taller y su casa.

Por el buen servicio que prestaba se fue cotizando, se ganó la fama de ser uno de los mejores mecánicos de motocicletas de alta gama del norte de la ciudad, su nombre es HERMES. Su taller se volvió el punto de reunión de los propietarios de las motocicletas, al punto que empezaron a salir de paseo caravanas de todo tipo de modelos y marcas, mientras más motocicletas, más accesorios y repuestos necesitaban, más prosperaba el negocio de envíos de carga de mi tío. También aprendí del negocio de la compra y venta de dólares, la gran mayoría de comerciantes necesitaban dólares para comprar en USA, adquirirlos en el mercado negro les dejaba más utilidad que comprar el dólar oficial.

Conocí gente que tenía dólares en Miami y quería pesos en Colombia, con este negocio me fue muy bien, logré comprar otra pick up más nueva y moderna.

Entre toda la gente que conocí, había un señor que le decían el cachaco Beto, cachaco es la palabra que se utiliza para referirse alguien que es de Bogotá o del interior del país.

Aparte que el cachaco Beto compraba muchas en cosas en USA, para su camioneta y su casa, hicimos buena amistad, aunque ya estábamos en los años 90s, todavía algunas personas seguían trabajando en el narcotráfico, no como antes, pero si se movía. Un día Beto me preguntó si lo podía ayudar en un negocio de compra y venta de droga, sabiendo muy bien el riesgo y recordando todo lo que perdí en USA por seguir una falsa ilusión, ni debería pensar en eso, pero tristemente, como ya se había vuelto costumbre en mí, hacer lo que no debía, acepté ayudarlo.

Me imagino que estarán pensando, que hombre tan bruto, la verdad no merecía otro adjetivo, rodearme con la nueva generación de narcotraficantes de esa década, me dio un poco de confianza y osadía.

El cachaco Beto me presentó a un señor que le decían el Cirujano, más adelante se volvió mi tutor y apoyo en muchas cosas.

El negocio era para un amigo del Cirujano, quien era hermano de un señor de Cali y había logrado renombre y fuerza económica en Barranquilla, SUNAMI era el apodo del señor, el hermano de Sunami pidió 400 kilos de droga, pero especificó y recalcó que la quería "comercial", así le dicen a la droga de baja calidad, entre un 60 a 75% de pureza.

Ayudé a Beto en la logística y conseguimos "la comercial", al cabo de algunos días, que ya nos habíamos gastado la utilidad del negocio, nos mandó a llamar el señor Sunami, al Cirujano al cachaco Beto y obviamente a mí. Nos dice que el pidió material de 1ª, **no** esa basura comercial, que no le interesaba si su hermano mintió y se benefició con la diferencia de precios, nos devolvió la comercial y nos dio plazo para entregar la mercancía de calidad.

Qué problema me había metido por querer ganarme un "dinero extra."

Beto alcanzó a devolver al vendedor una parte de la "comercial" y comprar de la buena, pero quedó un saldo en rojo pendiente por pagarle a SUNAMI.

En esos días me encontré con un vecino, compañero del colegio San Pedro apóstol, quien en aquella época era el cómico de la clase; años después resulto "TRAKETO".

Por su sentido del humor y andar siempre bromeando, se ganó el apodo de BUFÓN, me contó que estaba trabajando con una oficina de Medellín, tenía un "Trabajo" en Jamaica, me ofreció ir a supervisar y monitorear el trabajo a cambio recibiría de paga una buena comisión.

Otro vecino de Los Nogales, también amigo de Bufón, de nombre Carlos Andrés, se encargaría de la comercialización, el famoso "trabajo" era vender la droga que había en Jamaica.

Pareciera como si yo estuviera buscando los problemas, no los problemas a mí, tal vez el virus de la ambición, el deseo de ese "Dinero Fácil" y la aventura, volvieron hacerme efecto.

Carlos Andrés mandó en su nombre a un amigo ex piloto quien le decían "LEBA" era nacido en las Bahamas, ya no podía volar aviones porque tenía un problema de sobre peso, pesaba 350 kilos, vaya que estaba gordo.

Salí rumbo a mi nueva aventura en Jamaica con Leba, llegamos a Montego Bay, después a Negril, un pueblo al occidente de Jamaica, nos instalamos en un hotel 3 estrellas que estaba en una colina y era muy discreto, cuando acepté el trabajo nunca imaginé que ser niñero de Leba era parte de mi labor.

Todos los días hacía la misma rutina en el baño, no se imaginan un hombre de 350 kilos sentado en un inodoro de tamaño normal, entraba a las 6 pm, se quedaba dormido sentado en la tasa, al principio lo levantaba después de 2 o 3 horas, lo ayudaba a llegar a la cama, pero con el paso de los días me cansé de ser niñero, lo dejaba dormir en el baño hasta el día siguiente a las 6 o 7 am.

Como todo, al principio Leba me traía parte del pago de la mercancía, pero en pequeñas cantidades, al cabo de varias semanas me dijo que tenía que ir a otra ciudad a agilizar la venta.

"Bufón" se entendía directamente con Leba, solo recibía instrucciones, no tenía vos ni voto.

Me cambié a un hotel más central al pueblo, en el otro hotel, me sentía en medio de la selva de Jamaica.

Una noche paseando por el pueblo, como era pequeño, descubrí un Night club o Discoteca, centro nocturno, en cada país les llaman de manera diferente.

Este se llamaba "The Jungle" era el lugar de moda para los turistas y locales, por supuesto para mí, ahí conocí un señor de nombre Marcos que me ayudó mucho en el tema de buscar hotel.

Pasaron días semanas hasta meses, Leba ya solo me daba dinero para sobrevivir, llevaba en Jamaica más de 3 meses, que era el tiempo permitido de turismo.

Empezaron los problemas entre Bufón y Leba, como Negril era una población pequeña, escuché el rumor de que Leba me iba a denunciar a migración para que me sacaran de la isla y robarse el resto del trabajo que todavía tenía. Marcos me sugirió casarme con una jamaiquina, así migración no podía expulsarme. Quería irme de la isla, pero el Bufón me pidió un poco más de tiempo, que él podía manejar a Leba, que por favor tuviera un poco más de paciencia.

No encontré otra solución a mi problema de estadía en la isla, Marcos me presentó una chica local llamada Dora, ella era bastante agradable físicamente, accedió a casarse conmigo y mudarnos juntos, obviamente le ofrecí ayudarla económicamente.

Para mi sorpresa, su hermana, que le dicen "cookie", estaba de novia con un colombiano de Cali llamado Fernando, que pequeño es el mundo. Aprovechando la ceremonia, Fernando y cookie aceptaron casarse también. No se imaginan la felicidad del suegro, sus dos hijas casadas con dos colombianos, Fernando es cabello rubio, mi color de piel blanco pálido.

Nadie le avisó al suegro que era un matrimonio fingido, solo para ayudarnos con el tema de migración a Fernando y a mí, el señor organizó una ceremonia a orillas del mar en un atardecer hermoso, Dora se arregló bien bonita para la ocasión, la verdad se veía bella.

Qué cosas tiene la vida, primero casado en Miami, ahora en Jamaica con una ceremonia que solo se ve en películas, a orillas del mar, con ropa caribeña, bajo un arco de palmeras, y un notario que no estaba muy convencido de lo que estaba haciendo.

Hace poco andaba huyéndole al compromiso con Adela, ahora casándome en Jamaica por necesidad, que vueltas da la vida, que cosas pasan que lo sorprenden a uno, por eso siempre debemos tener la mente abierta a cambiar el patrón o el proyecto de cuando empezamos.

Cuando acepté el trabajo en Jamaica, jamás pasó por mi cabeza que terminaría casado con una lugareña y en esas condiciones.

El suegro días después de la boda nos llevó a una colina en las afueras de la población, nos dijo a Fernando y a mí, que podíamos construir nuestras casas ahí, una fantasía bien alejada a la realidad. Pasado un tiempo, casi 5 meses, Leba se desapareció, me dejó con la deuda del apartamento donde vivía y con lo del dinero para darle a Dora por su ayuda.

Gracias a Dios, Dora y yo nos llevábamos bien, resultó ser una mujer muy comprensiva, nunca me imaginé que las jamaiquinas fueran como el Sol de la isla, ardiente, al punto de que, después de varios meses de vivir con ella estaba súper delgado. No encontré más solución que irme de la isla, pero ya ni boleto de regreso tenía, Dora me sugirió que le pidiera a su padre prestado, ella tenía el sueño de ir a Venezuela pues en esa época el país era famoso por tener ropa muy económica para hacer negocios.

El amigo que me presentó el cachaco Beto hace tiempo, "Cirujano", nació en Barranquilla, pero vivía en Caracas, le avisé que iba con mi nueva esposa jamaiquina. Llegué, me instalé en un hotel de Chacaíto recuerdo bien, nos invitó a cenar a un restaurante chino, al verme con Dora quedó muerto de la risa, me dijo: No friege "Fruta", ese era mi apodo desde la juventud, tu si tienes inventos raros, mírate lo delgado que estas.

Pero igual me ayudó económicamente para pagarle al suegro el boleto, con el dinero Dora se compró mucha ropa que vendían en esa época en el boulevard de Sabana Grande, un sector de Caracas que estaba invadida la calle de tantos comercios formales e informales que ofrecían todo tipo de mercancías.

Mi flamante esposa caribeña llenó 3 maletas grandes, compró todo lo que pudo y le gustó, armamos su equipaje, aparte compró varios souvenirs (recuerdos) de Venezuela, para llevar de regalo, cosas típicas, con todo bien empacado, por fin, se devolvió para la isla, ahí terminó mi aventura en Jamaica.

Con el fracaso de ese trabajo me regresé a Barranquilla nuevamente, de Jamaica solo me quedó la experiencia de un nuevo matrimonio con una ardiente caribeña, el sinsabor de haber gastado 6 meses de mi vida por estar corriendo en una pista que no tiene fin.

De vuelta en mi ciudad, pude darme cuenta que el gobierno de Colombia estaba atacando fuertemente al narcotráfico, pero también la Dirección de

Aduanas estaba persiguiendo al contrabando, el negocio "puerta a puerta" fue desapareciendo, pero todavía era negocio la compra y venta de dólares, logré estabilizarme económicamente.

Un día cualquiera de los que entrenaba en "Forma Gimnasio Club" el de moda en esa época al norte de la ciudad, conocí a una joven, era 15 años menor que yo.

Al principio pensé que su familia se iba a poner en contra de que la frecuentara, para mi sorpresa, su padre era 20 años mayor que su madre, fui aceptado en su casa, como las cosas se dieron a nuestro favor, iniciamos una relación sentimental.

Buscando otras alternativas para sobrevivir y tener una fuente de ingresos, abrí un negocio de casa de cambio, también me asocié con un amigo y abrimos una distribuidora de: "Celcaribe", así se llamaba la empresa de moda en la venta de celulares.

Después de hacer un estudio de mercadeo y atendiendo la demanda, acordamos abrir una sucursal en una población en el departamento del magdalena llamada "Plato", esperamos recibir el inventario para después llevarlo un par de días antes de la inauguración.

Recuerdo que era viernes el día que salimos para Plato, mi amigo, llamado Oscar, un vendedor llamado Javier y mi persona.

Teníamos llena de teléfonos la parte de atrás de la pick up Chevrolet Silverado, en esa época la guerrilla acostumbraba en las principales carreteras del país, colocar retenes y hacer la llamada "Pesca Milagrosa" que consistía en detener automóviles y autobuses, tomar secuestrados para exigirles dinero por el rescate a las familias, los escogían dependiendo a los apellidos y de cómo lucieran las personas.

La vía entre Barranquilla y Plato era uno de los puntos preferidos de la guerrilla, son unas 6 horas de viaje, salimos después de mediodía, cuando teníamos como 4 horas de viaje recibí una llamada de la oficina de Plato, diciéndome que procurara llegar antes de las 6pm, porque esa era la hora preferida por la guerrilla para montar su puesto de recolección.

Faltando casi una hora y pasando por una población cercana Plato, iba a una velocidad entre 160 y 180 kilómetros por hora, no me percaté que había un tramo de la carretera en construcción, salté del pavimento a una superficie llena de pequeñas piedras.

Como si fuera poco el peligro, a unos metros más adelante había estacionado un camión de 18 ruedas en el mismo sentido y otro en sentido contrario, los dos conductores estaban conversando tranquilamente, había solamente dos carriles, en ambos lados de la carretera solo precipicio.

Cuando me percaté del problema era muy tarde, me paré en el pedal del freno, pero debido a las piedras de la carretera, la camioneta seguía igual de velocidad, todo pasó tan rápido, solo tenía 2 opciones, estrellarme con el camión de frente o estamparme con el otro por la parte trasera, decidí que el golpe por la parte trasera seria menos mortal, me incruste detrás del camión.

El motor de la pick up a pesar de ser grande y fuerte, del impacto terminó debajo de la cabina de la propia camioneta, el golpe me fracturó en 2 la tibia y el peroné de la pierna derecha, Javier que estaba a mi lado, le fracturé las costillas del lado izquierdo con mi codo derecho, óscar que se aferró con la mano derecha a la agarradera del techo, se le fracturo el Húmero.

A los pocos minutos llegó mucha gente de la población, pero No exactamente a socorrernos, comenzaron a recoger y llevarse los equipos celulares que habían quedado regados por todos lados.

Nosotros salimos como pudimos, nos sentamos a esperar alguna ambulancia, la pick up quedó casi igual de destruida que la Ford de mi amigo en el accidente de Miami.

Nuevamente jugando a la ruleta rusa con mi vida, por ir a exceso de velocidad, este era el resultado, otra ocasión más para darle gracias a mi DIOS.

Siempre vemos las noticias en televisión o en la prensa, sabemos que casi todas las veces es por exceso de velocidad e irresponsabilidad de alguno de los conductores y termina en tragedia, pero nunca pensamos que a nosotros nos va a pasar, creemos que los errores y sus consecuencias los hacen y los pagan otros, solo cuando te pasa a ti, y te ves en medio de una carretera con la pierna rota y tus amigos heridos, es que reaccionas. Que diferente seria nuestra vida si hiciéramos caso y oyéramos consejos.

Como era de esperar, terminé con una doble fractura en la pierna derecha, me colocaron una platina y 2 tornillos, más la anterior platina en el fémur izquierdo y un alambre en el codo derecho, del primer accidenté donde murió mi amigo Andrés, ahora me sentía como un hombre biónico reconstruido.

Después de recuperarme, seguí con mi vida y mi noviazgo con SARA, así se llamaba mi joven novia, tenía casi un año de noviazgo, mi vida iba normal en lo que se podía decir, ella todavía estudiaba terminando su bachillerato, mientras que yo, había pasado por 2 matrimonios, que horror.

En esa época también conocí a una persona que estaba en el negocio de los dólares, le dicen "Tuqui", es uno de los más de 20 hijos de un famoso cantante de música popular, habíamos hecho una cordial amistad.

Un día me llamó para que lo recogiera en casa de una amiga, llamada Jazmín, en esa casa había varias jóvenes, una de ellas llamada Anabel, me impactó demasiado, me atrajo de inusual manera.

Haciendo buen uso de los genes de mi abuelo y el coronel alemán, me enredé con ella en una ardiente relación sentimental, al punto que terminé mi noviazgo con Sara y me fui a vivir con Anabel.

Como todo en la vida, al principio fue bello y romántico, Anabel era una joven modelo, tenía 18 años de edad, su madre empezó a insistir que nos casáramos, no se cansaba de decirme, que no se veía bien que su hija estuviera viviendo con un hombre mayor, en unión libre.

Nunca me importó que Anabel y su madre vivieran en el lado opuesto de la ciudad, cada vez que la llevaba de vuelta a su casa, era un largo recorrido, cuando llevábamos meses viviendo junto y formalizamos la relación, le pagué los estudios, comenzó la carrera de comunicación social y periodismo en la misma Universidad Autónoma del Caribe, donde años antes había estudiado administración de empresas.

Después de casi 8 meses de vivir juntos, de ella y su madre estar, presione y presione, accedí a casarme por lo civil, fue una ceremonia sencilla en una notaría, después una cena familiar en la casa de mi hermosa abuela Carmen, todo lo hicimos en la intimidad de la familia.

Quien iba a pensar que en unos pocos años, llevaba 3 matrimonios, menos mal que al principio cuando me iba a casar con julia, estuve dudoso, porque si me hubiera gustado el tema de los matrimonios, sabrá DIOS cuantos llevaría, hay dos tipos de hombres, los que le gustan los problemas y yo.

Entre las amigas de Anabel, había una que era novia de un basquetbolista del equipo "Los caimanes de Barranquilla", de nombre Jorge, era de Cali, jugaba muy bien y nos hicimos buenos amigos, tanto que un día me pidió que lo acompañara a visitar a un amigo que estaba preso en la cárcel Modelo.

Ese día llegamos a la puerta de la prisión, tocó la puerta, cuando abrió el guardia, únicamente dijo que íbamos a visitar a "El Negro Tormenta", así le decían a su amigo, como si fueran palabras mágicas, nos abrieron las puertas de la cárcel sin pedirnos ninguna identificación ni registrarnos nos dejaron entrar, subimos al segundo piso a la celda del Negro Tormenta, entramos y me presentó a su amigo, quien muy gentilmente se ofreció cocinar pasta para nosotros.

Estando dentro de la celda, por un momento olvidé que estaba en el interior de una cárcel, el piso el techo y las paredes estaban forrados de madera fina, tenía aire acondicionado, cocina con todos los accesorios normales, horno, licuadora, refrigerador grande, vajilla italiana, también tenía un potente equipo de sonido, en las paredes cuadros de reconocidos artistas, cuando entré al baño, tenía en la ducha cristal tallado, parecía una suite de lujo de un hotel 5 estrellas.

El amigo hizo unos espaguetis deliciosos, sacó un álbum de fotos y me mostró su casa en París, su mansión en el reinado de Mónaco, y otras varias casas tipo castillo que tenía en toda Europa, en cada casa tenía estacionado un automóvil Rolls Royce último modelo.

A pesar de tener tanto dinero con tantos lujos, estaba preso pagando una condena relacionada al dinero del narcotráfico.

Tiempo después Jorge me contó que el amigo consiguió que le permitieran salidas diarias a la calle, un día abasteciéndose de gasolina en una estación, conduciendo un modesto automóvil, lo asesinaron. Qué final tan trágico después de una vida con tantas opulencias.

Como Anabel no quería ser una carga para mí, me pidió un negocio para ella manejarlo, le abrí una boutique de ropa, cerca de mi casa de cambio, ella con una amiga, iba a Medellín a comprar la ropa y los accesorios para el almacén, estaba súper entusiasmada y feliz, tenía su propio negocio, estudiando la profesión que le apasionaba, que más podía pedir.

Un día cualquiera salimos de mi oficina, Anabel, Jorge manejando mi pick up, fuimos a depositar la venta de unos dólares al banco que estaba casi al lado de la boutique de Anabel, portaba mi revolver calibre 38 cañón corto, con su respectivo permiso, salimos siguiendo todas las precauciones y normas de seguridad, pero al cabo de un rato no me di cuenta que nos estaban siguiendo. Cuando llegamos al banco como de costumbre, no había donde estacionar la camioneta, le dije a Jorge que por favor buscara donde estacionar y Anabel que se bajara conmigo, solo fue poner un pie fuera de la camioneta y un asaltante que estaba parado esperándome, me apunta con una pistola calibre 765 en la cara, con la otra mano me sujeta el maletín donde llevaba el dinero.

De la sorpresa, reconociendo mi error, apreté más fuerte el maletín y empecé a forcejear, el asaltante al ver que yo no lo soltaba me dijo: o lo sueltas o te mato, pero ni aun así aceptaba lo que estaba pasando, fue tan rápido que no lo asimilaba, el ladrón amartillo la pistola con intenciones de dispararme en la cara, al oír el clic, ver la pistola amartillada, lista para disparar, solté el maletín, no quería abusar de la misericordia que había tenido mi DIOS conmigo tantas veces antes, terminar muerto en medio de la calle por una imprudencia mía.

Me dijo: tírate al piso, el asaltante no sabía que debajo de la camisa en la cintura, tenía mi revolver, hice como que iba a tirarme al piso, se dio vuelta y salió corriendo dirección donde lo esperaba un socio en una motocicleta, saqué mi revolver, en mitad de la calle en medio de carros y personas comencé a dispararle, alcance atinarle una bala a la moto, los dos ocupantes cayeron al piso, pero de inmediato se levantó y me hizo varios disparos, comenzó a correr en zigzag entre los carros de la calle 84, que a esa hora estaba bastante congestionada de tráfico.

Entre gritos de la gente y el ruido de los disparos, alcancé a oír a Anabel que me decía: amor vamos rápido al hospital, le dije con la adrenalina a millón ¿Para qué? ¿No ves que se llevan mi dinero?

En ese momento miré mi pierna derecha a la altura de la tibia salía una línea de sangre, el asaltante me había acertado un balazo, de inmediato me senté en el borde de la calle, sentí que se me bajaba la presión del susto.

Había rotos varios cristales de negocios a lo largo de la calle, por la gracia y misericordia de mi Señor Jesucristo, no le atiné ni maté a nadie, el asaltante junto a mi dinero, habían desaparecido.

La bala entró y salió sin tocar ni el hueso ni la platina que tenía en esa parte de la pierna, recuerdo de mi accidente en la carretera.

Esto me puso a recapacitar y pensar nuevamente, primero un accidente grave donde murió Andrés, después el accidente en Miami, el accidente contra el camión en la carretera, ahora un disparo sin gravedad en la pierna ¿será que mi DIOS me quiere mucho y tiene algo bueno guardado para mí? ¿O tengo a mi Ángel de la guarda trabajando horas extras?

Después de recuperarme, continuamos con el almacén de ropa, nos iba relativamente bien, las ventas se movían, estábamos aprovechando el furor de la calle 84 del momento.

Pasado un tiempo, 3 meses exactamente desde que nos casamos por lo civil en una notaría, más los 8 que llevábamos viviendo, había pasado casi un año.

Anabel casada, con boutique de ropa, empezó a sacar las uñas, ya no era más la dulce joven que me cautivo, su madre no solo saco las uñas, sacó las espuelas, parecía un gallo de pelea o un ave de rapiña.

Al ver que mi amorosa esposa y mi amable suegra se habían convertido en unas brujas de cuento de terror, busqué un abogado y empecé a tramitar mi divorcio, pero Anabel y su madre a cambio me exigieron la entrega del 100% de la boutique, acepté inmediatamente, recobrar mi libertad y mi tranquilidad no tenía precio.

Divorciado y como perro arrepentido busqué a Sara mi ex novia, le rogué y supliqué me perdonara, aunque me costó un tiempo, gracias a que Sara todavía estaba enamorada, por fin me perdonó, y reiniciamos nuestra relación.

Anabel vendió la boutique, con el dinero buscó un Cirujano plástico, se preparó para un reinado de belleza de los varios que hacen en el país.

No voy a darles muchos detalles porque ya ella tuvo sus 15 minutos de fama, muchos ya conocen su historia, ganó el reinado, al segundo día de ser reina, descubrieron que estuvo casada conmigo.

Le quitaron la corona, se volvió famosa por unos días, no sé cómo ni quiero saber, pero terminó viviendo en México siendo la novia de un famoso narco.

Después de un tiempo terminó convicta en una cárcel del extranjero, hicieron una novela contando su historia, hasta una canción tiene.

Seguí mi relación con Sara, con toda su familia me llevaba bien, desde sus padres hasta sus hermanos, en un festivo de 20 de julio que se celebra la independencia de Colombia, nos fuimos con su familia a la ciudad de Cartagena de indias, era la mayor de todos, tenía 3 hermanos, Ricardo, Carlos Andrés y Juan José, el más amable servicial, bella persona de los 3 era Carlos Andrés, le decíamos Calo de cariño.

Ese día en las playas de Cartagena, saqué un colchón inflable que había comprado, y me fui al agua a bañarme con Calo, Sara estaba en la orilla viéndonos con mi cámara filmadora en la mano, recuerdo muy bien le dije a Calo que estaba acostado en el colchón a mi lado boca abajo, yo boca arriba, estábamos flotando en el agua a 10 metros de la orilla a unos 2 metros de profundidad.

¡Mira Calo nos están filmando!, él levanto la cabeza y volteo en dirección a la orilla donde estaba Sara, en ese mismo momento paso una lancha jalando uno de los famosos gusanos inflables que son de moda en todas las playas del mundo.

Sin vernos el lanchero que piloteaba nos atropelló; alcancé a decirle a Calo: **¡cuidado!** Vi la hélice del motor casi en mi cara; reventó el colchón inflable y nos hundimos, como era poca profundidad salí enseguida, el hombre de la lancha se devolvió y empezó a decirme casi gritado: Disculpé patrón no los vi, perdón, perdón.

Vi a Calo en el fondo, no lograba salir, lo agarré de los brazos y lo alcé fuera del agua; me dijo: las piernas, no siento las piernas, enseguida lo subí a la lancha, al tomarlo el hombre por los brazos vi que se doblaba en 2 y me dije: “AY DIOS MIO” su columna.

Efectivamente, la lancha con el casco le partió la columna y la hélice le cortó la espalda, lo llevamos de inmediato en la lancha hasta el hospital de Boca Grande que estaba cerca.

A los días siguiente lo llevamos a Barranquilla, en el hospital le hicieron una cirugía le insertaron una platina para que pudiera sentarse pues la rotura de la columna lo dejó sin eje de apoyo.

Oír a un joven de 15 años decirme: cuñado para que quiero vivir si ya nunca voy a poder jugar futbol ni montar bicicleta; había quedado inválido de la cintura hacia abajo, eso me partió el corazón.

A los pocos días lo vi triste con la mirada perdida hacia el piso, le dije: ¿cómo te sientes Calo? Con un simple movimiento de hombros me dijo: igual, ya no quiero vivir, como si esa fuera su despedida.

Los médicos no se dieron cuenta que del impacto tan fuerte tenía una hemorragia interna, ese mismo día con los ojos abiertos todavía la mirada en el piso, volví a preguntarle como estaba, su estómago se movía porque estaba conectado al respirador artificial, pero ya había muerto.

Asimilar este nuevo golpe y entender por qué un joven de 15 años que apenas comenzaba a vivir, Dios se lo había llevado, yo que tenía más de 30 años, 3 matrimonios, un mundo vivido y todo lo que ya saben he pasado, ni siquiera un rasguño, golpe ni herida sufrí, no era fácil.

Esta tragedia acabo con el matrimonio de mis suegros, mi suegra durante varios meses fue al cementerio a visitar su tumba, llevaba una grabadora y ponía el casete de la música preferida de Calo, ese dolor solo lo entiende una madre.

Al cabo de un tiempo decidimos casarnos, fui a comprar los anillos de matrimonio en la Joyería Moderna de la kra 53 de Barranquilla, el vendedor que me atendió era nada más y nada menos que Aquino, mi compañero de escuela en la niñez, después de saludarnos y conversar un poco me dice: ¿a qué no adivinas quien trabajó en la tienda de accesorios que esta al lado? En auto periquitos Hawai me dijo, antes de casarse contigo… Anabel, era mi vecina, me dijo muerto de la risa, esa historia de la reina casada era el tema de burla de la ciudad.

Creo ese fue el último empleo de Aquino antes de irse a trabajar con su hermana.

# CAPÍTULO V
# LA SUERTE SE ACABA

Seguí con mi casa de cambio y mi amistad con el cachaco Beto, le pasaron unas cosas algo más que increíbles, podría ser candidato para hacer un capítulo de la serie de televisión: "Aunque usted No lo Crear".

Como la vez que estábamos en su casa, de un momento a otro empezó a quejarse de un dolor de estómago, tan fuerte era que con su esposa lo llevamos a la clínica de urgencias, después de hacerle exámenes, los médicos dieron con el problema, había que extraerle la vesícula, la tenía necrótica, prácticamente hecha nada, de inmediato al quirófano a extraerla, después de la cirugía, como fue un procedimiento sencillo, para la casa a descansar lo mandó el doctor.

Casualmente en esos días me había comprado un auto Chevrolet corsa nuevo del año, como Luis por la cirugía no podía conducir me pidió el favor que lo llevara a un cajero automático a sacar efectivo de su banco, al regresar nos estacionamos en la puerta del edificio donde él vivía.

Estábamos conversando dentro del auto, en ese momento se me acercó una motocicleta de manera repentina al lado mío, del conductor, después del asalto sufrido en la calle 84, donde me dieron un balazo, andaba un poco más alerta, reaccioné con rapidez.

Tenía mi revolver 38 esta vez, sentado en el auto, entre las piernas, lo tomé y automáticamente accioné el martillo, quedé listo para disparar, pero al ver al conductor de la motocicleta, era el empleado de Beto, le había comprado la moto para hacer las diligencias.

Con el rostro hacia el lado izquierdo mirando al empleado, empecé a regañarlo, le mostré el revolver listo para disparar, desmonté el martillo del revólver y volví a colocarlo entre las piernas.

En ese instante vi que el empleado saltaba de la moto y empezó a correr con cara de susto, en ese momento escuché a Beto gritar, todo paso tan rápido que ni tiempo medio de voltear a mirar, solo reaccioné abriendo la puerta del auto y saltar fuera, lo hice por instinto sin saber que estaba pasando.

Lo primero que pensé, era un auto que venía sin control y se iba a estrellar con nosotros, pero detrás mío Beto saltó también por mi puerta, ahí entonces vi lo que estaba pasando. En el mismo instante que el empleado se acercó del lado izquierdo del carro, dos sicarios (matones a sueldo) en otra motocicleta se pararon del lado derecho, el parrillero (que se sienta en la parte de atrás) comenzó a dispararle a Beto, le apuntó a la cara y disparo, pero Beto levantó la mano derecha para cubrirse, recibió el impacto en el ante brazo, cuando se dio la vuelta para salir por mi lado, recibió otro disparo en la parte de la espalda a la altura del hígado.

Para la suerte de Beto eran 2 sicarios aprendices, por la juventud y la inexperiencia se notaba que era, el primero o de los primeros trabajos que hacían, porque aparte de utilizar un arma de poco calibre, era una 765, como la del asaltante que me robó mi dinero, no le supo atinar por los nervios, el arma tenía un silenciador, el peine, proveedor, magazín o tolva, así le dicen en diferentes lugares, era con capacidad de 20 balas, el que estaba disparando en su afán de terminar el trabajo, descargó múltiples disparos a mi carro acabado de comprar, lo dejó llenó de agujeros, sumando los 2 que recibió Beto, en total eran unos 20 más o menos.

Al darme cuenta de lo que estaba pasando recogí mi revolver, lo accioné listo para repeler el ataque, pero los aprendices de sicario se habían ido, cuando vi a Beto bañado en sangre de color negro, supe que ese color solo proviene del hígado, alguna vez tiempo atrás vi un documental sobre ese tema, lo monté al auto como pude, salimos de inmediato, iba conduciendo con una mano y en la otra llevaba el revólver amartillado listo para disparar.

Con precaución y Beto llorando asustado, lo llevé a la misma clínica donde días antes estuvo por la cirugía de vesícula, otra vez al quirófano de urgencias, cuando lo examinaron los médicos, llegaron a la misma conclusión, era el hígado que estaba perforado.

Lo prepararon para la nueva cirugía, esta vez lo atendieron con cuidados especiales porque en poco tiempo había pasado dos veces al quirófano, era paciente reconocido del personal de urgencia de la clínica.

Mientras lo intervenían los médicos, con un poco de paranoia, extremando las medidas de seguridad, buscamos agentes de la policía para hacer un dispositivo de seguridad, después de la cirugía, cuando lo subieron a una habitación privada, todavía llorando me decía: ¿Pero si no tengo enemigos? ¿Quién me quiere matar? En ese momento es donde tiene que reflexionar, acordarse de sus errores pasados, en la ley de la vida, el que hace olvida, pero al que le hacen, nunca olvidara.

Cuando Beto estaba fuera de peligro, más calmado, fui ver cómo quedó mi automóvil, empecé a contar los impactos de bala, inclusive tenia uno del lado mío del conductor, como el sicario disparó desde un ángulo inclinado, solo quebró el cristal, pero no lo atravesó, otra vez me volví a librar sin ningún rasguño o herida. Hasta miedo me daba pensar, tanta buena suerte cuanto duraría.

Después de recuperarse de la cirugía, regresó a su apartamento, por haberse realizado dos en tan corto tiempo, el médico le mandó por varios días, infusión intravenosa, caminaba a todos lados dentro de su casa con la bolsa de suero y el soporte metálico con ruedas. Contrató los servicios de escolta de un amigo que le dicen RR, eran 8 los hombres de la seguridad, estaban 24-7 con él, portaban pistolas, revólveres, escopetas, un buen arsenal.

¿Primero la cirugía de vesícula, después el atentado, que más le podía pasar a Beto? ¿No sé si es buena o mala suerte?

Como todavía se le debía un dinero al señor SUNAMI del negocio frustrado con su hermano, lo primero que pensó Beto fue que le mandó los sicarios, pero él se presentó en la clínica apenas salió Beto de cirugía, antes de que se fuera para su casa, fue hasta la habitación, le dijo frente a frente: ¿Si yo te mato quién me paga? No te preocupes que de mi lado NO fue.

Al cabo de unos días y todavía conectado al suero intravenoso, recuerdo era como las 11 de la mañana, estaban todos los de la seguridad alerta cuando oímos unos golpes fuertes en la puerta principal del apartamento de Beto, nos gritaron:" POLICIA NACIONAL" abran la puerta. No se imaginan que es ver a ocho hombres armados hasta los dientes, soltar las armas, salir corriendo por la parte de atrás en cuestión de segundos, Beto se arrancó la aguja y el suero del brazo, hasta yo salí corriendo. En la parte de atrás del edificio había tres casas de los vecinos, cada uno escogió su vía, salto y corrió a la calle que estaba del otro lado, en una de las trescasas vivía un amigo llamado Arturo, él tenía en el patio un perro Doberman bien grande y bien rabioso, por esa razón escogí otra de las casas, salté entre los arbustos y salí a la calle, comencé a caminar como si nada hubiera pasado.

Varios de los policías que hacían parte del operativo se dieron la vuelta a esa calle en las patrullas y fueron deteniendo a todos, cuando se me acerco uno me dijo: ALTO, lo miré con indiferencia, con la mayor tranquilidad que me pudo salir le pregunté ¡Que le pasa oficial que es lo que quiere? Me dijo: mírate todavía tienes las hojas y las espinas en el cuello, del árbol de limón por donde saltaste.

Nos capturaron a todos menos a Beto que milagrosamente se había desaparecido, fue el único que salto al patio de la casa de mi amigo Arturo, por cosas de mi DIOS, el perro Doberman ni siquiera le ladró, Arturo al verlo le pregunto ¿qué estaba pasando? Beto le dijo: tú eres el amigo de la "Fruta" por favor me están buscando unos sicarios ayúdame, yo le había contado a Arturo lo del atentado.

Metió a Beto dentro de su casa, lo escondió en el baño. Los policías fueron casa por casa buscando a Beto al llegar a la última que era la de Arturo, tocaron la puerta, le pidieron permiso a Arturo para revisar, le dijeron que un delincuente se había escapado, les dijo: a mi casa es imposible que haya entrado alguien, los llevó al patio de inmediato salió el perro Doberman ladrando fuerte con intenciones de morder al primero que entrara. Uy que peligro dijeron los policías, por aquí no pudo pasar.

Antes de salir de la casa le pidieron el baño prestado para lavarse las manos pues ellos también habían brincado en la persecución, entraron al mismo baño donde se escondía Beto, se lavaron las manos se secaron con una toalla que estaba colgada en la cortina de la ducha del baño sin darse cuenta que Beto estaba parado casi congelado del susto detrás de la cortina. Alcanzo a oír cuando los policías decían: ¡Donde rayos se metió ese hombre, como si se hubiera evaporado!

Nos llevaron a todos hasta la central de la policía investigativa nacional, revisaron los nombres en su sistema, ninguno tenía problemas, después de explicarnos que solo contra Beto existía una orden de aprensión con pedido de extradición por parte de USA, nos dejaron ir.

Hacia años Beto mando un pasajero con droga a NY, los americanos lo capturaron, como de costumbre, lo amenazan con una larga sentencia para que colabore y delate, habló todo sobre Beto. Eso origino la orden de extradición.

A la mañana siguiente me llamó Arturo, me pidió que sacara a Beto de su casa, lo recogí, lo llevé donde un amigo a que lo escondiera, a los pocos días lo mandamos a través de la ciudad de Cartagena de Indias hacia Bogotá la capital de Colombia. Como todas las capitales, reúne la mayor población del país, allá es más fácil esconderse.

Con tanta presión, tantos problemas no sabíamos que hacer, pero Beto tenía la experiencia de años anteriores y todavía tenía contactos.

El empezó su carrera delictiva dentro del narcotráfico siendo un conductor de tracto mula (camión tráiler) le transportó en su época, al cartel de la costa, logró una estabilidad económica, también muchos conocidos.

Tenía un amigo que trabajaba dentro del puerto de Barranquilla, de ahí salen barcos diarios con destino Miami y otras ciudades de USA, consiguió a través de su amigo, unos marinos que llevaban droga hasta el puerto de Fort Lauderdale en la Florida.

Entre sus contactos, a través de conocidos, consiguió un cubano que era empleado de ese puerto, él los recibiría, sacaba la droga, la vendía. Gracias a esa ruta, Beto ganó buen dinero.

Como todo en este negocio, empieza bien y termina mal, el cubano que trabajaba en el puerto, se ganaba un salario promedio de 1,500 a 2.000 dólares mensuales, trabajando con Beto, se ganaba en cada viaje entre 30 a 50 mil dólares.

Lejos de ser una persona discreta y mantener un perfil bajo, como hace mucha gente en este negocio de drogas, se compró un automóvil de más de 30 mil dólares de contado, cometió la osadía de invitar a su jefe a un Table Dance (Bar de chicas exóticas) esa noche se gastó más de 5 mil dólares, entre botellas de licor caro y buenas propinas a las Strep Tease. (Bailarinas)

A la mañana siguiente le dijo su jefe: Yo sospechaba que estabas haciendo cosas ilegales, pero con esto de gastarte anoche tu salario de casi 3 meses me lo confirmaste, te voy a dar la opción que renuncies, no quiero llegar al punto de entregarte a las autoridades.

El cubano renunció y Beto se quedó sin quien les recibiera la droga a los marinos, había que buscar alguien de confianza, que fuera lo suficientemente loco para acercarse al puerto y recibir.

# CAPÍTULO VI
# LOCURA IMPENSABLE

¿Me imagino que no estarán pensando qué yo iba a volver a USA? Quién va a cometer la locura de volver al país donde estuvo preso, donde fue deportado, donde perdió todos los beneficios que había logrado viviendo una vida digna y decente, donde me había cerrado todas las puertas, las ayudas que me habían ofrecido. Pues así sucedió, Beto me ayudó a conseguir un pasaporte italiano con otro nombre, me aventure en esta nueva locura.

Después de tantas cosas que había pasado le había perdido el miedo al riesgo y al peligro, como si ya estuviera totalmente invadido y contaminado por la adicción a la adrenalina.

Lo **impensable** era que yo volviera a USA.

A pesar de ser una gran locura salí en un vuelo desde Caracas a San Juan Puerto Rico con mi pasaporte italiano, al llegar el oficial de inmigración se dio cuenta que era falso, me detuvieron, pero como en esa época no estaban en línea con las otras dependencias federales, no pudieron ver mis antecedentes penales, solo fui devuelto a Caracas.

Vaya que me salvé, cualquier persona sensata después de este gran susto, deja a un lado todas esas ideas locas de ir a ganarme ese dinero que, a estas alturas, ya no era **fácil**.

Una persona sensata sí, pero la sensatez hacía tiempo que me había abandonado.

Me regresé a Barranquilla, Beto me cambió el pasaporte italiano por uno portugués y regresé a Venezuela.

Esta vez salí rumbo a Houston Texas vía Maracaibo con escala en Panamá, que tremenda locura, Panamá que en esa época era casi el estado 52 de la Unión Americana, manejaban el canal y sus regalías, habían construido una mini ciudad dentro de la ciudad de Panamá, donde solo podían vivir los ciudadanos americanos.

Desde donde manejaban el control con un radar que monitoreaba todo el tráfico aéreo y marítimo por el Caribe, tenían desplegada su fuerza en la lucha contra el narcotráfico. A pesar de todo eso, hice mi transito normal por Panamá.

Al llegar a Houston pasé sin problema inmigración, tomé mi maleta de la banda, la pasé por el escáner de aduana, Beto me había dado una maleta con un compartimiento doble fondo para llevar de vuelta el dinero a Colombia.

El oficial de aduana que era un "chicano", así les dicen a los nacidos en USA descendencia mexicana, esos son peores que los mismos 100% gringos.

Este señor se dio cuenta que la maleta tenía un doble fondo, me detuvo a interrogarme, quería saber para qué iba a usar la maleta, le dije que desconocía el tema, que simplemente la compré así.

Después de muchas preguntas, hacerme un perfil psicológico, me dijo: tú no eres portugués ni siquiera hablas como portugués, pareces cubano.

Las personas que no conocen Colombia ni su diversidad lingüística, los muchos acentos que tenemos, los sorprendería, las personas de la costa Caribe, en especial Cartagena y Barranquilla, tenemos un particular parecido a los cubanos y puertorriqueños.

Revisó el pasaporte una y otra vez, lo pasó por diferentes máquinas y le hizo varias pruebas.

Me dijo que él sabía que ese pasaporte era falso, pero como ya el oficial de inmigración me dejó pasar, no podía ir a decirle qué se le había pasado uno con pasaporte falso, por ética profesional no lo hizo, después de varias horas, me dejo ir, no sin antes advertirme que me iba a vigilar, le dije: si claro aquí voy a estar, pasare una semana en Houston.

Apenas crucé la salida en el área internacional, subí al área de vuelos nacionales y compré un boleto para Miami.

Al llegar era de noche casi ya de madrugada, tomé un taxi hasta la casa de mi tío Juan, había conseguido la dirección, al llegar le toque el timbre, abrió la puerta, al verme casi le da un ataque al corazón, con cara de asombro me pregunto: ¿estás loco? ¿Qué rayos haces aquí? ¿Cómo pudiste entrar a USA? Le dije: tranquilo, me hacía falta verte, solo te voy a molestar un par de días.

Estuve en su casa un par de días, sabiendo mis travesuras, me dio la mano nuevamente. Después de buscar y encontrar un apartamento, me instalé, empecé a organizar mi nueva locura en Fort Lauderdale, recibiría el trabajo de manos de los marinos en un súper mercado llamado Publix cerca al puerto. Como me sabia mover en la florida, no tuve ningún problema. Organicé la logística, estudié la zona, caminé el puerto, investigué el supermercado, todo estaba listo para recibir al primer marino.

El día que llegaba el barco, ya estaba en la ciudad, Fort Lauderdale está a un poco más de media hora de Miami por la autopista I-95, había rentado un auto para poder hacer las cosas bien.

El marino reportó a Colombia que había llegado bien y estaba iniciando el proceso para salir del puerto con la droga, habíamos acordado que nos veíamos dentro del supermercado Publix.

El vestía el uniforme de trabajo arreglado con unos compartimientos especiales donde metería la droga, saldría caminando como si nada, el trayecto desde el puerto al supermercado a pie era de unos 20 a 25 minutos.

Dentro del supermercado, tomé un carrito de compras, empecé a llenarlo de comida como cualquier cliente, el marino que por las indicaciones del amigo de Beto ya sabía mi descripción, me ubicó y se me acercó, después de decirme las palabras claves que habíamos acordado saco de la manera más natural posible de su ancho uniforme de trabajo, los paquetes con la droga y los colocó dentro del carrito de compras que yo tenía.

Siguió su camino como si nada, metí la droga en una mochila que traje, pagué las compras y me fui de regreso a donde estaba viviendo. Parecía algo normal, pero tenía la adrenalina a millón, sentía que todos los carros cerca me estaban siguiendo, hasta que por fin llegué a sitio seguro.

Llamé a mis clientes, comercialicé la droga de una manera rápida, para enviar el dinero a Beto y volver a repetir el trabajo.

Lamentablemente mi aventura con los marinos duró poco, solo hicimos dos trabajos, la empresa naviera, que ya sospechaba de sus actos, inicio una campaña de rotación del personal, ya no tenían control de saber cuál era su próximo destino. Para terminar mi mala suerte, ya estaba cerca la fecha de vencimiento del pasaporte portugués.

Me regresé a Colombia a planificar una nueva aventura.

Al llegar Beto me contó que seguía en Bogotá, había comprado una empresa de autos blindados que estaba con problemas económicos, aprovechó la oferta.

Él tenía una Chevrolet Silverado azul modelo antiguo, pero la conservaba en buen estado, debido al atentado que le hicieron, en su nueva empresa la mandó a blindar, en ella se movía por todo el país, ya ni tomar avión quería.

Empezó una profunda investigación para saber quién lo había mandado a matar, como él conocía a la mayoría de sicarios a sueldo, dando recompensas, supo que esos sicarios sin experiencia habían sido sub-contratados por otros matones.

Logró saber que un ex amigo, por causa de un título de propiedad que ellos 2 tenían en disputa, pagó para que lo asesinaran, a su ex amigo le decían El Güero, que buenos amigos tenia Beto.

Pudo llegar hasta los matones, les preguntó cuanto les pago El Güero por ese trabajo, ellos le dijeron que 100 millones de pesos, 50 adelantado, el resto al terminar, como Beto había ganado bastante dinero, aparte de los marinos que llegaron a la florida, había enviado otros a NY, pero con heroína, esa droga deja más utilidad. Esa ruta estaba a cargo de un amigo del él que le decían "Tapa".

Beto les ofreció a los mismos sicarios que habían intentado matarlo, el doble del pago si ellos mismo asesinaban al güero, ese negocio del sicariato no tiene amigos, pudor ni dignidad.

Por 200 millones, 100 adelantados 100 al terminar, accedieron devolver el favor y matarlo.

Los sicarios que ya conocían bien al güero lo citaron en una famosa heladería de Barranquilla, el güero fue con su esposa y su hija a la cita. Delante de su familia los sicarios acabaron con la vida del güero, me acordé del famoso refrán que dice: "Al que hierro mata a hierro muere".

Por experiencias vividas y por lo visto en la época de los nogales, aprendí que cuando una persona empieza a matar, no hay vuelta atrás, el hermano y el socio del difunto güero, le dieron la asignación a un nuevo sicario de acabar con la vida de Beto, le dijeron: Tu objetivo en esta vida a partir de este momento es matar al cachaco Beto, cueste lo que cueste, dure lo que dure.

En una de las ocasiones que Beto viajó desde Bogotá a Barranquilla, que son unos 12 a 15 horas de viaje, el sicario lo vio en su flamante camioneta blindada y se dio a la tarea de seguirlo 24-7 hasta que se diera la oportunidad, la oportunidad llegó.

Un día Beto fue a una licorera, sin saber que lo venían siguiendo, sin conocer que se había convertido en la obsesión de un aprendiz de sicario, que iba a ser la tesis de graduación de alguien como millones en el mundo, escogen una **equivocada profesión,** se bajó a comprar bebidas, ése fue su último día**, la buena suerte** que tenía se le **acabó.** No sé cuántos balazos le dieron, pero ese fue el triste final del cachaco Beto.

Como ya en Barranquilla muchos sabían que yo estaba subiendo a USA, locura impensable, un señor que ya conocía de unas transacciones en la compra y venta de dólares, me ofreció un trabajo de supervisión y apoyo logístico en el estado de Texas.

Valentino se llama este señor, él tenía un equipo de buzos en el lago de Maracaibo en Venezuela, que se encargarían de pegarle por debajo al barco petrolero que sale diariamente con destino a Galveston-Texas.

Mi trabajo era supervisar la sacada de las cosas cuando llegaran, apoyar en la logística y la venta. ¿Pero cómo iba a ir si ya no tenía el pasaporte portugués? ¡Quien conseguía los pasaportes era el difunto cachaco Beto!

Aunque ya sé de carne propia, que el dinero no lo es todo ni compra todo, pero si daña corazones, conseguimos un pasaporte colombiano con visa de turismo por cinco años, aunque estaba a otro nombre, logramos colocarle mi fotografía, se oye como una locura, pero con este pasaporte logré entrar a Miami directo.

Estando allá abrí cuenta en un banco, saqué una licencia de conducir con ese nombre, ya me estaba copiando de las películas de "James Bond".

En Miami me reuní con un empleado de Valentino llamado Luis, Luisito le decían por costumbre, nos juntamos y nos fuimos a Houston, conseguimos un apartamento para tenerlo de base pues Galveston queda relativamente cerca de Houston.

La primera tarea era supervisar y avisar la llegada del barco, los petroleros entran por un canal hasta el lugar de descargue, había que vigilar la entrada del canal pues por ahí también pasa la embarcación del guarda costa americano haciendo su recorrido de rutina, en ese punto no hay nada, ni estacionamiento ni siquiera algún negocio o estación de gasolina o algo donde pudiera pararme a vigilar.

Se me ocurrió comprar un asador portátil una silla una caña de pescar, todos los accesorios típicos de pescador local que pasa la noche con su hobby. Teníamos calculado el día que llegaba el petrolero, un día antes ya estábamos instalados en la entrada del canal.

Al momento de pasar el barco avisamos, nos quedamos ese día entero y parte de la noche vigilando, aguantando frío.

Como era de esperar en la tarde-noche pasó el guarda costa, dio su paseo rutinario, después salió del canal y de la zona, quedó el área lista para los buzos entrar y sacar el trabajo.

Los encargados de sacar las cosas debajo del barco, no eran exactamente un equipo de buzos profesionales, eran unos colombianos de buenaventura, población que está en el departamento del valle del cauca, se conocen, muy bien los lugares donde va amarrada y asegurada la droga debajo del barco.

Muchos de ellos viajan de polizontes escondidos en esa parte del barco, desde Colombia a USA.

Todo salió como lo planeado, Valentino y sus socios habían metido cien kilos para probar la ruta, llevamos las cosas a Houston, ahí un señor de Puerto Rico conocido de Valentino, se llevó el trabajo. El trato era recibir en ahí, pero pagar en New York a precio de allá.

Al cabo de unos días recibimos instrucciones de ir a recoger el dinero a NY, solo había visto el alto Manhattan en películas, entrar a la calle 186 de NY, hasta el más bravo se asusta, con todo lo que me ha pasado, lo que han leído, pensaba que la adrenalina me daba valor para hacer tantas disparatadas, pero ese día, al verme en medio de ese gueto, como diríamos en la forma de hablar costeña: me cagué.

Llegamos a una zona de edificios sucios viejos, de mal aspecto, iguales a cualquier gueto de Puerto Rico, Brasil, Colombia o Caracas.

Subimos al 4to piso de uno de esos edificios, estaba listo para oír: ¡arriba las manos esto es un asalto! para nuestra tranquilidad, el señor encargado de pagarnos que era también Boricua (así le dicen a los de Puerto Rico) nos dijo: Tranquilo nene que esta es mi zona, aquí mando yo, nadie los va a tocar. En esa época en ese momento esas palabras me dieron tranquilidad, pero ahora que mi Dios me dio el conocimiento y abrió mis ojos, sé que ÉL estaba en control en aquel momento y en todos los de mi vida.

El boricua nos entregó una maleta de las más grandes llena de dinero, ni siquiera revisamos, tomamos la maleta y nos fuimos a toda prisa en un auto que habíamos rentado.

Al llegar a la casa de un familiar de Luisito cerca de NY donde nos hospedamos, revisamos la maleta, había un millón de dólares en denominaciones de un 1-5-10-20-50-100, ya se imaginarán el volumen que hacia tantos billetes.

Nos dieron la orden de llevarlo a Miami, lo más practico que se nos ocurrió, fue comprar electrodomésticos como si estuviéramos de mudanza, nevera refrigeradora, televisor equipo de sonido hornos micro hondas licuadora, todo lo que se nos ocurrió.

Rentamos un camión de la empresa U-Haul, metimos el dinero dentro de los electrodomésticos y salimos directo a Miami por la autopista I-95.

Solo nos detuvimos a comer algo, duramos 24 horas en llegar y con la espalada dolida, hacer ese trayecto en camión es súper pesado, me imagino a los conductores de tráiler y camiones que duran varios días, aquí es donde uno aprende a valorar esa profesión, mis respetos a ese gremio.

Salimos en la tarde, llegamos en la tarde del día siguiente a Miami, buscamos un hotel en la calle 36 del NW cerca al aeropuerto, nos registramos, estacionamos el camión en la parte de atrás del hotel y nos fuimos a dormir el resto de la tarde y la noche. Al día siguiente entregamos el dinero a los encargados de hacerlo llegar a Barranquilla.

Aproveché que estaba en Miami, pasé varias veces por la casa de Julia con la esperanza de ver a mi hija así sea solo de lejos, tuve la suerte, un día vi bajarse de un auto a dos hermosas niñas, una mayor que la otra, mi hija ya tenía una hermana, llamé a Julia al número de la casa, todavía era el mismo al que muchas veces había llamado. Contestó Julia, al decirle que era yo, me habló en tono de rabia, me dijo: para que llamas si tú no tienes ningún derecho ni de preguntar por la niña, tampoco puedes entrar a USA, si vuelves a llamar, siquiera pasar por aquí te denuncio a la policía.

Le dije: han pasado más de 10 años y todavía escucho en tu voz el odio con que me hablaste la ves que te engañé. Oirás ese odio hasta el día de mi muerte me dijo. Con esa respuesta di por cerrado definitivamente ese capítulo en mi vida, entendí y acepté que había perdido definitivamente cualquier esperanza de conocer así sea de saber algo de mi hija, no podía arriesgar mi libertad ni el trabajo que estaba haciendo. Confirmé lo que ya suponía, Julia se había vuelto a casar, tuvo otra hija, me queda la tranquilidad de que mi hija tiene una buena madre, buena familia y la esperanza de que su padrastro sea un hombre correcto. Julia cambió el número de teléfono, hasta vendieron esa casa de la 12 avenida del west de Hialeah, jamás volví a tener contacto con ella.

Al poco tiempo nos avisaron que había que recoger el resto del dinero en NY, otro millón de dólares, había que repetir la travesía, esta vez ya conocíamos la carretera, sabíamos dónde detenernos a comer y descansar sin despertar sospechas.

Regresamos en avión, entramos nuevamente al ilustre vecindario del alto Manhattan, recogimos el efectivo, esta vez le dije a Luisito: así como lo recibimos así lo metemos en la cajuela (baúl) del auto rentado y vamos de la mano de DIOS, que ironía, lo dije sin saber que esa era la única realidad.

En esa época de mi vida, no tenía la menor idea que todos mis pasos eran cuidados por mi Padre Celestial, pacientemente estaba esperando que yo me cansara de andar por el mal camino, en una equivocada profesión.

Hicimos el mismo recorrido de noche ahora más cómodos en un auto, a las 24 horas llegamos a Miami menos estropeados que la ves anterior.

Todo salió bien, volvimos a despachar el dinero a Barranquilla con los encargados, Valentino iba a repetir el trabajo, esta vez serían doscientos kilos, todos tenían hambre de explotar la ruta.

Los de Venezuela metieron las cosas debajo del barco, en Houston el día que llegó seguí lo acordado, repetí mi rutina de turista de pesca, esta vez como había confianza entre el grupo de Houston, solo iba a cuidar la entrada del canal, Luisito iba a recibirles la droga en el auto, pactamos que sacarían las cosas a las 4 am, hora perfecta para trabajar, a esa hora nos llamó "pepe grillo", así le pusimos al jefe del grupo de los buzos, es igual a la caricatura, me dice que esta vez no metieron nada los de Venezuela.

Le pedí el favor que se volviera a meter, recogí como pude mi equipo de camping, Luisito fue por mí para irnos hasta la orilla enfrente del mismo barco, el canal por donde entran, es angosto, se puede casi tocar desde la orilla, nuevamente sale del agua diciendo lo mismo, no hay nada debajo.

¿Queeeeeé, como así? No entendía nada, llamé enseguida a Valentino y le informé. Qué problema se formó, esta vez habían metido el doble del producto, aparentemente no llegó nada.

Valentino me conocía desde hacía tiempos, sabe mis alcances, por eso me dio la responsabilidad de ir a supervisar, ahora era el momento de mostrar que sirvo en mi oficio.

Después de investigar intimidar asustar y presionar, nos enteramos que pepe grillo y su grupo habían sacado las cosas dos horas antes de lo acordado, se robaron la droga descaradamente, al final le mandó un mensaje a Valentino y a todos: yo me robé la droga si no les gustó y tienen las agallas vengan a mi casa y me cobran.

Pepe Grillo se robó más de cuatro millones de dólares, compró armas de bajo y grueso calibre, varias pick up nuevas, armó un mini grupo rebelde para esperar la reacción de todos.

Para la suerte de Pepe Grillo nadie fue a cobrarle, esto quedó como muchos de los casos que ocurren hoy en día, por los cuales ya no sirve el negocio del narcotráfico.

Prefieren hacer un solo trabajo y robar en vez de hacerlo bien, repetirlo muchas veces para poder dar la cara, andar tranquilos por todo el mundo.

Esta es la primera de varias historias que les voy a contar donde los traficantes prefieren convertirse en ladrones, si antes se cuidaban de las autoridades (policía) ahora sus vidas se convirtieron en un calvario. El vivir al margen de la ley es una zozobra constante, pero el vivir con esa angustia, le sumas tener que cuidarte que no te encuentren los que les robaste, debe ser un infierno.

Cuando pasan estas cosas, te quedas sin el apoyo de los que días antes eran tus jefes, como es normal Valentino perdió mucho dinero en este robo, ya no tenía sentido seguir en esas tierras.

Cerrado el capítulo de Houston me regresé a Barranquilla, no me tomaba ni siquiera unos días de descanso, no disfrutaba de la ciudad.

Debido a que me había convertido en un adicto a la adrenalina y la emoción, acepté otro trabajo que me ofreció Valentino, quedó muy satisfecho de mi desempeño en la trama de los buzos ladrones.

Había un crucero que salía de San Juan Puerto Rico, recorría varios destinos en el Caribe, uno de esos destinos era Cartagena de indias-Colombia.

En esa parada un grupo de turistas del crucero recogía droga, la subían al barco, finalmente regresaba a San Juan, mi trabajo era esperar a los pasajeros en San Juan, recoger la droga, llevársela al comprador.

No me tomaba el tiempo de meditar, de analizar lo que estaba haciendo con mi vida, por lo menos hacer un balance de cómo estaba viviendo a ver si valía la pena arriesgar mi libertad por unos cuantos dólares.

Estaba ganado bien, no para volverme millonario, suficiente para tener una vida cómoda, pero no analizaba todos los golpes que me estaba dando por seguir en el mal camino.

Regresé a USA vía Miami, otro capítulo más que estaba por escribir, tenía una entrada con ese pasaporte. De Miami viajé a San Juan, me instalé en un hotel en la zona de "Isla verde", en el mismo hotel donde tenían reserva los pasajeros que regresaban del crucero.

El día que arribó, me fui a supervisar la llegada al muelle en el viejo San Juan, se bajaron bien del barco, siguieron en taxi dirección al hotel donde nos hospedábamos.

Los observaba de lejos, para confirmar que nadie los seguía, no sé si me volví paranoico o simplemente me gusta seguir el protocolo de seguridad que establece hacer este tipo de cosas.

Al llegar al hotel fui hasta su habitación, no les di tiempo de descansar, recogí el trabajo se lo llevé a un cliente conocido de un amigo de Valentino que le dicen "cara de jabalí", como es sabido en este negocio todos se colocan apodos por seguridad.

Lo llamé para concretar la reunión, sorpresa fue la dirección que me dio para la cita, es en un cementerio al costado del viejo San Juan.

Entré con un poco de miedo, cargaba en la espalda una mochila con el trabajo, no sabía que era la puerta trasera de "La perla", me recibieron 5 hombres en motos de pequeño cilindraje tipo pasolas, uno se identificó con el nombre clave de "el loco", me dijo: móntate "nene", fui con él al corazón de la perla, dejamos las cosas y me llevó de vuelta a la entrada del cementerio, de ahí en adelante la responsabilidad era de "cara de jabalí".

Me entero después que "la perla" es el gueto más antiguo y peligroso de todo San Juan, tiene sus orígenes en la época del siglo XIX, pero la ciudad de San Juan, su fundación data del año 1521. Después de aprender un poco de historia, me dije: mira todas las estupideces, todos los riesgos que corro por ir detrás del mal llamado **"Dinero fácil".**

Por un problema que sucedió en Cartagena hice un solo trabajo en esa línea, estuve unas semanas más entre San Juan y Miami, después regresé a Barranquilla.

Se había vuelto un estilo de vida para mi viajar, empecé a descuidar mi relación con Sara, no me sentía cómodo en Barranquilla.

Descuidé bastante la casa de cambio, me distancié completamente del negocio de carga con mi tío, ahora solo esperaba propuestas de trabajo en el exterior, por fin después de varios días, un conocido me ofreció trabajo en Miami, me dijo que después de llegar me daba los detalles por seguridad, me entregó los tiquetes y viáticos.

Salí a mi nueva aventura, viajé hasta Maracaibo en autobús, por alguna razón prefería entrar a los Estados Unidos de Norte América desde Venezuela, pasaron más de 6 meses con este último pasaporte, compré mi tiquete para salir desde esta ciudad.

Al llegar a Miami el oficial de inmigración lo pasó por el lector escáner, de inmediato salió un mensaje de alerta en la pantalla, me preguntó si lo había reportado como robado, le dije que no, debía ser un error, para confirmar mi identidad le mostré la licencia de conducir de la Florida y la chequera del banco de Miami, le dije que hacía poco estuve ahí, esta visa fue reportada como perdida, fueron sus palabras, llamó a su supervisor quien me llevó a un cuarto de interrogación.

Como había viajado varias veces antes con ese pasaporte, la visa que tenía era por 5 años, me sentía confiado, pero olvidé el pequeño detalle de que la persona a nombre de quien estaba el pasaporte y la visa obviamente después de venderla, pasados unos meses la iba a reportar perdida para solicitar una nueva. Después de una lluvia de preguntas, insistir que era el dueño del pasaporte, el supervisor me dijo: te voy a poner en un cuarto aislado hasta que recibir la confirmación del consulado americano de Bogotá donde fue emitida esa visa, no hay problema le dije.

Como había llegado en horas de la tarde me tocó dormir ahí hasta la mañana siguiente, ya sabía que estaba en problemas, pero tenía que mantenerme firme en mi versión hasta el final.

Alrededor de las 12 A.M del día siguiente, llegó al cuarto el supervisor con la fotocopia de la visa y fotografía del verdadero dueño del pasaporte, en tono de burla casi riendo me preguntó ¿vas a seguir insistiendo que esa visa es tuya? No tuve más alternativa que darme por vencido y relatar una versión que no fuera a perjudicarme tanto.

Todavía sin saber que era mi DIOS quien estaba obrando y trabajando con mi vida, milagrosamente solo fui devuelto al lugar de donde había llegado, sin pedirme detalles de cómo y para que quería entrar, me deportaron, éste fue el final de mis estúpidas ideas de seguir entrando a USA con pasaporte adulterado, volverlo hacer sería abusar de toda la misericordia que mi DIOS estaba teniendo.

Me quedé un tiempo en Venezuela ayudando a “El Cirujano” en lo que pudiera.

Al poco tiempo un primo que vive en Miami, llamo a mi madre, sin dar muchos detalles, le avisó que lo había abordado un agente del FBI (Buró Federal de Investigaciones americano), ese primo también lleva el mismo apellido de origen alemán, le preguntaron si tenía algún vínculo familiar conmigo, el obviamente dijo que no me conocía. A esta persona no la estamos buscando ni solicitando, pero si llega a tocar, entrar por alguna frontera de USA va a tener bastantes problemas, le dijo el agente del FBI a mi primo. Ya habían descubierto todas las entradas y deportaciones que me habían hecho, también descubrieron mis antecedentes penales y todo sobre mi, que ni se me ocurriera volver a pisar territorio americano.

Cuando me dieron el mensaje de mi primo, era muy tarde, estaba camino a una nueva aventura.

El hermano del Cirujano me pidió que lo acompañara a Puerto Rico, que tenía que ir, pero como ilegal porque no tenía visa, en lancha me dijo que haríamos la travesía.

Nos fuimos en avión desde Venezuela, haciendo varios tránsitos, incluyendo a San Martin, hasta llegar a la isla de tórtola, una isla en el Caribe que hace parte de las vírgenes británicas, está enfrente de san Thomas que pertenece a las Islas Vírgenes Americanas. De Tórtola nos pasamos en lancha hasta san Thomas, es relativamente cerca, desde un lado puedes ver el otro. Ahí duramos unos días planificando la entrada a territorio de Puerto Rico. El paso de san Thomas a Puerto Rico es patrullado por lanchas de la guardia costera americana.

Copiando otro capítulo de las películas de James Bond, rentamos un yate de lujo bandera americana con capitán, colocamos una botella de champaña de marca cara y famosa en un recipiente metálico con hielo, copas, en una mesa pequeña comida, por las bocinas sonaba música americana, nos colocamos vestimentas de turistas e iniciamos el paso de san Thomas a Puerto Rico, cerca de la isla "culebras", que ya pertenece a Puerto Rico nos interceptó una lancha del guarda costa.

Al acercarse ver la botella, oír la música y darnos una mirada, nos preguntó en inglés: ¿Everything is okey? (¿todo bien?) levanté mi copa con champaña, le conteste: Every thing is perfect, look a beautiful day (todo está perfecto, mire que día tan bonito) sin más preguntas simplemente levantó su mano en señal de saludo dio media vuelta y siguió su camino.

Cuando llegamos a culebra, entregamos el yate en el muelle, enseguida fuimos a tomar el ferry que comunica con San Juan, por donde pasan miles de locales y turistas, aunque hay oficiales de inmigración y policía en plan de observadores, ni siquiera nos voltearon a ver.

En San Juan busqué un cuarto rentado en isla verde, ya me conocía y gustaba esa zona, esta vez renté cerca de un cementerio de la zona, me instalé y el hermano del Cirujano se fue a donde una novia que tenía a otro lado de la isla.

Como ya no podía pasar a Miami, no tenía trabajo en San Juan, con lo que me regaló el hermano del Cirujano por acompañarlo, me regresé en avión a san Martin, trajimos los pasaportes escondidos, en esta isla habíamos hecho el tránsito de subida, es mitad holandesa y mitad francesa, de ahí a Venezuela, después regresé a Barranquilla, en ese momento de mi vida, tenía tantas horas montado en un avión que podía pedir el certificado de auxiliar de vuelo por lo menos, las que faltan, esperen leerán.

Qué cantidad de aventuras y locuras hice sin meditar o pensar lo que estaba haciendo, lamentablemente uno solo desea lo que no tiene, pero no valora lo que está en tus manos.

Esta lección como muchas otras no las aprendí fácil, tuve que darme muchos golpes y pasar muchas cosas antes de aceptar, entender que el camino correcto no era por el que yo transitaba.

# CAPÍTULO VII
# SIN MEDIR LAS CONSECUENCIAS

Nuevamente regresé a mi vida normal, había descuidado a mi esposa, mi negocio de "casa de cambio".

Al cabo de un tiempo me encontré con un amigo llamado Esteban, también estaba en el negocio de las divisas, me ofreció unos dólares en Puerto Rico (sigo buscando problemas con esa isla), 200 mil exactamente, no tenía clientes ahí, preguntando localicé a un gran amigo de la época de los Nogales que se había mudado a Miami junto con su madre.

Le dicen "Tato", vivía con su novia de Puerto Rico, después de conversar, contarnos los pormenores de nuestras vidas, los rumbos que tomamos, me dijo que sus cuñados, dos jóvenes estudiantes, allá vivían, podían recibirlos y pasarlos a Miami donde yo tenía mis clientes.

Así planificamos, Tato me pasó un numero donde podían contactar a sus cuñados, se lo di a Esteban, los llamaron y les entregaron los 200 mil en horas de la mañana, enseguida empezaron el proceso para enviarlos a Miami.

En la tarde me llamó Esteban, me preguntó si podía recibir otros 200 mil, la persona que lo surtía tenía más de 2 millones de dólares, necesitaba venderlos lo antes posible.

Al principio no quería recibirlos por ser mucha cantidad y demasiada la responsabilidad, pero consultando con Tato decidimos aceptarlos.

A los dos días de recibir los 400 mil dólares, Tato me llama, dice que la "DEA" (Administración para el control de Drogas) y el IRS (Servicio de impuestos internos) habían detenido a sus cuñados, les habían quitado parte del dinero.

Ni se imaginan el estado de shock en que quedé, fue como si me hubiera caído un rayo en la cabeza otro nuevo problema me había buscado, me dijo que sus cuñados alcanzaron a enviarle 150 mil, les habían decomisado el resto.

Según ellos, el mismo día fueron puestos en libertad, dijeron que los oficiales al momento del arresto, llevaban un listado con la numeración de cada uno de los billetes, prácticamente ya sabían todo.

Me reuní con Esteban en su oficina, le dije todo lo que paso, también entró en pánico, me dijo: No sabes el tamaño del problema en que nos hemos metido, el dueño de ese dinero es alguien muy poderoso, pide los detalles de cómo y qué fue lo que pasó porque nos lo van a cobrar, ni tu ni yo tenemos para pagarles.

En ese momento entendí que había aceptado ese trabajo pensando solo en la ganancia **"sin medir las consecuencias".** No había pasado más de 3 días y perdí contacto con Tato, sentí que me tragaba la tierra, que desesperación e impotencia, no sabía que decirle a Esteban.

La historia de que habían detenido a los dos cuñados de Tato, luego los habían liberado no convencía mucho a Esteban ni a los dueños del dinero. ¿Ahora decirles que Tato había desaparecido? UUUFFFF que gran problema en el que estaba metido.

Fui hasta la oficina de Esteban, no sabía cómo explicarles por no tener información de Tato, llamó a la persona que le había hecho la entrega del dinero, estaba en otra ciudad por esa razón, utilizó el alto parlante del teléfono en su oficina para que los tres escucháramos la conversación.

De inmediato exigieron el pago sin importarles los detalles de lo sucedido, a mi parecer algo no cuadraba en esta historia, confiaba 100% en Tato, era mi amigo incondicional de muchos años, crecimos juntos, quería oír su versión, su explicación, la persona en la línea, cerró la llamada, pero antes le dio una advertencia a Esteban: no sé qué vas hacer, pero me pagan.

Te robó tu amigo, fue lo que dijeron, pero eso para mí no era posible, fui donde la hermana de Tato que vivía en Barranquilla, ella me contó que los agentes federales también habían ido por Tato a Miami, estaba preso, no sabía muchos detalles, pero el abogado de oficio que le asignaron habló con su mamá y le explicó que el arresto de Tato era parte de un gran operativo, la investigación iba a llegar hasta Colombia.

A partir que empezó este nuevo problema mi vida se volvió un calvario, a pesar de que antes hice muchas locuras, nunca había tenido problemas con "Dinero en efectivo", en el negocio de las drogas esta situación es muy delicada, aparentemente todo salió bien, se "coronó" la vuelta, es solo cuestión de recibir las utilidades ¿que suceda algo como esto? Los dueños quieren cobrar a como dé lugar.

Al principio como no sabía qué hacer lo único que se me ocurrió fue conseguir algo de dinero y entregarlo a la gente de Esteban para ganar más tiempo, saber bien que estaba pasando.

En esos días me reuní con un amigo, me dijo que su tío que vive en Venezuela necesitaba alguien de confianza, que hablara inglés para un proyecto en el Caribe, vi en esa oportunidad la manera de hacer algo de dinero para ganar más tiempo.

Con tantas preocupaciones, la cabeza llena de problemas, no sabes que hacer, recibí una llamada de Esteban, en tono serio y angustiado me dijo: alístate que vamos a Maicao a ver a la gente y buscar una solución.

Al día siguiente salimos de madrugada, el trayecto es de unas 6 horas más o menos desde la ciudad de Barranquilla, llegamos en horas del mediodía, fuimos directo a la oficina de su amigo llamado Ricardo.

Lo primero que nos dice este señor en un tono bien "**prepotente**" casi sin saludar: ¿Cómo me van a pagar si ninguno de los dos tiene donde caerse muerto? ¿Saben el problema en el problema que están metidos? Le dije: señor mi amigo me envió un mensaje dice que la investigación sigue aquí en Colombia, parece que el dinero tenía cola, (así le decimos cuando algo es parte de una investigación y está caliente).

Con su tono sarcástico y prepotente casi de burla me dice Ricardo: Que cola ni que nada, nosotros somos una organización bien solida la más grande de la guajira y de las más poderosas de la costa atlántica.

Si el dinero traía cola usted sabe bien que no se paga; si estaba limpio de alguna manera le pagaré, le dije.

Demuéstrame con hechos que ese dinero estaba **caliente,** fue lo último que me dijo Ricardo.

Salimos de su oficina, le dije a Esteban que iba a seguir hasta Venezuela, como ya estaba en la frontera con Venezuela quería aprovechar para reunirme con el tío de mi amigo.

Esteban se regresó a Barranquilla, seguí en autobús hasta Maracaibo, de ahí hasta Caracas, hice transbordo, continúe hasta Puerto la Cruz, estado de Anzoátegui al oriente de Venezuela.

Me recibió el tío de mi amigo que le dicen "El turco", gentilmente me llevó a su casa, como ya les expliqué antes, en Colombia a los de origen libanés les dicen turcos; nunca antes se me había ocurrido mirar un mapa, pero entre el Líbano y Turquía hay mucha distancia, más de 870 km, 11 hora y media en automóvil y ninguna relación.

El turco me explicó que el trabajo es de llevar a Puerto Rico 12 mil libras, unos 6 mil kilos de marihuana desde el oriente de Venezuela a través del Caribe en lanchas. Nunca antes había trabajado con esta hierba, pero después de tantas locuras, estar metido en un gran problema, no vi más opción que aceptar.

Por casualidad el turco conocía a los dueños del dinero perdido, llamó a uno de ellos que le dicen "metralla", le avisó que yo estaba organizando un proyecto con él, para que me diera más tiempo, posteriormente abonar a la deuda. En el proyecto del turco la primera parada sería una isla del Caribe llamada san Vicente, allá me envió hablar con un lugareño llamado "Bill" a preparar la logística.

Aunque soy de la costa colombiana nunca se me había dado la oportunidad de visitar el Caribe, la verdad que ese conjunto de pequeñas islas son un paisaje hermoso, por eso es el lugar de vacaciones de muchos europeos que en la primera oportunidad van a disfrutarlo.

Después de varios días de reuniones seguí a otra isla llamada "Antigua", ahí conocí un francés amigo del turco que se encargaría de recibir y después enviar a Puerto Rico, prácticamente estaba coordinado el proyecto.

Como esos trabajos llevan tiempo y esfuerzo me tocó quedarme varios días con el francés, de nombre "Jean Pierre", era propietario de varias licorerías en el centro de la isla donde llegan los cruceros vacacionales. Se portó muy servicial inclusive me invitó a su casa, me presento a su novia una joven dominicana que vivía con él. Jean Pierre me dijo que estaba directo con el primer ministro de la isla, algo así como el presidente, que podía recibir cualquier trabajo sea por mar o por aire, que buen contacto pensé, se me ocurrió avisarle a mi amigo El Cirujano, sabía que su jefe le gusta trabajar por el Caribe.

Estuve varias semanas en "Antigua", Jean Pierre me consiguió un hotel económico a orillas de la playa, la mayoría de estos trabajos es esperar el momento oportuno. Me dediqué a conocer la isla, no podía desaprovechar la oportunidad, en casi todos los lugares donde he estado en especial islas, cuando no hay nada que hacer, la mayoría de veces solo, me dedico a pasear y conocer el lugar.

Ahí estuve hasta que por fin llegó el aviso de la gente de Venezuela, estaban listos para salir con la hierba destino san Vicente, la primera parada donde Bill la recibiría.

Me trasladé hacia allá para supervisar y apoyar con la logística, como eran 6 mil kilos, hacen bastante volumen, los repartieron en tres botes tipo "peñero", así les dicen en Venezuela a los botes de pesca, aunque no son lanchas rápidas, cubren largas distancias.

No sé porque motivo, pero las lanchas salieron a encontrase con otras tres que las esperaban en san Vicente sin tener equipos de navegación necesarios para reunirse en las mismas coordenadas geográficas.

Prácticamente este trabajo salió al estilo de antes, solo con una descripción de las características del lugar; así como se los estoy narrando, increíble pero cierto.

En el archipiélago de san Vicente hay muchas pequeñas islas e islotes que están inhabitados, pero tienen grandes piedras que sirven como referencias o marcas, así se pusieron de acuerdo.

Como era de imaginar, el día del trabajo era de noche casi de madrugada, solo una lancha de las de Bill coincidió con las de Venezuela, solo 2 mil de los 6 mil kilos de marihuana habían llegado a manos seguras.

Los capitanes de Venezuela no se iban a regresar con esa carga, eso ni locos lo harían, después de toda una noche de travesía por el mar con tantos bultos, regresarse sería ir directo a las manos del guarda costa venezolano, lo único que se les ocurrió al no encontrar a la gente de Bill fue buscar un islote con árboles y vegetación para esconder la carga, regresarse a Venezuela y avisar.

En una de las lanchas venía un empleado de confianza del verdadero dueño de la carga, años después me enteré que era el papá de un amigo de la juventud, no quiso dejar botado todo, se quedó en el islote sin comida sin agua sin nada solo con el instinto de fidelidad a su jefe.

Los capitanes al llegar de regreso a Venezuela dieron las referencias de donde habían escondido la hierba, lo más pronto posible, el turco se comunicó conmigo para darme la orden de que saliera con los lancheros de Bill a recuperar el trabajo.

A estas alturas de mi vida donde ya había hecho las "**locuras más impensables**" las estupideces más grandes, nunca me imaginé estar montado en un bote de 2 motores en el mar Caribe durante más de 12 horas revisando islote por islote siguiendo las indicaciones de un pescador venezolano.

Hasta que por fin al día siguiente encontramos los bultos abandonados y al señor que se quedó a cuidar; estaba deshidratado mojado hambriento pero la adrenalina calmaba todo, casi un día entero estuve encima de un bote, no se imaginan el dolor de espaldas que esa travesía deja, para colmos de mala suerte ese día era el último donde la luna estaba escondida, prácticamente nos regresamos con la luna nueva, así quedamos expuestos a la vista del guarda costa de san Vicente.

Como si nos estuvieran esperando, casi llegando los vimos a ellos, pero a nosotros no, tocó escondernos detrás de una gran roca con los motores apagados hasta que hiciera su recorrido, duró alrededor de dos horas, por fin seguimos la travesía hasta llegar a un punto seguro.

Esta nueva travesía se hizo prácticamente de manera artesanal, pero con un final feliz, había quedado todo en manos de Bill y mi labor cumplida, el turco me dio instrucciones de regresar antigua para apoyar al francés en la próxima escala de la hierba, como les dije antes, la ruta es: Venezuela-san Vicente-antigua, destino final Puerto Rico.

Pero esas travesías en esos tiempos era como un proyecto kamikaze, porque el mar Caribe está vigilado por lanchas guardacostas locales de cada isla, pero con el apoyo logístico del radar norte americano que vigilan los movimientos aéreos y marítimos de todo lo que se mueve en el mar, desde Venezuela hasta su territorio norteamericano.

Igual me tocó regresar antigua, esta vez el francés me consiguió un apartamento en un lugar más discreto. Como no sabía cuánto tiempo duraría esperando, le avisé al Cirujano que estaba de vuelta, hasta allá se vino a conocer al francés, escuchar y verificar la logística que él ofrecía a su jefe le interesó mucho.

Después de varias reuniones y varios días en la isla, mi amigo Cirujano se regresó a Caracas donde su jefe a darle el informe general.

Inmediatamente el jefe de mi amigo mandó a buscar al francés para conocerlo personalmente, pero Jean Pierre al principio no quería ir a Venezuela por las historias de violencia e inseguridad que le dieron fama.

De nada sirvió que le explicara, con ese señor estaría seguro, a salvo pues maneja su propio grupo de seguridad, Jean Pierre no estaba dispuesto a tomar un vuelo a Venezuela, pero el jefe de mi amigo ya se había encaprichado con conocer al francés y trabajar en antigua. Le mandó un avión privado a recogerlo; Jean Pierre al ver tanto poder se dio cuenta que esta era la oportunidad que estaba buscando, trabajar con un grupo que tuviera la fuerza económica, no hacerlo perder su tiempo, se movía a niveles altos.

Jean Pierre finalmente viajó a Venezuela, no tenía nada que hacer esos días, aproveché hacer lo que me gusta, pasear, me fui hasta san Martin donde encontré a 2 amigos, quería estar cerca por si me avisa el turco de la hierba o la reunión de Jean Pierre daba resultado.

Al francés lo recogieron en avión privado, lo atendieron como una estrella famosa, le consiguieron unas acompañantes tipo reinas como se acostumbra en Caracas, prácticamente estaba en la gloria.

Después de varias reuniones lo trajeron de vuelta antigua, estaba directo con mi amigo El Cirujano y su jefe, era solo esperar trabajar para cobrar mi comisión por haberlos conectado.

Regresé antigua porque mi amigo El Cirujano me avisó que habían hecho una prueba, su jefe no perdió tiempo, la prueba fue un envió de mil kilos de benzoilmetilecgonina también conocida como clorhidrato de cocaína, en avión con modalidad de bombardeo, que es tirar desde un avión tipo Cesna que va a poca altura, varios paquetes con la droga, a unas coordenadas geográficas donde los esperan las lanchas del guarda costa de antigua, grupo que controla Jean Pierre.

Al reunirme con el francés en su licorera para pedirle mi comisión, me dice que solo puede darme 2 mil dólares, tenía que cobrarle al jefe de mi amigo porque era el verdadero "patrón", simplemente ofreció un servicio, después de pagar al personal que participó, no le quedó mucha utilidad.

Quedé mudo, me estaba diciendo en mi cara que era un tonto, ignorante que no tiene idea de ese negocio ¿un trabajo de mil kilos de droga, solo 2 mil dólares de comisión? Prácticamente me estaba dando 2 centavos de dólar por kilo, eso era realmente un insulto de parte del francés.

Hice un rápido recuento de cómo era el francés antes de conocer al patrón del Cirujano, de la nobleza, amabilidad cuando lo conocí la primera vez que llegué a la isla, ahora la forma indiferente y sarcástica con que me estaba dando la irrisoria cantidad por presentarlo, conectarlo con alguien grande, entendí, más bien recordé que este negocio no tiene amigos, tiene muchas caras.

Tomé el dinero y me regresé a Barranquilla, que decepción más grande, si por mil kilos de cocaína me dio 2 mil dólares ¿cuánto será la comisión por el trabajo con la marihuana que envió el turco? Quedé tan aburrido que ni le reclamé a mi amigo El Cirujano, porque sabía que del lado de su jefe tampoco conseguiría nada.

Me regresé enseguida a Barranquilla, andaba aburrido, decepcionado de este negocio, que más señales quería para entender que esta no era mi **profesión.**

Al paso de unos días me reuní con un amigo de la época de los nogales que se llama Casimiro, le conté mi travesía por antigua, como muchos para no decir todos los que se dedican a esta "equivocada profesión", buscamos hacer un negocio que nos dejé buena utilidad para cambiar de trabajo, pero eso es una **mentira** que nos decimos nosotros mismos, es tan deseada que nos la creemos, andamos por el mundo detrás de ella, es una **mentira** que te tiene **atrapado,** no te deja vivir en paz.

Casimiro después de escuchar con cuidado los detalles de mi decepcionante travesía, me dijo que podía conseguir un patrocinador para trabajar con Jean Pierre, pero que esta vez debía establecer anticipadamente cuanto seria el monto de la comisión.

Casimiro conocía, había trabajado hacia tiempos con El Cirujano y su jefe, sabía que trabajar por comisión con ellos es difícil, me llevó a un hotel de la calle 72 de Barranquilla donde me presentó a un amigo que le dicen "Moncho".

Llegamos al hotel, Moncho no quiso ni salir de su habitación, ahí dentro empezamos a conversar, enseguida vino a mi memoria lo que pasó con el francés Jean Pierre, al principio también habló bonito, después de trabajar cambio su cara, estaba un poco desconfiado e incrédulo, pero igual, como se dice en el argot, forma de hablar callejera en Barranquilla, la necesidad tiene cara de perro. Este nuevo personaje me dijo que hacía mucho tiempo buscaba alguien en antigua, con los contactos, el manejo de Jean Pierre, que no me preocupara por mi comisión que "**el patrocinador**" que tenía era un señor muy correcto, con él que ya muchas veces había trabajado.

Después de meditar me dije: a lo mejor con este patrocinador si dejo claro mi paga me va mejor, como todavía tenía en mi cabeza, sobre mis hombros el problema del dinero en Puerto Rico y la gente de Esteban cobrando, salí con Moncho rumbo antigua. Embarcados en el nuevo proyecto, salimos vía terrestre hasta Maracaibo, desde Venezuela es más fácil acceder a las islas del Caribe por la cercanía, los varios tránsitos necesarios para por fin llegar.

Nos os reunimos con Jean Pierre, lo presenté oficialmente, ofreció la misma logística que al jefe del Cirujano, esta vez se formalizó mejor todo, inclusive, llegó el piloto que volaría desde Venezuela.

Prácticamente estaba todo arreglado, acordamos cobrar 15% del valor de la carga para repartir entre mocho y mi persona, me pidió autorización para pedirle al francés los números de teléfono, con la excusa de las coordenadas para el piloto, se reunieron sin estar presente, después me avisaron de la reunión.

Un día después de la inesperada reunión, dice Moncho que no se va hacer nada, Jean Pierre había cambiado los precios, ahora costaba más hacer el servicio, no podía llamar al patrocinador para cambiarle las cosas después que estaba autorizado un acuerdo, no era de caballeros.

Estaba súper contento, pero al darme esta noticia ...ppppffffff...que desinflada, quede nuevamente con la moral en el piso. Moncho me dijo que se iba a san Martin a buscar otra gente a ver si podía salvar el trabajo, porque no quería quedar mal con su patrón, un señor al que le dicen **"cabellos de ángel".**

Con el ánimo por los suelos, aburrido por lo del jefe del Cirujano, decepcionado de Jean Pierre, perdí todo interés en terminar lo de la hierba, habían pasado varios meses, todavía no ganaba dinero. Acompañé a Moncho hasta san Martin de ahí seguí a Venezuela. No quería llegar a Barranquilla porque a través del abogado con la mamá, Tato me envió un mensaje, todo era parte de una investigación de mucho tiempo, que me cuidara, iban por más gente a Colombia, volví avisarle a Esteban para alertar a los dueños, pero el famoso Ricardo seguía en su posición y aseguraba que en su "**muy fuerte organización**" no cabía la posibilidad de que estuvieran investigándolos.

Una noche fue la Policía Secreta al edificio donde, vivía con mi esposa, le preguntaron al vigilante si conocía a un tal "**Fruta"** le dieron mi descripción y la de mi carro, una Toyota blanca, que había comprado con el dinero que El cachaco Beto me dio en pago por la balacera que había recibido el Chevrolet corsa en el atentado. Por cosas de mi DIOS, cuando salí rumbo a Maicao y Venezuela, había dejado la Toyota en casa de un amigo prestamista porque necesitaba dinero para viajar y dejarle a mi esposa.

El vigilante, que es mi amigo, de mi entera y total confianza, aparte un hombre de DIOS, le dijo que ahí no había nadie de nombre "**La Fruta**", les abrió el portón del estacionamiento del edificio para que buscaran el famoso Toyota blanco. Cansados de esperarme se fueron alrededor de las 10 pm, a las 2 de la madrugada siguiente, sincronizados en varias ciudades de Colombia incluyendo Barranquilla-Maicao-Bogotá-san Andrés y otras, hicieron un "**operativo sorpresa**" bien grande de la policía colombiana en combinación de la DEA americana.

La "**súper organización**" de la que tanto alardeaba Ricardo, estaba bajo investigación de la DEA por más de 2 años debido a los envíos de droga que salían de la guajira colombiana con destino a Puerto Rico.

En esa gran redada cayó desde el jefe de todos ellos, Ricardo, muchos otros hasta Esteban, el cual tenía los teléfonos intervenidos y grabadas varias conversaciones conmigo, pero Esteban a pesar de saber mi nombre, como todo el mundo me decía "Fruta", a "Fruta" fueron a buscar los policías sin saber que yo estaba bien lejos haciendo mis propias locuras.

A todos los capturados se los llevaron extraditados, me salvé por salir a buscar cómo resolver mi problema, no había ninguna duda que el famoso **dinero** de Puerto Rico, más que cola, tenía hasta la "cabeza" toda la organización presa y extraditada.

Me costó trabajo entender toda esa trama, no sabía si decir de buenas o de malas, pero me libré de volver a USA extraditado, estoy seguro que allá me hubiera explotado bien grande el problema de todas mis entradas y todas mis deportaciones.

Estoy claro de que mi Padre Celestial hizo todo como pasó, DIOS es perfecto, Él sabe lo que hace.

Quiero contarles como terminó la historia de Tato, salió perjudicado por culpa de la **cola** que traía el famoso dinero, después de muchos años, lo encontré a través de una red social, me dio los detalles de lo que pasó.

Después de confiscarles parte del dinero a sus cuñados en Puerto Rico, la DEA siguió el rastro de los otros 150 mil dólares hasta Miami, llegaron a la casa de Tato donde vivía con su mamá y su esposa, la joven de Puerto Rico que al casarse con Tato le había arreglado sus papeles igual que hizo Julia conmigo en su momento. El pequeño detalle que nunca me había contado Tato, era que aparte de tener el dinero en su casa, estaba guardando 5 kilos de droga a un amigo que le decían "Papas" eran de propiedad de un señor de apodo "El constructor", vean toda la trama, las consecuencias que trajo la cola del dinero.

Cuando los agentes de la DEA y el IRS llegaron a la puerta de la casa de Tato tenían una orden firmada por un juez para registrar toda la casa, sabiendo el problema que le venía, antes de dejarlos entrar a buscar el dinero, les explicó y avisó que tenía la droga en su armario de ropa, pero ni su madre ni su esposa tenían conocimiento ni del dinero ni de la droga, con esta declaración se hacía culpable, excluía a las dos de cualquier cargo.

Tato pagó 5 años de sentencia, al terminar fue deportado a Colombia, también perdió a su esposa, su residencia americana, igual "de regreso al origen", empezó de cero, lo que admiro y respeto fue que al estar de vuelta en Colombia no quiso saber más nada de drogas ni dinero ilícito ni nada que estuviera en contra de la ley, consiguió un buen trabajo en Barranquilla en una empresa internacional, gracias a que aprendió perfecto inglés, conoció una nueva mujer se casó y tiene una hermosa familia.

Tal vez no tenga los millones que se ganan con "**El dinero Fácil**" pero si tiene la tranquilidad, la honestidad que admiro, por eso llevaré siempre en mi corazón a Tato, por su valentía.

Al cabo de unos años según me dijeron, muchos o casi todos los de la organización dueños del dinero, fueron regresados a Colombia incluyendo a

"Ricardo", una familiar que vive en Miami me contó que Esteban se quedó en USA tiene un negocio de pinturas de casa, que vueltas da la vida.

Después de tantas historias y anécdotas, pensarán que llegue al límite, final de mis estupideces.

Con pena y vergüenza les tengo que decir que apenas es que empiezan, en contra de la razón, de toda cordura, faltan muchas más, jamás pensé llegar tan lejos, conocer de cerca, vivir en carne propia los límites a los que llega el ser humano cuando acepta ser parte del mundo en donde por ir detrás de una falsa ilusión, olvidan los valores y principios, se deja seducir por los demonios que van siempre de la mano del **"Dinero Fácil".**

Antes de continuar con mis historias, quiero hacer un paréntesis, contar una que, aunque yo no tengo nada que ver ni participe, mi amigo El Cirujano me contó. En la historia de Tato nombré a uno que, sí hace parte, "Papas".

Quiero darle los detalles para que lean, entiendan y sepan los alcances del peligro que se corre en esta "**Equivocada profesión".**

Como les conté, la droga que Tato tenía guardada se la dio un amigo, "Papas", era muy conocido en Barranquilla, pero más conocido era su hermano al que le decían "Grande", lo conocí, aunque no fuimos amigos cercanos, nos llevábamos bien, mi amigo El Cirujano si tenía una buena relación con él, tanto que él mismo alcanzó a darle detalles. Tenía amigos y contactos en todas partes incluyendo Holanda, estaba organizando un trabajo en contenedores marítimos desde Perú destino un puerto de aquí.

El holandés contacto y amigo de Grande llevó a Lima, la capital de Perú, 700 mil euros en efectivo de su aporte al negocio, como ya es sabido hay que tener mucho cuidado con los policías corruptos. Según me dijo El Cirujano, un día que estaban de compras en un famoso centro comercial de Lima, grande, su hermano papas, el amigo, holandés fueron interceptados y detenidos por un grupo de policías.

Grande alcanzó avisarle a su esposa que se los llevaban, esa fue la última vez que su esposa supo de él, se desapareció totalmente, la esposa después de mucho buscarlo sin resultado recurrió al consulado colombiano en Lima, reportó a los tres desaparecidos y la camioneta en la que andaban. Pasó el tiempo y ninguna pista de los desaparecidos, pero como dice el famoso refrán de "NO HAY CRIMEN PERFECTO"

En un lugar lejos de Lima, al otro lado del país, El ejército coloca controles y revisiones en las carreteras, en uno de estos controles detienen una camioneta, el chofer se identifica como policía activo pero El Comandante del control le hace saber que esa camioneta había sido reportada perdida a nivel nacional y sus ocupantes desaparecidos.

Se inicia una investigación, el policía va detenido, después de mucho investigar llegaron a una finca propiedad del policía, encuentran un lugar donde la tierra había sido removida recientemente.

Hallaron muertos en la fosa al Grande, Papas y el holandés.

Los policías después de levantarlos en el centro comercial, porque no era uno solamente, desconozco si el policía delató a sus compañeros, los torturaron para que entregaran el dinero, sabían todo con lujo de detalles, pero de nada les sirvió entregar el dinero, igual los ejecutaron y terminaron en una fosa, pero al inteligente policía le apeteció quedarse con la recién comprada camioneta del Grande, ese fue el final.

Cuesta trabajo entenderlo, pero esta es una de las muchas veces donde se pierde la vida pensando que viajas hacer un negocio y terminas de otra forma.

Sé que muchas personas demasiadas creo, saben de estas historias, pero nadie piensa que a uno le puede pasar, lo mismo les dije cuando me pasó el accidente en la carretera, ya sabemos que la realidad es otra, solo cuando nos toca a nosotros vivirlo es donde lamentamos no haber cambiado antes este estilo de vida.

Me da tristeza pues conocí a Grande, alguna vez estuve en su casa y conocí a su familia, se dé cuenta propia que era una gran persona.

Si esta historia los sorprendió, esperen leer la siguiente, asusta saber y entender la maldad de algunas personas, los límites a donde llega por la ambición al correr riesgos "**sin medir las consecuencias**".

Volvamos a mi historia, ¿se acuerdan que llegué a san Martin con Moncho y seguí a Venezuela? me dijo que iba a viajar otra isla a buscar resolver pues no quería decepcionar a su patrocinador "el cabello de ángel".

El muy serio, se regresó "antigua" a mis espaldas, buscó a Jean Pierre y organizaron el trabajo.

No sé quién de los dos es más desleal, torcido y desagradecido, el francés Jean Pierre o el recién conocido Moncho, **cabello de ángel** envió mil kilos en avión desde Venezuela, el francés los recibió en la misma modalidad que con el jefe del Cirujano.

Después de recibir el cargamento sin problemas en "antigua", continuaron transportando la mercancía en lancha hasta Puerto Rico, llegaron sin problemas a la isla, como diría un costeño "**coronaron**".

Moncho le dijo al señor cabellos de ángel, con su nueva conexión hacia la vuelta completa, estando en antigua, su "gente" hacía el transporte hasta Puerto Rico, le cumplió, también hacia la venta, así fue, para completar le dijo que no se preocupara, contaba con oficinas solidas que hacían la "bajada del dinero" a Colombia, prácticamente tenía todo bajo control de principio a fin.

Que trabajo tan perfecto, pero vuelve a surgir el **demonio** interno que muchos llevamos dentro y solo sale cuando tienen la oportunidad.

Después de hacer todo ese largo trayecto, esa escalada que sabemos incluye estrés, ansiedad, dolores de cabeza, riesgos, cantar pequeñas victorias en cada paso que llegaba la droga, hacer cambio en otro tipo de transporte, lograr entrar a Puerto Rico, sacar al mercado la droga, venderla sin contra tiempos, recolectar el dinero satisfactoriamente.

Después de todo esto, Moncho le dijo a **cabello de ángel** que bajando el dinero a Colombia se le había caído, que la policía se lo había decomisado en Puerto Rico, no sé cuál sería la cantidad, pero mil kilos de droga en Puerto Rico son varios millones de dólares.

Me imagino el grado de enojo de cabello de ángel (en costeño sería "culo de empute") pasar todo eso ¿al final que le salgan con esa respuesta?

Le dijo a cabello de ángel que no se preocupara, estaba directo trabajando con Jean Pierre, volvía hacer todo y le pagaba hasta el último dólar.

Se regresó a Barranquilla a buscar dinero para trabajar y pagar, había perdido todo hasta su ganancia.

Uno se imagina que cuando le ocurre una caída de dinero queda sin nada, como me pasó a mí, con el dinero caliente de Esteban, tuve que empeñar mi camioneta.

Pero en la historia de Moncho fue diferente, llegó a Barranquilla, se compró un campero Toyota estilo "machito" le dicen allá, pero con alto blindaje, contrató escoltas armados hasta los dientes. ¿Con qué dinero si había perdido todo?

El final de toda esta trama, Moncho se auto robó, la versión para cabello de ángel fue que se le había caído el dinero con la policía.

Después de escuchar la explicación, sabe bien todo el esfuerzo hecho, el señor no muy convencido de la historia hizo su propia investigación (Marcos 4:22).

Como era de esperar, descubrió el acto torcido, desagradecido de Moncho.

Desconozco el lapso de tiempo entre darle la notica al dueño de la mercancía, llegar a Barranquilla para seguir con su vida normal, sin saber los planes que se trazó en su cabeza mocho, un día cualquiera en la carrera 43 al norte de la ciudad, unos policías motorizados colocaron un puesto móvil de control, algo normal, detuvieron la Toyota blindada de Moncho, lo bajaron con sus escoltas les pidieron las armas para verificar que los permisos estuvieran en regla.

Después de quitárselas se hicieron a un lado, en ese momento pasaron 2 sicarios en moto, sorpresivamente abrieron fuego, ejecutaron a Moncho, sus escoltas, se dieron a la fuga, los policías que ya estaban coordinados con cabellos de ángel, les tiraron las armas encima a los muertos, se montaron en sus motos, se desaparecieron, ni siquiera puedo opinar, simplemente les digo, somos responsables de nuestros actos, todo sabemos cuál es la línea que no se debe cruzar.

No me alegro de eso ni mucho menos, no le deseo la muerte ni a un peor enemigo, en la vida pagamos nuestros errores, Moncho pagó con su vida el precio de su ambición, haber engañado y obrar mal, demasiado fuerte traicionar alguien como "**el cabello de ángel**."

Di por terminadas mis historias por el Caribe. No quise saber más nada de la marihuana de "Antigua" mucho menos de Jean Pierre, con eso ultimo me demostró que no me tenía ni el mínimo aprecio, agradecimiento ni respeto, a pesar todo, no siento rencor ni odio por él, ni por nadie, gracias a DIOS mi corazón está blindado ante esos sentimientos, solo ÉL tiene la autoridad para juzgarnos por nuestros errores...(romanos12:19)

Bueno, DIOS y también la DEA, tiempo después me enteré como termino esa historia de Jean Pierre, se volvió muy poderoso, fortaleció su estructura hasta que la DEA fue por él a la isla, se lo llevaron extraditado a USA en un avión privado.

# CAPÍTULO VIII
# DESTINO EUROPA

De vuelta en Caracas aburrido, se estaba haciendo costumbre, decepcionado de cruzarme con tanta gente torcida, traicionera, sin ganas de ir a Barranquilla por lo que le pasó a Esteban y su grupo, me quedé unos días donde la hermana de un amigo de Barranquilla, yolima se llama.

Esa como muchas veces antes, me recibió en su casa junto a su familia, me trataron muy bien como uno más de ellos, no solo me ofreció donde dormir, me dio de comer, fueron muy amables conmigo, demasiado creo, a pesar de tener un trabajo modesto, de ser una familia numerosa, jamás me falto un plato de comida.

Nunca le he dado las gracias, les he dicho lo mucho que aprecio todo lo que hicieron por mí.

Como de costumbre, salí hacer diligencias a la zona de la castellana, al cabo de un rato me dio hambre, entré a comer al McDonald's, haciendo la fila para mi pedido, me encontré nada más ni nada menos que con "Bufón", después del fallido trabajo al que fui a Jamaica por instrucciones de él, había perdido contacto. Nos sentamos a compartir la mesa, contarnos los sucesos desde la última vez que nos vimos.

Todos los que nos dedicamos a esta profesión, tenemos un cuento una historia que contar, recuerdo de cada esfuerzo que hacemos por conseguir "dinero fácil".

Después que terminamos de comer me pidió que lo acompañara al hotel donde estaba quedándose, por alguna razón se entusiasmó de verme, hasta me dijo que me mudara con él y lo acompañara.

La razón tal vez era porque me sentía apenado con mi amiga yolima, me estaba ayudando en todo, no aportaba nada, no empezaba a ganar dinero, la manera tan hábil que Bufón hablaba de su proyecto, me dio intriga, sea cual fuera la razón, me mudé al hotel, me contó que tenía una "**súper vuelta segura**", un transporte **buenísimo**.

Al escuchar esa frase en vez de sorpresa, siento es escalofrió, cada vez que escucho esas palabras es presagio de que **no** hay final feliz, pero una de las cualidades que tiene el Bufón, es el poder de convencimiento, la facilidad parta enredar a la gente y convencerlas.

Como el Bufón sabía que mi tutor en Venezuela era El Cirujano, me pidió que se lo presentara para ofrecerle su transporte, tal vez ese era tanto interés porque lo acompañara en el hotel.

Después de consultar con mi amigo "El Cirujano", accedió, nos invitó almorzar en un restaurante del centro comercial "El cubo" en Caracas, al escuchar el proyecto de Bufón, dijo que le transmitiría la información a su jefe.

Pasado un par de días, me avisó que su jefe se interesó, quería escuchar todo directo de boca del Bufón, dijo que fuéramos a una reunión donde actualmente se encontraba.

Quiero contarles la evolución más bien los traslados o no sé cómo llamarle al proceso por el cual paso el jefe de mi amigo, no quiero darles muchos detalles de ese señor por el alto nivel de peligrosidad que es y por las consecuencias que traería para mí, simplemente les cuento que paso de vivir en Colombia a Caracas-Venezuela, posteriormente a República Dominicana, allá nos citó para escuchar el proyecto del Bufón.

Viajamos juntos, llegamos sin novedad al aeropuerto internacional de las américas en santo domingo, República Dominicana, tomamos un taxi porque a través de alguien consiguió un pequeño apartamento cerca al malecón de la capital, nos instalamos esperando por la ansiada reunión.

Al segundo día nos citó mi amigo para conocer a su jefe, cuando nos estábamos arreglando para salir, el Bufón dijo que me quedara, mejor iba solo a la reunión para no estar tanta gente reunida, como la oferta que iba a presentar era suya, de paso no calentarnos un grupo tan grande.

A pesar de todas las cosas que ya me habían pasado, todas las personas que había presentado y fueron desleales conmigo, ni aun así fui desconfiado, nunca me imaginé que el Bufón, después de conocerlo de la juventud, de haber perdido 6 meses de mi vida en Jamaica trabajando para él, de estar viviendo en un hotel juntos en Caracas, le haya presentado a mi amigo El Cirujano, hayamos viajado juntos desde Venezuela, nunca pasó por mi cabeza que, fuera otra mente maquiavélica, como lo fue el francés Jean Pierre o Moncho, pero al final resultó peor que todos, terminó siendo más mezquino y con una mente predispuesta a planear con una frialdad asombrosa.

Pero no me quiero anticipar, les voy a relatar las cosas como sucedieron cronológicamente, para que ustedes vayan descubriendo los alcances que tiene la mente de alguien que busca su beneficio propio a cualquier costo.

El Bufón después de una larga reunión con El Cirujano y su jefe, regresa al apartamento, me dice que no ve futuro en ese país, va a buscar a unos conocidos para ver qué o como se puede hacer algo, pero con el jefe de mi amigo no había futuro.

Mejor me fuera a México, había un proyecto buenísimo con "**Destino Europa**" me enviaba a ser su representante.

Me pareció estar viviendo nuevamente lo que pasó con Moncho, con la necesidad de trabajar y salir adelante, preferí guardarme ese sentimiento, gracias a DIOS por mi cabeza nunca han pasado esas ideas maquiavélicas, simplemente le dije que iba a México a ver como es la "**vuelta**".

Lo que me sorprendió y hasta un poco de miedo me dio, fue que me dijo que la persona a cargo de ese trabajo era "**Armadillo**" aquel que años antes fue mi concuñado y vecino, al cual le conocía todas sus historias, pero no buenas, historias de engaño, mentiras, robos, asaltos. Armadillo a través de su juventud creó fama, un historial que en Barranquilla todos conocen, mi persona en especial por la estrecha relación con la hermana de la exnovia de él.

Cuando hago una afirmación sobre alguien, es porque tengo las bases, les voy hacer un resumen, su historia empezó como muchos jóvenes en el mundo, cuando estamos pasando de la niñez a la juventud, cometemos la estupidez, el error de probar las drogas solo por el simple hecho de experimentar una sensación que nos haga sentir que somos grandes, que podemos manejarla, tener todo bajo control, en este momento es donde debe salir a relucir el trabajo de los padres, inculcar, supervisar, comprobar que entendimos sus consejos.

Para no caer en esa gran **mentira** que nos lleva a un final donde perdemos todo, en el camino lastimamos a las personas que nos aman, simplemente somos egoístas. Ese fue el caso de Armadillo, desde muy joven se convirtió en consumidor de drogas, empezó por ser fumador ocasional de marihuana, después probó como era costumbre de la época cocaína.

También hice ese curso de probar toda esa basura, a pesar que nuestros padres, familiares profesores, amigos, nos avisan de los riesgos, hacemos caso omiso, cometemos el gran error y **probamos**.

Después que damos ese paso, aunque por la edad pensemos que es algo insignificante, nos puede pesar el resto de nuestras vidas, esa simple probadita puede truncar la carrera de un deportista sin haberla empezado, preferimos explorar lo incierto que explotar con lo que pudimos nacer, nos negamos la oportunidad de intentar descubrir si nacimos con algún talento.

Con lo que les voy a decir, no me estoy justificando, ni siquiera es excusa, le doy gracias a Dios, usé a las drogas, no ellas a mí, jamás caí en fármaco dependencia, nunca me volví adicto a ninguna, mi vida jamás se volvió un calvario por consecuencias del consumo de drogas, pero si reconozco que cometí muchos errores y pagué caras las consecuencias por haberlas dejado entrar y hacer parte de mi vida.

Me siento con la experiencia suficiente y con los conocimientos para hablarles del tema, saber en carne propia hasta donde nos lleva, todo lo que hacemos, todo lo que perdemos, como nos cambia la vida por una simple **"probadita".**

Armadillo nació en un hogar de familia clase media alta, desde niño se codeo con gente de buena posición social, inclusive fue deportista con un brillante futuro, todo eso lo perdió por consumir drogas hasta el punto de ser un adicto al crack, bazuco le decimos en Colombia al consumo de cocaína en piedra.

Cuando el consumir cocaína en polvo inhalada, no te da ninguna sensación, pasas a consumirla fumada en forma de crack, cuando llegas a ese nivel, mentir, engañar, robar, se vuelve algo normal, es parte de tu vida, para poder conseguir más droga, no ves jamás el final.

Esa vida, ese camino era lo que conocía de Armadillo, en esa época llegó a tener un socio llamado Cesar, con quien compartía su adicción, sus hazañas de robar, era tanta las veces que la policía los arrestaba, pero al día siguiente estaban libres por las influencias de su familia.

Un jefe de policía, de una dependencia que en la actualidad no existe, cansado de verlo inclusive en los diarios con la noticia del robo, después tenerlos que soltar, dio la orden de que los ejecutaran.

Aunque parezca increíble saber esto de una institución creada para protegernos, es la cruel realidad en algunos países como el nuestro, Cesar apareció una madrugada tirado en la circunvalar, una carretera de Barranquilla, famosa en esos tiempos, porque ahí dejaban los cuerpos sin vida de muchos. Armadillo temiendo por su vida se huyó a México.

Por cosas del destino, la persona con la que me tenía que reunir para discutir los detalles de la vuelta con "**Destino Europa**", era nada más ni nada menos que Armadillo. Que extraños son los caminos de la vida, no soy nadie para juzgar por su pasado, me dije: a lo mejor Armadillo cambió, superó todas esas adicciones, vicios, mañas, ahora es responsable.

No muy convencido de mi teoría, llamé al número que me dio Bufón, nos reunimos en una plaza comercial de la ciudad de México CDMX, después de saludar, conversar, contarnos historias, me dio los detalles de cómo era el nuevo proyecto.

En República Dominicana vivía un colombiano de apodo "El bambino", amigo del Bufón, era quien tenía la conexión en Europa para trabajar, estos dos personajes amigos del Armadillo, le dieron la asignación.

Allá también vivía una persona nacida en Surinam, ciudadano holandés, ese país fue parte de las antiguas colonias de Holanda, como lo son Aruba, curazao, bonaire, san Martin, años atrás por convenios internacionales, les dieron la oportunidad de independizarse formar su propio gobierno, solamente Surinam tomó la decisión, el resto todavía dependen de Holanda.

Milton se llama el Surinam que tenía los contactos en Holanda para recibir la droga, Armadillo tenia los contactos en la ciudad de México para enviarla. En los muchos años que vivió Armadillo en ese país, conoció una mujer que fue funcionaria de la "SSA" (servicio de seguridad antidrogas) Paradójicamente esta entidad se encarga de vigilar que no salgan drogas ilegales, pero "Rubí", así se llama la novia mexicana de Armadillo, en los años que trabajó en el aeropuerto de ciudad de México, hizo buenos contactos.

La ruta seria ciudad de México destino Ámsterdam-Holanda, a la primera reunión fueron los pasajeros, también representantes de Milton, aunque habla perfecto español por estar casado con una dominicana, sus representantes no, ahí es donde entraba mi participación, servir de traductor entre los holandeses y los mexicanos.

Armadillo tenía un amigo que le decían "El Negro", otro que le dicen "El Compaito", empleados de un señor muy poderoso de ciudad de México que le dicen "la Nube", era la persona que iba a financiar toda la operación.

Ya estaba armado el proyecto, los pasajeros encargados de llevar la droga habían llegado, inclusive una persona que sería la garantía había enviado "Milton", todo estaba sincronizado meticulosamente.

Después de varias reuniones, hablar los detalles, empezamos a trabajar. Para que estuviera cómodo, teniendo algún recuerdo de las viejas épocas, Armadillo me invitó a vivir en una casa propiedad de El Negro, cerca al centro comercial Peri sur de ciudad de México, este sería nuestro centro de operaciones, ahí vivía el Negro junto con varios jóvenes, entre ellos un ahijado que le dicen "Nanito".

Empecé a convivir también compartir con todo el grupo, paralelamente comenzamos a trabajar, todo salió a la perfección, me asignaron la tarea de recibir a los pasajeros holandeses, cuando llegaban a la ciudad, los acomodaba en un hotel, les daba asesoría, los acompañaba para que no tuvieran problemas con el idioma.

El Negro nos mostró su afición a las peleas de gallos, era tan fuerte que tenía en su rancho un criadero, aparte de los gallos tenía a la persona que vino desde la República Dominicana a quedarse en garantía.

Con la entrada de dinero también llegaron las fiestas, salidas a restaurantes, centros de masajes, por su puesto los Tablet Dance, (Bares con chicas exóticas) el Negro era socio VIP de uno famoso llamado "Solid Gold", los fines de semana nos íbamos a disfrutar.

Entre los primeros pasajeros vino uno llamado Armin, más adelante me va a pesar haberlo considerado mi amigo, hijo de madre Surinam con padre holandés, como era habitual en Holanda, trajo "tachas", pastillas éxtasis XTC de color azul en forma de corazón, hacía mucho que había dejado la costumbre de usar drogas, aunque estaba pasado los 40 años de edad, el grupo que vivía en la casa eran en su mayoría jóvenes, empezamos a consumir los corazones azules, hasta el Negro también participaba de los rituales.

Volví a la vida desordenada de antes, a pesar de estar casado en Barranquilla, de donde salí haciendo la promesa a mi compañera que todo este trabajo, incluyendo la separación, era para el bienestar económico de nuestra relación, al final termina haciendo parte de la gran **mentira.**

Con Armadillo, el Negro, todos en la casa, nos hicimos clientes usuales de los mejores antros de CDMX, en especial de uno llamado "Bar Bar", también un after party llamado "La Kama", ahí tocaban la mejor música electrónica de la avenida insurgentes sur.

En el "Bar Bar" era habitual encontrase gente famosa, actrices, jugadores de futbol, como el Negro era amigo del administrador sabía que era del grupo, las veces que iba solo, me atendían de igual manera en el VIP.

Parte de mi trabajo, era sacar a divertir los pasajeros, en especial Armin que habíamos creado un tipo de amistad, consecuencia de las XTC, una noche lo llevé a conocer "La Kama", la música era de lo mejor, cuando entramos nos dimos cuenta que en el VIP había un grupo de unas 10 mujeres, inmediatamente pagamos la entrada al VIP, Armin tenía como de costumbre sus corazones azules, nos acercamos con suspicacia al grupo de mujeres, buscando la oportunidad de hacernos amigos.

Cuando estábamos cerca, al escucharlas hablar, me llevé la gran sorpresa que eran colombianas, más creció la sorpresa, después que me tomé el trabajo de observarlas una a una por lo particular de su belleza, no es porque sea colombiano, pero las paisanas sobresalen por su hermosura en todas partes del mundo, de inmediato me percaté que una era la líder del grupo, al observarla bien, creció mi asombro, ver que era nada más ni nada menos que **Anabel**, increíble mi ex estaba ahí de fiesta con sus amigas, que pequeño es el mundo, después de varios años sin saber nada, ahí estaba ella. En ese momento de lo que menos quería era, acordarme de la mala experiencia de nuestro divorcio, sin contar que después de entrar a la Kama, antes de ver a las hermosas mujeres, ingerí media pastilla de los corazones azules para sentirme acorde al lugar y la música.

Al acercarme y saludarla también se sorprendió, pero me saludó con mucho entusiasmo y gentileza, no era para menos, habían pasado bastantes años, diversidad de cosas.

De inmediato, me presentó a todas sus amigas, Armin no podía creer que conociera a las bellas colombianas, después de saludarnos le dije a Anabel, si quería probar un corazón azul, me dijo que tenía sus propias tachas XTC (pastillas), pero igual me aceptó unas cuantas, llevado por la emoción de encontrarme a mi ex, recordando solo lo placentero de nuestra relación, influenciado por los efectos de las XTC que empezaban a surgir, le dije que si después de salir del antro-discoteca nos podíamos ver. Ella sonrío de una manera sarcástica, con tono de burla me dijo: ¿ves todos esos hombres que están cerca de la puerta? Levanté la vista, alcancé a distinguir 5 gigantes vestidos de traje y corbata, noté que formaban un solo grupo.

Pues esos son los Guaruras (guarda espaldas escoltas) que mandó mi marido a cuidarnos y acompañarnos me dijo; así que ni por casualidad, menos si sabe que fuimos pareja, pero te voy a presentar a mi mejor amiga, se acercó al grupo, llamó a una de las chicas, coincidencia o azares, pero era de las más bellas, llamada Liliana, de inmediato hicimos buena química, el efecto fue tanto que duramos alrededor de seis meses viéndonos en CDMX, inclusive la fui a visitar a Bogotá, en una ocasión, siendo sincero, la pasamos muy bien.

Las veces que fui a recogerla en CDMX, fui a un edificio lujoso en Lomas de santa fe, mucho después me enteré que Anabel era la mujer de un narcotraficante famoso de México, no me sorprendió pues sabía que Anabel era una mujer ambiciosa, no tenía límites para llegar a donde quisiera.

Continúe con mi vida en la casa "Big Grupo" así le pusimos por la cantidad de personas que ahí vivía, las locuras que ahí pasaban.

Cuando llegué a CDMX Armadillo era el hombre de confianza del Negro, a pesar de ser diabético crónico, compartían el viejo habito de consumir cocaína, en eso no había cambiado Armadillo, aunque siguiera su relación con Rubí. Después de meses de trabajar, convivir, compartir, el Negro me dio el lugar de confianza, eso dio origen a celos por parte de Armadillo. Me volví el compañero del Negro para todo, fuimos a muchísimas ferias de gallo, alrededor del estado de México, cada vez eran más habituales, como estábamos recibiendo bastante dinero, también subían las apuestas que hacía.

Pasamos de enviar un pasajero semanal a cinco por vuelo dos veces a la semana, estábamos facturando bastante, se volvió mucha responsabilidad, tanta que el Negro me preguntó si quería ir de supervisor con los pasajeros a Holanda, quería asegurarse de que todo saliera bien, si pasaba algo, estuviera presente para dar un informe. Como también me ofreció un sustancioso aumento de salario, no dude en decirle que si, Armin era el pasajero estrella, él y su hermana, hasta 2 veces por mes llevaban maletas con droga.

Armadillo me presentó a su contacto de la "SSA" era el jefe encargado en el aeropuerto de CDMX, desde la salida de los pasajeros, la llegada a Holanda eran parte de la nueva responsabilidad que tenía, así comenzaron mis nuevas locuras con "**Destino Europa**".

Le dieron la orden a Armin que fuera quien me mostrara el camino para ver la llegada en el aeropuerto de Ámsterdam, en el próximo vuelo de Armin me fui supervisando el camino, viajamos en primera clase de la aerolínea KLM, al aterrizar me dijo que lo siguiera en el trayecto caminando por dentro del aeropuerto Schiphol un poco retirado por seguridad.

El punto de encuentro era el restaurante McDonald's en el segundo piso dentro del aeropuerto, antes de llegar a los controles de inmigración, hasta ahí llego una mujer vestida de azafata, de manera muy sutil se sentó en la mesa de Armin, llevaba una maleta exactamente igual a la de él, hicieron el cambio de manera normal, ella se levantó, agarró la maleta con la droga, se fue, Armin me hizo señas para que me acercara.

Ese fue todo el trabajo de Armin, no podía creer que fuera todo tan fácil, me contó que esa azafata formaba parte del grupo a cargo de otro señor de Surinam llamado Dick, este era el contacto de Milton.

Hicimos inmigración, salimos a las bandas donde se recoge el equipaje, después a la calle donde nos recogió Dick, recuerdo bien había un hermoso y radiante sol, pero bastante frío, ese fue mi primer viaje a Holanda, de los muchos, demasiado pienso, quedé fascinado con la ciudad y el mundo que gira en Ámsterdam.

Al ver, conocer el centro de la zona roja los coffe shop, toda la locura que se vive en esa ciudad, sentí una fuerte atracción por Ámsterdam y lo que representa, tanto que les dije al Negro y a La nube que quería regresar tantas veces como se pudiera.

Como Dick vivía en Rotterdam, hasta allá iba a recibir el dinero, aparte de ellos conseguir los pasajeros, hacer la logística de la recibida en Holanda hacían la venta de la droga, el pago me lo daban a mí, lo revisaba y lo enviaba a México con los nuevos pasajeros.

Como le servía de guía a Armin en México, el hizo lo mismo en Holanda, si en CDMX ya estaba nuevamente desordenado, saliendo de fiestas seguido, al ver y conocer los mejores bares, discotecas, clubes nocturnos de Ámsterdam fue el detonante para mis nuevas tonterías. En Holanda es legal el consumo de marihuana, hass(achís), hongos psicodélicos y otras drogas que llaman "light" o suaves, que se pueden comprar en cualquier tienda de la ciudad.

Me dedique a consumir cuanta porquería psicotrópica y alucinógena me podía comprar y gastarme buena parte de mis ganancias.

Llegué a viajar a Holanda una vez por mes durante muchos meses.

En CDMX el Negro con los de la casa Big Grupo hacían lo suyo también, seguir con la rutina de los antros, fiestas, festivales, ferias de gallo, palenques, todo lo que se prestara para hacer desmadre, como se dice en México.

Nanito al estar apadrinado por el Negro, haciendo derroche de la bonanza, conoció a dos amigas que, por circunstancias particulares, después de un tiempo, también fueron a vivir a la casa y hacer parte de las muchas salidas de fiesta, una se llama Ada y la otra Ámbar, quien es actriz, llegó hacer un personaje corto en la novela de moda en esos tiempos, ni el mismo Nanito se la creía de tanta suerte pues las dos son muy bellas, pero ámbar mucho más.

Al saber todos que era tan fácil el trabajo de Ámsterdam, muchos quisieron llevar maletas, con la condición que fuera de supervisor, desde Nanito hasta un sobrino de La nube, la fiebre de Holanda estaba en su apogeo.

El día que viajaba el sobrino de la nube, llevado por la moda, la emoción de contar al regresar, su experiencia en Europa, me llamó aparte para decirme, cuidado con mi sobrino me dijo **La nube**, es el único hijo de mi hermana, me arma la grande si le llega a pasar algo, gracias a DIOS ese y todos los pasajeros llegaban bien.

El Negro con sus ganancias aparte de hacer grandes apuestas en los gallos, se compró un Volkswagen Beetle, escarabajo, último modelo convertible de color negro, con quema coco, así le dicen en México al sun roof, techo corredizo.

Una noche que iba de fiesta a La Kama, se lo pedí prestado, me dijo que, **sí** pero que tuviera cuidado porque todavía no le había comprado el seguro, tenía aun el plástico protector en las sillas.

Llegué a La Kama, me encontré con los amigos clientes habituales, esa noche, después de disfrutar, me puse como de costumbre hasta la chancla, el tope, había consumido tantos corazones azules que ni podía hablar.

Salí casi entrada la mañana del día siguiente, conduje como pude hasta cerca de la casa Big Grupo, pero a unas 6 calles me pase una luz roja, me envistió un coche del lado derecho, el choque fue bastante fuerte, como pude me salí del auto y llegue caminando a la casa, le avise al Negro que fuera a buscar el auto, me fui a dormir porque mi cuerpo no aguantaba más.

Cuando regresó, después de casi medio día, entró en la habitación donde dormía para avisarme que el beetle quedó pérdida total, me dio las llaves, en tono serio me dijo: ya tienes auto nuevo, como otra más de mis tonterías, me tocó pagarle el auto, 15 mil euros me salió la fiestecita, ni así escarmenté, ninguna señal de parar mi desorden.

Todas las advertencias que nos pasan por televisión por radio por internet, que **no** manejes si consumes alcohol, mucho menos si consumes drogas, al momento de planificar una salida nocturna, eso nunca lo recordamos.

El consuelo ridículo que nos damos: me puedo **controlar,** sé hasta que **limite** llegar, cualquier cantidad de excusas que encontremos, son puras tonterías, al final perdemos el control.

Después de esa costosa fiestecita, entusiasmado por la buena época monetaria que estábamos viviendo, seguí saliendo igual con todo el grupo, una noche fuimos todos al “Bar Bar”, como era habitual, regresamos casi de madrugada, en la casa todos tenían su habitación, pero Nanito esa noche quería quedarse solo con Ámbar, Ada no tenía donde dormir.

Era el único que dormía solo, me preguntó si podía dormir conmigo, obviamente le dije que sí, como estábamos los dos locos en igual estado, una combinación entre borrachos y drogados, pasó lo inevitable, no sé si era por lo primero o segundo, pero superamos los decibeles normales sin acordarnos que no estábamos solos.

La mañana siguiente fuimos la burla, hazme reír de todos, al único que no le hizo gracia fue a Nanito, desconozco los motivos, pero le molestó que hubiera dormido en mi habitación, no aceptó la contaminación sonora de mi recámara estando Ada conmigo, a partir de ese día cambió de actitud, obvio sentí el rechazo.

Ignoré su rabia, seguí con mi trabajo haciendo mi vida normal además contaba con el apoyo del Negro seguía invitándome a todos lados, una noche fuimos a cenar al restaurante Angus de la avenida insurgentes, su lugar favorito.

Cuando llegamos nos atendió una chica cubana muy agradable, como viví muchos años entre cubanos y estuve casado con Julia que es cubano-americana, sabía hasta la forma de hablar, me hice pasar por cubano para ganarme la amistad de la chica.

El Negro quedó encantado, al punto que me pidió se la presentara oficialmente, la hice regresar a la mesa únicamente para eso, su trabajo era de Host nada más, después vendría un mesero a tomarnos el pedido, se había encaprichado de oír su nombre de los labios de ella, eso que le pasó, también lo sentí en el pasado, en algún momento de nuestras vidas conocemos alguien que nos causa esa impresión.

Para hacerles breve la narrativa, quedó tan enamorado que, al cabo de un tiempo de estar saliendo a diferentes lugares, incluyendo el rancho de gallos, me imagino eso la enamoró, varias veces tuve la oportunidad de visitarlo, desde la puerta de la casa en los días soleados puedes observar el Volcán Popocatépetl. Le pidió que no trabajar más, se fuera a vivir con él para iniciar una seria relación, más adelante tuvieron una hija.

Seguía viajando a Holanda, en uno de esos viajes fui con Nanito también se contagió con la moda de llevar maletas, esa ves salió igual, llegamos bien, entregó la maleta en el restaurante y salimos, Dick nos recogió como de costumbre, Nanito después del suceso con Ada, no era el mismo, pienso que llego a tenerme un poco de odio.

Siguiendo el protocolo de Dick, después de varios días fuimos a recoger el dinero a Rotterdam, mientras me hacía la entrega iniciamos una normal conversación, Nanito nos escuchó hablar, pero los conocimientos de inglés que tiene no son muchos, no entendió cuál era el tema de la conversación, simplemente esperó llegar de vuelta a México para ponerle las quejas al Negro, le dijo que estaba organizando con Dick trabajar a espaldas de él, nada que ver ni nada parecido a lo que hablamos pero por su resentimiento conmigo indispuso al Negro, lo hizo dudar de mi lealtad.

Después de escuchar la versión de su ahijado, el Negro me hizo dormir la noche que llegamos de Holanda, encerrado en mi habitación de la Big Grupo con un escolta de los que ya había contratado, me dijo que esperara a que amaneciera iba a confirmar con Dick la queja de Nanito.

Más que molesto estaba ofendido por la desconfianza del Negro, jamás le fallé a nadie en mi carrera de esta **equivocada profesión**, cuando empecé y acepté ser parte de esta vida, estaba claro que la traición se paga con la muerte.

A la mañana siguiente que el Negro habló con Dick, se dio cuenta que todo fue un mal entendido por Nanito no saber hablar inglés, me pidió disculpas, me dijo que ya podía salir de mi habitación que no había pasado nada.

Nada para él, pero tenía mi orgullo dolido porque en mi larga trayectoria de trabajo nadie me había tratado así, ni desconfiado de tal manera, estaba tan molesto que recogí mi ropa mis pertenencias hice maletas y me fui a un hotel.

El Negro me dijo que no era para tanto que no me fuera, pero yo soy de la vieja escuela, si no confían en mi mejor no sigo trabajando, ahora que mi DIOS me dio el entendimiento me di cuenta que ÉL me estaba salvando la vida, estoy seguro que si hubiera permanecido con ellos hubiera sido mi final.

Me sentía perdido solo en el hotel sin saber qué hacer, renuncié al grupo del Negro di por cerrado el capítulo de la casa Big Grupo, aunque se me pasara el enojo, nada sería igual.

# CAPÍTULO IX
# OLAS DE CANCÚN

Como mantenía contacto con los pasajeros, en una conversación le comenté Armin la situación que se presentó con el Negro y su ahijado, para mí sorpresa me dijo que no me preocupara, sugirió me fuera para Cancún, había un grupo que estaba trabajando con ellos, con pasajeros holandeses pero financiados por una oficina diferente a "La nube". Era una sociedad formada por colombianos, dominicanos, cubanos y guatemaltecos, seguro me darían trabajo de supervisor, era conocido mi desempeño cuidando los pasajeros mostrándoles el camino, también organizar el tema del dinero logrando un envió rápido y seguro de vuelta a México, sin pecar de arrogante, conocía bien el aeropuerto Schiphol de Ámsterdam.

De inmediato viaje a Cancún, para mi sorpresa el encargado de coordinar la salida era nuevamente Armadillo, con la esperanza que hubiera superado el episodio de los celos por el Negro, irremediablemente tendríamos que seguir trabajando juntos.

El grupo de oficiales de la **SSA** amigos de Armadillo estaban ahora trabajando desde Cancún.

Resultado de una discusión entre el Negro y Compaito, se habían separado, la gente tuvo que escoger bando, los jóvenes de la Big Grupo, obvio se quedaron con el Negro trabajando bajo las ordenes de la nube. Compaito se independizó ni siquiera siguió trabajando para Europa, buscó otro destino.

La nube tomó el control de las salidas del aeropuerto de CDMX con su propio equipo de la SSA, no necesitaba más a los amigos de Armadillo. Automáticamente pidieron traslado para Cancún, con la promesa de Armadillo seguir trabajando, prácticamente era hacer el mismo trabajo, pero ahora con nueva administración en las **olas de Cancún**.

Sin perder tiempo con el entusiasmo de la nueva plaza de trabajo, una vez más volví a Holanda, ahora después de hacer mi trabajo regresaba siempre a

Cancún, al principio vivía en diferentes hoteles de la zona hotelera, después de un tiempo rentamos una casa en el centro de la ciudad, ahí me instalé.

Seguí saliendo de fiesta ahora en los antros, bares de la nueva sede, me había enamorado de las playas de Cancún, sus restaurantes, el sol, las grandes y famosas discotecas de la zona hotelera, en especial un after party llamado "El Néctar" a orillas de la laguna de agua salada, por su puesto "the One" así se llamaba el Table Dance más grande de la zona Hotelera, prácticamente era nuestra oficina punto de reunión.

Ustedes pensarán que soy fácil de enamorar, en los años de juventud me enamoré de Miami, después de Puerto Rico, hacía poco de Ámsterdam, ahora de Cancún ¿se dan cuenta porque me he casado tantas veces?

Tenía una agenda de chicas internacionales, había argentinas, chilenas, venezolanas, colombianas, brasileras, de todos lados. Cuando queríamos una acompañante para cualquier evento social de los muchos que hay en Cancún, en **"The One"** escogíamos.

Hicimos un grupo de amigos entre tantos que participaban en los trabajos, lo bueno era que no había un solo "patrón" ni dueño del patrocinio, cada trabajo era diferente, cada uno podía hacer su aporte a la sociedad dependiendo de su fuerza económica, las tarifas del pago del pasajero, la salida y del supervisor eran precios fijos.

Por esta razón aparte de ser el supervisor también invertía, así ganaba más en cada trabajo, la verdad me resultó mucho mejor separarme del grupo de CDMX.

Entre las personas que conocí había un dominicano llamado Camilo, otro de apodo "tapón", este grupo era financiado por un señor del mismo país llamado Raymond, entre ellos organizaban sus trabajos, conseguían su material, aportaban en la sociedad, la responsabilidad de la venta era mía.

El grupo de los guatemaltecos era pequeño, uno que era líder inversionista, le decían "Buena Vida" compartía la casa con su cuñado, "La Araña", aunque llegara alguna ocasional visita por lo general eran solo estos dos.

Cuando empezamos a trabajar desde Cancún estaba solo con Armadillo, con el paso de los meses y los éxitos, fueron llegando otros personajes, que incrementaron la participación colombiana, a su debido tiempo les contaré.

La mayoría de los que hacían parte del grupo, aparte de salir de fiestas como tratando de compensar por el mal estado físico producto del trasnochar, íbamos al gimnasio de moda en la avenida Bonampak, ahí conocimos un entrenador portugués de nombre Mario, su mejor amigo era un mexicano llamado jhon, juntos entrenaban, aparte de otras cosas, estos dos personajes se unieron a la vida social del grupo de Cancún.

De tanto frecuentar "the One", todos nos hicimos novias de ahí, través de mi vida y mis viajes por el mundo, mucha gente me ha preguntado porque en vez de buscar novia en un "**Table Dance**", no buscan una normal que no se dedique a ese trabajo de vida nocturna.

Cada persona es libre de opinar al respecto de este tema, en lo particular la explicación es, que las mujeres que "supuestamente" llamamos de vida normal, siempre quieren saber en qué trabajamos como vivimos quienes son nuestras familias. En cambio, las chicas Escort, (acompañantes) solo les interesa el pago de sus servicios, sin saber cómo o de donde salió el dinero, por esta razón en todos los países del mundo, la prostitución y el narcotráfico van siempre de la mano.

Yo conocí una chica venezolana llamada Elisa, Mario el portugués conoció una peruana, su amigo Jhon una boliviana, buena vida el guatemalteco una colombiana, su cuñado la araña una brasilera y así todos los del grupo tenían su acompañante particular, parecíamos una sede de la ONU, Organización de la Naciones Unidas.

Como el after Néctar quedaba cerca al The One, las chicas salían de trabajar a las 6 am, a esa hora estaba en todo su apogeo, ahí empezaba a ponerse bueno, las chicas después de pasar toda la noche consumiendo alcohol y sustancias que las ayudaban a mantenerse despiertas, entraban al after a seguir hasta que el cuerpo alcance.

Decirles que diferentes estudios han llegado a la conclusión que mantenerse despierto en horas de la noche altera todo el sistema nervioso, acaba con la salud de cualquiera sin estimar sexo o condición, es algo inútil, los seres humanos sabiendo que desarrollamos una conducta en contra de nuestra salud, no hacemos caso, cruzamos todos los limites.

Esta se volvió la rutina de todos los fines de semana, no salía ni buscaba a ninguna otra chica, siempre era la misma, llegué a encapricharme tanto con Elisa que le pedí fuera a vivir conmigo y me acompañara en mis viajes a Europa.

Obviamente tenía que pagarle, porque ella y la mayoría de las mujeres que se dedican a esa profesión lo hacen por la necesidad de dinero, aunque algunas por necesidad física como una argentina amiga de Elisa le decían Pocahontas por su parecido al personaje de la película de Disney. Ella misma me contó que nació con una condición llamada "ninfómana", en palabras más corrientes, nació con la necesidad de tener sexo mínimo 5 a 6 veces al día para poder satisfacerse, trabajar en un table es lo perfecto para ella.

Cuando Elisa me acompañó por primera vez a Holanda, descubrió un mundo nuevo, conocer Ámsterdam, saber que allá la marihuana es legal, fue como un niño encontrar una tienda de dulces gratis, de los 7 días que duramos se la paso 8 fumando hierba y probando las diferentes clases de plantas que venden para todos los gustos y estados de ánimo.

Si comparan Ámsterdam con alguna ciudad bíblica, diría que es la Sodoma o Gomorra del presente. Ahí vi conocí y participé en tantas locuras que el día que DIOS decida acabar con el mundo, va a empezar por esa ciudad. Ese fue el primero de varios viajes en los que Elisa me acompañó y me ayudó en mi trabajo de supervisor, inclusive en un trabajo en especial que recuerdo perfectamente pues esa ves se perdió la maleta que había llevado una pasajera holandesa asiática.

En esa época ya habíamos cambiado el sistema, ya no se hacia el intercambio en la zona del McDonald's, ahora el pasajero guardaba la maleta en uno de los muchos lockers que había dentro del aeropuerto de Ámsterdam, después en la noche una persona entraba y la sacaba.

Esa modalidad surgió después que conocí a un cliente colombiano holandés de apodo El Ratón con el cual hice buena amistad.

Se encargaba de conseguir los holandeses que sacaban la droga del locker, a pesar de que yo mismo supervisé vi la mujer asiática meter la maleta y Elisa le quito el recibo del locker, en la noche cuando el encargado fue, no había nada, el ratón para confirmar que no había nada, mando a otra persona a confirmar y efectivamente estaba vacío el locker, la maleta tenía 14 kilos de droga, propiedad de varias personas.

Unos eran de los dominicanos, otros de los guatemaltecos, otros de Armadillo con su patrocinador, obvio también había invertido. Que gran problema se formó, Armadillo había organizado la salida de Cancún, mi responsabilidad estaba en la llegada ¿entonces quien saco la maleta?

Fui con el ratón a la casa del señor holandés que había entrado a sacarla, era un señor de unos 60 años, insistía y juraba que no había nada en el locker, como vi con mis propios ojos cuando la pasajera metió dentro del locker, asumí que el señor se la había robado.

Todos los participantes me presionaban a mí por ser el supervisor responsable, perdí los estribos y la paciencia, el ratón también, empezó a darle golpes al señor, ni siquiera dio un grito ni se quejaba, eso me hizo explotar, fui a la cocina de su casa tomé un cuchillo, me le fui encima loco y ciego de rabia.

El ratón es alto y fuerte alcanzó a medio detenerme, pero ya le había propinado varias cortadas al señor en un brazo, después de calmarme le hicimos un torniquete con una toalla, nos fuimos de su casa lo dejamos solo.

Quise contarles este episodio en especial, no como una más de mis historias, sino para descargar un poco de mi conciencia las muchas injusticias que cometí, que atreves de los años la vida me ha cobrado, no solo la vida, todos los que habían invertido en especial el dominicano Tapón, estuvimos cerca de darnos golpes en una acalorada discusión.

Con esfuerzo y trabajo el ratón les pago a todos, asumió la responsabilidad de la perdida.

Para mi sorpresa y asombro después de varios años, de las inimaginables vueltas que da la vida, me enteré que fue lo que pasó realmente.

Las autoridades en el aeropuerto de Ámsterdam después de tantos viajes y casos que pasaron, ya estaban más vigilantes y atentos, es tanto el tráfico de drogas a ese país, que diseñaron un programa que alerta o avisa cuando un pasajero viaja muy seguido en la misma ruta.

Esa pasajera como muchas y muchos otros que viajaban demasiado seguido a México, estaba en una lista de sospechosos, desde que abordó en Cancún ya estaba en alerta, la esperaban en Schiphol, por las muchas cámaras del aeropuerto la vieron salir del avión con esa maleta de mano, la estaban esperando en la salida del equipaje.

Pretendía salir como de costumbre, ignorando que había generado una alerta, en el momento que la interceptaron, le preguntaron qué hizo con la maleta de mano, al verse acorralada, los llevo directo al locker, procedieron a sacar la maleta, ella confinada en prisión.

Se van a sorprender de como terminó esta historia, antes quiero hacer énfasis en las consecuencias que trae cometer injusticias cuando pensamos que hacemos lo correcto, cuando la realidad y la verdad es otra.

Después de ese episodio seguimos trabajando, pero ya no era lo mismo había desconfianza, el grupo de Cancún se desintegro, pasaron muchas cosas.

Como el caso de buena vida, que invirtió sus ganancias en Cancún, conoció a una señora local, en sociedad abrieron una casa de cambio, pero las intenciones de la señora no eran exactamente las mejores.

Buscó un grupo de amigos policías judiciales corruptos y secuestraron a buena vida, después de golpearlo y torturarlo le exigieron el pago de una gran suma, gracias a Dios la suspicacia y habilidad de él, los convenció de que lo dejaran libre porque no tenía a nadie quien fuera por el dinero.

Cuando por fin lo liberaron, no sin antes darle cualquier cantidad de amenazas y advertencias de lo que le sucedería si no regresaba con el dinero, fue directo a la casa donde yo vivía, lo escondimos un par de días, después lo llevamos en carro a la ciudad de Mérida, de ahí se regresó a Guatemala, no quiso volver más a Cancún, a los pocos días, su cuñado, recogió el resto de las pertenencias que tenía en la casa, empacó, hizo entrega a la inmobiliaria, también abandonó el país.

Tristemente más adelante les voy a narrar como fue el final de la araña, con la intención de que ustedes, que están leyendo, entiendan definitivamente que el final del camino equivocado es el mismo,

Como estaba cómodo con Elisa, la verdad llegué a sentir bastante por ella, decidimos mudarnos juntos en un apartamento en la parte de la zona hotelera llamada Pok ta pok.

Viviendo mi nuevo romance un día recibí una visita inesperada, nada más ni nada menos que Bufón, cuando le pregunté que se había hecho, porque se había desaparecido del mapa, me dijo se había quedado buscando que hacer en República Dominicana.

Apareció en Cancún con una novia de ese país llamada Eugenia, me buscó para que lo ayudara a buscar casa, se iba a organizar para trabajar, prácticamente se sumaría al grupo. Según dijo tenía contactos con las oficinas grandes del estado de Jalisco.

A través de un amigo, le conseguí una casa en alquiler en el residencial "Isla Dorada" localizado en la zona hotelera de Cancún, le había ido muy bien en República Dominicana, tenía solvencia económica.

Como todo en esta vida, tarde o temprano, me llegan las noticias de la verdadera historia de cómo suceden las cosas, Bufón empezó a trabajar con mi amigo Cirujano y su jefe, nunca se acordó que yo los presenté, jamás recibí ninguna comisión de los muchos trabajos y los varios millonarios de dólares que hicieron, pero DIOS sabe cómo hace sus cosas, resultó mejor que no tuviera nada que ver en esa sociedad, más adelante sabrán cual fue el desenlace de esa sociedad creada en la República Dominicana.

Bufón buscó su amigo Armadillo para que le hiciera la salida pues le habían entregado bastante inventario de drogas para trabajar, según sus propias palabras, la oficina de Jalisco le entregó 200 kilos para que trabajara desde Cancún, destino Ámsterdam, otro más que se uniría a esa transitada ruta. Le mandaron de Holanda a un señor para coordinar a los pasajeros.

A esas alturas ya había demasiada gente trabajando desde Cancún, pero igual cada grupo organizaba a su manera, Bufón empezó a mandar sus pasajeros, pero eran más los que la policía agarraba en Holanda que los que llegaban bien, después de un tiempo se supo el porqué.

Dentro del grupo había uno que trabajaba en bajo perfil, cuando él mandaba a sus pasajeros, denunciaba los otros que iban en el mismo vuelo, pero nadie sabía quién era el traidor.

Armin en uno de sus múltiples viajes, salió de Cancún con dos pasajeras más, me dieron el trabajo de supervisor, el Armadillo se encargó de la salida, en esa época estaba viviendo nuevamente una vida desordenada, me volví usuario frecuente de las XTC y el MDMA, todos los días salía de fiesta con Elisa, ella compartía el gusto de drogarse, consumir toda esa bola de basuras, ahora que entendí, puedo expresarme de esa manera, pero en esos tiempos, pensaba que eso era felicidad.

El día del vuelo de Armin con las pasajeras, no fue la excepción, llegué demasiado tarde al aeropuerto, ya habían salido, a pesar de como llegué viniendo de una fiesta, se me ocurrió comprar un boleto destino Ámsterdam, pero vía Madrid, era el último vuelo para Europa ese día, tenía que llegar como fuera pues uno de los socios de ese trabajo me hizo responsable de la venta, Elisa ya casi no me acompañaba, se cansó de tantos viajes de larga duración.

Logré llegar a Ámsterdam, pero casi un día después, al llegar traté de localizar Armin, los números que tenía estaban apagados, desconectados, sin saber qué hacer ni entender lo que pasaba, llamé a la hermana, me informó que a todo el grupo los estaban esperando las autoridades en Holanda, con descripción, nombres exactos, detalles hasta de la vestimenta.

Días después el abogado de Armin le entregó a ella una copia del informe policial, me pasó una fotocopia, como estaba en holandés, para mí era igual que leer chino, no entendía, hice una cita con mi amigo el ratón, también era interesado en saber qué fue lo que pasó, estimar los riesgos que podíamos correr, me lo tradujo al español.

Decía que las autoridades del aeropuerto Schiphol, habían recibido una llamada anónima denunciando a los 3 pasajeros, Armin y las 2 mujeres, el informe decía también que venía una de supervisor, dieron mi nombre completo, en la lista de pasajeros no me encontraron, tengo que decir gracias a Dios, porque todo lo que pasa es este mundo es gracias a EL, como llegué vía España no hubo manera de las autoridades saberlo, prácticamente me libré por andar de fiesta.

Irónicamente gracias a esa fiesta no abordé ese vuelo, por el lujo de detalles de la llamada anónima descrita en el informe las autoridades holandesas, llegamos a la deducción que únicamente Armadillo, sabia tantos específicos detalles, mi nombre, de Armin, las pasajeras, las vestimentas, el detalle de que iba una persona solo en función de supervisor. Como diría un niño, blanco es la gallina lo pone.

Se armó la grande en Cancún, cuando arrestan pasajeros llegando de un vuelo internacional, las autoridades envían un informe al país de origen dando detalles de lo sucedido, alertando que los protocolos de seguridad no están siendo eficientes, en lenguaje de la calle: se **calentó** la vuelta.

Tomé la decisión de suspender los trabajos de supervisor, no podía confiar en nadie, aunque conocía Armadillo desde la juventud, sabia de todas sus fechorías, nunca imagine que su retorcida mente llegara a esos extremos, tal vez de joven uno pensaría que la inmadurez lo lleva hacer cosas, pero ya acercándose a los 60 años, no sé cómo llamarle a ese hecho.

¿Se acuerdan de la pasajera holandesa asiática? No sé cómo estando presa se enteró que Armin también había caído preso, como ellos se conocían bien, hablo con el fiscal de su caso, ofreció testificar en contra de Armin y contar todo lo que sabía de las operaciones desde México. Esta mujer habló de todo, dio detalles hasta de los agentes de la "SSA" que participaban y todo el manejo en México.

La policía en Holanda fue a la casa de Armin en Den Haag, en español es La Haya, encontró la tonta colección que tenía, cada vez que viajaba a México guardaba en un tablero todos los pases de abordar como si fueran un trofeo.

El juez de su caso aparte de la droga que le agarraron en el último trabajo, le multiplico por cada tickete que tenía y le dieron la máxima sentencia, 4 años y medio.

Que sorpresas nos da la vida, después de este último problema me regresé a Cancún, todos temiendo al infiltrado que estaba denunciando dejaron de trabajar, nadie se atrevía a tomar acciones contra Armadillo porque dudaban.

Empecé a vivir de mis ahorros, como muchas de mis locuras y errores, no invertí inteligentemente lo ganado, me fui gastando y consumiendo mis ahorros. Elisa al darse cuenta de esto decidió abandonarme, la verdad me había encariñado con ella, tanto que abandoné a mi esposa en Barranquilla por culpa de esa relación, me tomo por sorpresa la frialdad de ella, a pesar que muchos me lo habían advertido.

Alguien muy cercano me dijo un refrán: "solo en las situaciones de crisis es que sabemos realmente como es el corazón de las personas". A pesar de que me dio duró ese gesto de ella, no puedo olvidar el lugar donde la conocí y la situación que nos mantuvo unidos, el pago de sus servicios de acompañante, de eso vivía ella, al no poder pagarle más, obvio tenía que seguir su camino.

Con esa decepción entendí el mensaje, reconozco que soy de las personas que no entienden a las buenas, dándome golpes, aprendo.

Estaba tan dolido que busqué a la mejor amiga de Elisa, Pocahontas, quise confirmar lo de su condición de ninfómana, la cité al apartamento donde me había mudado, condominio Brisas de la zona hotelera, estaba tan bien ubicado, que desde mi habitación podía ver la laguna Nichupté, la sala, vista de la playa, después de arreglar una decoración para la ocasión, finalmente pude entender porque era la más solicitada del The One.

Para cerrar ese capítulo, no tenía interés de regresar a Barranquilla, había destruido nuevamente mi matrimonio por alguien que no vale la pena, vuelven los recuerdos de lo que hice con julia, cambiar una buena por una mala ¿hasta cuándo? Santo Jesús.

Me fui una temporada a Europa, me dediqué a pasear, malgastar mí ya escaso dinero, estuve en Barcelona y Madrid en España. Andaba sin rumbo, perdido en un mundo que en el fondo sabemos no es real, lo que se me ocurría es salir a divertirme para no meditar de mi vida.

En una discoteca llamada "**Macumba**" localizada en la estación del metro de atocha de Madrid, conocí una brasilera, todavía estaba dolido por lo de Elisa, tal vez utilizaba esa excusa para no quedarme solo, conocí a Diana la que iba a ser mi compañera de viajes durante los próximos años.

Con ella inicie una apasionada relación, voy a ser sincero, al principio fue de puro despecho, para olvidar la decepción que tenía de Elisa, pero todo cambió, poco a poco Diana me fue enamorando, por muchas cualidades que tiene sin contar su cuerpo espectacular, la fama que tienen las brasileras de bellas y ardientes, es justamente ganada, me compenetré tanto con Diana que la llevé a Barranquilla, conocer a mi madre, mi familia, mis amigos, estuvimos un tiempo de vacaciones hasta a Cartagena de indias la llevé.

Recuerdo con mucho humor una anécdota de ese paseo a Cartagena, estábamos una tarde caminando por El laguito, una de las zonas turísticas de la ciudad, cerca del hotel Hilton, donde nos quedábamos, paso una señora local vendiendo arepas con huevo, que es comida típica de la región, Diana pidió una, le gusto tanto que pidió varias, en ese momento se comió como 4 me pregunto si podía comprar unas 10 y llevárselas a Brasil dentro de su equipaje, me pareció tan cómico imaginar unas arepas de huevo cartageneras viajando a Brasil.

Terminadas las vacaciones me tocó ir a Lima-Perú a una reunión para escuchar una propuesta de trabajo, fui con Diana, después de varios días, conocer el centro comercial Larcomar, pasear Miraflores, otros lugares del centro de la ciudad, decidí viajar nuevamente a Ámsterdam en el vuelo directo de la aerolínea Klm, se me ocurrió hacer un experimento a ver qué tan duro era el control en el aeropuerto, más que experimento era una travesura.

Compré un kilo de azúcar, lo envolví en papel carbón y lo metí dentro de la maleta que iba a documentar. El día del viaje, cuando llegamos al aeropuerto hicimos la cola como todos los pasajeros, enseguida me di cuenta que la policía secreta nos estaba observando.

Tanto viajar por el mundo haciendo parte de este ilícito negocio, me hizo desarrollar un sexto sentido para saber quién o cual es un policía encubierto o de secreto, por los rasgos, el mismo perfil que ellos les hacen a los posibles criminales, ellos mismo también proyectan uno fácilmente reconocido.

Al llegar al mostrador fuimos abordados, se identificaron como policía anti narcóticos, querían hacer una inspección de rutina a nuestro equipaje. Obviamente les dije que no había problema, cuando abrieron la maleta y después de revisar la ropa vieron el paquete con envoltura de papel carbón, después de palparlo y tocarlo con la mano, poner cara de asombro me preguntaron qué era eso, les dije que era azúcar. Se miraron entre ellos, con tono de burla me dijo: ¿Azúcar? Ja ja ja. ¿Puedo revisar tu azúcar? Yo le dije: no deberías ni tocarla, pero como eres policía has lo que tengas que hacer.

Uno de ellos saco el paquete, lo puso sobre el mostrador, me imagino en estos tiempos, utilizan guantes, pero en esa época ese día, lo tomó con la mano sin protección, todos estaban atentos hasta el jefe de seguridad de la aerolínea vino a ver el famoso paquete de azúcar, pero en el fondo querían saber si su estricto control había dado resultado. El policía procedió a romper el papel de la envoltura, cuando vio lo que parecía azúcar saco una navaja le hizo un orificio saco un poco, lo probó con la lengua, este tipo de pruebas solo en latino américa se hacen, un policía norte americano o europeo ni loco hace eso, por su propia seguridad. Con expresión de asombro y decepción me dijo: sabe azúcar, yo le dije: obviamente que sabe azúcar porque es azúcar, ¿no te lo había dicho?

Entre asombrado y molesto me dijo: esa envoltura de papel carbón la utilizan los traficantes de droga para camuflarla de los rayos X, le contesté: yo no sé qué usan los traficantes lo único que te puedo decir es que mi mujer brasilera practica "santería" eso era un encargo para un Babalao sacerdote de brujería en Holanda y estaba rezado, ahora tú lo abriste, prepárate para las consecuencias.

Asustado me dijo: recoge tus cosas que ya puedes seguir. No señor usted lo abrió usted lo cierra yo no pongo mis manos en esa maldición. Si antes estaba asustado ahora estaba peor, ahora sí, después de hacer todo mal, tomó unos guantes de látex agarró el paquete como pudo lo cerró con cinta, lo metió en la maleta.

Terminé el check in, pasamos a los controles de escáner, continuamos hasta la sala de espera, no podíamos aguantar las carcajadas de tanta risa, que mal rato pasaron los policías con esta travesura.

Hicimos el viaje a Holanda, esta vez no alojamos en un hotel de la zona de leidseplein, no duramos mucho porque aparte que estaba, casi sin dinero, solo fui a escuchar la contra propuesta de la reunión de Perú.

De ahí volamos a Cancún, ya no quedaba nadie del numeroso grupo que antes ahí trabajaba, hasta Bufón y su novia se habían regresado a República Dominicana.

Desde allá me contactó y me pido un pasajero holandés para un amigo de él que le decían "**El Muñeco**", su amigo estaba trabajando desde Caracas-Venezuela, pero era colombiano, el pasajero iba a llevar una maleta doble fondo con 2 kilos y medio de droga.

A través de un amigo conseguí un holandés llamado Roy; un joven que también había realizado varios trabajos desde México a Holanda, le pregunté si quería hacerlo desde Venezuela, dijo que iría a ver las condiciones.

Me gusta hacer las cosas bien, dentro de la ilegalidad de este negocio, le dije al Muñeco que acompañaba a Roy hasta Caracas, no quería dejar solo a un holandés joven en esa ciudad, aunque conocía al Muñeco, no me confiaba de sus intenciones, quería certificar que las cosas, fueran como dijo.

Viajó de Holanda a Cancún de ahí volamos juntos a Caracas. Aprovechando la oportunidad, Diana me dijo que iba a su país a estar unos días con su familia, me pareció perfecta ocasión, salió rumbo a Brasil, nosotros destino Caracas. Llegando nos instalamos en un hotel de Chacao, todos los gastos que generara el pasajero los cubría el Muñeco, eso incluye los míos.

El primer día fue descansar dar un recorrido por la zona, la conocía bien, pero Roy era la primera vez que venía, llevar a un holandés comer arepas se siente bien, compartirle la cultura del vecino país.

Al tercer día se presentó el Muñeco al hotel llegó con la famosa maleta que iba a llevar Roy, nos explicó que era un nuevo sistema que caben 2,5 kilos sin problemas, después que el holandés le hiciera una minuciosa revisada, accedió, porque la verdad se veía un trabajo demasiado profesional, ninguno de los dos pudimos ver donde estaba metida la droga.

La ruta era Caracas-Milán-Ámsterdam, por la necesidad de dinero, como su esposa estaba embarazada, aceptó, porque es sabido en todos lados que Italia no es un paso suave, pero confiamos que el trabajo de la maleta.

Pero todo fue una gran mentira, acompañe a Roy el día del viaje hasta el aeropuerto de Maiquetía en Caracas, lo vigilé de lejos para que entrara bien a la zona de embarque con la maleta y los supuestos 2,5 kilos de droga, según las indicaciones del Muñeco, que me estaba acompañando para darme la seguridad de que Roy entraría sin problemas, tenía controlado todo dentro del aeropuerto, la dejarían pasar sin ningún problema.

Voy a resumirles porque dar detalles de la farsa que montaron no vale la pena, Bufón y su amigo el Muñeco en vez de 2,5 utilizaron a Roy para enviar 25 kilos, la maleta que le entregaron que supuestamente tenía la droga, realmente no tenía nada, ya decía que estaba demasiado perfecto el trabajo, con los años que tengo viendo diferentes tipos de modalidades para transportar drogas, no pude detectar o ver algo dentro.

El Muñeco si tenía manejo dentro del aeropuerto, tomaron la maleta de Roy, metieron 25 kilos y la mandaron dirección Ámsterdam con tránsito en Milán. No tenía ningún tipo de protección ni siquiera el papel carbón qué de broma le puse al azúcar en Perú, las gentes del Muñeco simplemente metieron los 25 kilos, los mandaron a la suerte, pero la suerte no estuvo de su lado, como resultado de esa lotería, porque no puedo llamar de otra manera lo que hicieron, fue la detención de Roy en Milán y recibir una sentencia de 7 años, un canal de televisión de Holanda fue a visitarlo a Italia, lo entrevistaron, por lo duro del suceso, parte de un documental de holandeses presos alrededor del mundo.

Me imagino lo que estarán pensando, lo que le estarán deseando al Muñeco por ser tan cruel e inhumano, jugar con la libertad de Roy, para colmo la esposa embarazada, nació su hijo y solo lo pudo ver cuando recobró su libertad.

Se van a sorprender como fue "**EL FINAL DEL MUÑECO**" es tan impactante lo que pasó que escribí un capitulo a ese acontecimiento, es otro final más de los muchos que terminan por caminar por la senda equivocada, me asusta pensar que hubiera sido de mí sin su Misericordia.

A esas alturas nada me sorprendía, mentir y engañar era el ingrediente de moda, que más señales o muestras ¿necesitaba para cambiar de profesión?

Al darse cuenta Diana que nos quedamos sin dinero, cuando le conté lo que le pasó a Roy, decidió vender su automóvil de Brasil se llevó el dinero a Cancún. Volví de Caracas allá nos encontramos.

Le hice saber que el gesto que hizo con su vehículo para mí es muy significativo, no es fácil que una persona, en especial una mujer se desprenda de sus cosas materiales para ayudar en la relación, muchos dirán que es normal entre las parejas que eso ocurra, déjenme decirles, que hay caso de casos, me extendería mucho si les contara lo que mis ojos han visto de ese tema, en resumen, ese gesto contribuyó a fortalecer nuestra relación.

No habían pasado muchos días, cuando conseguí un patrocinador para un nuevo trabajo, era alguien aparte del grupo de antes, un señor que llegó de ciudad de México, tenía los contactos para salir de Cancún pero no tenía ningún manejo en Holanda, me dieron el trabajo de supervisor, pero no conseguíamos un pasajero adecuado, Diana me dijo que quería llevar las cosas ella, con su dinero compraría parte de la droga y con lo que le pagaran por llevar la del patrocinador más lo mío por supervisar, nos alivianábamos de la presión del dinero.

Al principio le dije casi gritado que **no**, ni jugando lo dijera, no la iba a poner en riesgo, pero ella como ya sabía el camino y conocía los procedimientos me insistió, al vernos acorralados por la falta de dinero, no encontré más solución, acepté.

Empecé a organizar el viaje, quería arreglar hasta los últimos detalles, no podía poner en riesgo la libertad de Diana, todavía no me recuperaba de lo que le pasó a Roy, si algo le ocurría, no me lo iba a perdonar jamás.

El día del trabajo siempre estuve junto a ella en el aeropuerto de Cancún, los oficiales de la SSA que hacían la salida, me conocían perfectamente, se sorprendieron un poco al saber que mi mujer era la pasajera, pero gracias a DIOS la salida estuvo bien.

Qué mala decisión, que error tan grande, las autoridades estaban mucho más vigilantes, cuando aterrizamos en el Schiphol salimos del avión, cada uno entró a su respectivo baño, me lavé la cara, el trayecto de más de 10 horas cansa, aparte la tensión de cuidar a mi pareja, es algo que no debí aceptar, pero en esos momentos después de cruzar el océano, no era tiempo de lamentarme, había que extremar las medias para que entregara la droga lo más pronto posible.

No pasó mucho tiempo, lo normal que gastamos en darle un descanso a los riñones, lavarme las manos y la cara, por lo general las mujeres demoran un poco más, cuando salí a buscarla no la encontré, esperé un rato, nada que salía, esperé otro tiempo más, me acerqué con sutileza a la puerta del baño de mujeres, la llamé por su nombre, no tuve respuesta, comencé a desesperarme por no entender nada, como va a desaparecer del baño, imposible que iniciara el protocolo de salida planeado, sabía muy bien que estaría su lado.

Como loco la busqué, se me ocurrió hacer el recorrido hasta la salida pensando en la descabellada idea que quisiera hacerlo sola, llegué al control de inmigración levante la cabeza, la vi del otro lado, me quedé congelado al darme cuenta la llevaban detenida dos policías de civil, lo primero que les vi fue la placa colgando de sus cuellos.

No sé qué pensar del suceso como pasaron las cosas, ahora que tengo un poco más de conocimiento, comprendo que todo lo que ocurre está dentro de los planes de mi DIOS.

Cuando Diana salió del baño, casualmente pasaban dos policías encubiertos, al verla por algún extraño motivo, es usual que eso pase dentro del Schiphol, la abordaron, después de preguntarle de donde venía, la llevaron a una revisión, lo que pasó es de suponer, encontraron la droga en la maleta de mano.

Todo pasó tan rápido que no alcancé a reaccionar, fue como si la estuvieran esperando que saliera del baño, no dure más de 10 o 15 minutos, cuando salí no la encontré.

Me volví como loco dentro del aeropuerto, no sabía qué hacer, esa sensación cuando arrestan un pasajero la conocía, pero que sea tu pareja es fuerte, por un momento pensé en decirles a los policías que Diana era inocente, que la había engañado para que llevara esa maleta de mano, pero por alguna razón, llegó a mi mente la idea de que serviría más estando libre que los 2 detenidos, porque, aunque vaya me entregue, igual vamos a quedar presos por cómplices.

Que remordimiento tan grande sentí, con qué cara les iba avisar a sus padres a su hija, la conocí trabajando de DJ música Electrónica en Madrid, la llevé a México a ser parte de mi desordenado mundo, distanciarla un poco de su familia, ahora avisarles que estaba detenida en una cárcel de Holanda.

Este duro golpe me dejó bastante triste y apenado, primero Roy en Caracas y ahora Diana en Holanda. Por qué no entendía no leía las señales los avisos, todo indicaba que debía salirme de esa mentira de vida, corregir mi rumbo.

Sabiendo que podía disminuir su sentencia si hablaba de mí, si contaba la verdad del caso, por lo menos que dijera la verdad de las cosas, ni siquiera sabiendo todo eso, fue capaz de implicarme o relacionarme, prefirió declararse culpable y asumir su castigo, la sentenciaron a 30 meses, por los beneficios debía hacer la mitad, 15 largos y angustiosos meses, en los cuales la fui a visitar semanalmente, una vez al mes tenia visita íntima, acompañándola sin siquiera moverme del país para que en ningún momento se sintiera sola o abandonada.

Si por mi fuera, pediría una prisión donde pudiéramos estar juntos cumpliendo la condena, pero necesitaba hacer algo para ganar dinero, ya estaba casi al final de mi aguante, la situación económica te despierta a la realidad.

Como por arte de magia, El Muñeco me llamó de Ecuador me dijo que fuera a ver un proyecto que tenía, me daba el boleto y los viáticos para viajar hasta allá. Lo primero que hice fue reclamarle lo del pasajero de Caracas, no tuve la cara ni siquiera para llamar a su esposa, pedirle disculpas por haberlo invitado a ese trabajo. En este negocio nadie obliga a nadie, como sea, me sentía mal por el hecho. Me dice Muñeco que esa trampa fue del Bufón, él no tenía responsabilidad, no iba a entrar en ese juego de saber quién decía la verdad, quien mentía. Como estaba sin dinero, Diana presa, no tenía más opción, me dijo que se había inventado un sistema de pasar droga disuelta en café molido, necesitaba un supervisor y alguien que la separara del café en Holanda.

Mi esperanza ilusión y objetivo de este libro, que todas las personas que están por el mismo camino donde estaba, que están tratando de hacer las mismas tonterías que hice, tienen la opción de arrepentirse y cambiar su destino, por favor reflexionen y sálganse de esa mentira de vida.

El mito que dice, después que entraste a ese mundo no te puedes salir porque te matan, es una gran mentira, solo en casos extremos, donde sabemos abusan, presionan, amenazan, extorsionan a cambio de favores, se dan, pero la mayoría de personas que ejercen esta profesión, tienen la posibilidad de hacer otra cosa, pero acostumbramos nuestro cerebro a vivir de esa manera.

Después de todo lo que me ha pasado ¿ustedes creerían sensato tomar un vuelo de Holanda hasta Ecuador a ver que locura o invento tiene el Muñeco? Aunque no lo crean, a Ecuador me fui, como conocía bastante gente encontré quienes hicieran el trabajo de sacar el café en Holanda, pero había que llevarlo primero.

Estando en Quito, el Muñeco consiguió un señor ecuatoriano con pasaporte español que llevara el trabajo, me dio la tarea que supervisara y guiara al llegar, porque este pasajero ni conocía Holanda ni hablaba inglés.

Arreglado, organizado preparado el café, después de revisar bien que ningún detalle faltara, estaba cansado de solo tropezar, salimos dirección Ámsterdam desde quito, en las casi 11 horas que dura el vuelo, no me provocó tomar café, tenía la sensación de estar el aroma en mi cuerpo y nos iba a descubrir.

Llegamos, ahí estaba nuevamente caminando por los pasillos del Schiphol, creo que, si tuviera piloto automático, mis pies harían el recorrido solos. Caminamos hacia los controles de inmigración, salimos al área de equipaje, siguiendo mi recomendación, solo llevamos equipaje de mano. Gracias a Dios el pasajero pasó sin problemas, dio resultado el invento del Muñeco, ni los perros ni el escáner detectaron la droga.

En Holanda un amigo dominicano que le dicen El baterista, me presentó a unos colombianos, por casualidad, eran de Barranquilla, vivían en Holanda hace más de 20 años, eran ciudadanos y también expertos en sacar los trabajos que llegaban en sistemas, ese tipo de personas son químicos empíricos.

Dejé al pasajero instalado en un hotel económico en Ámsterdam, me fui a Rotterdam con el café a ver a los paisanos, son tío y sobrino, por trabajar juntos, ser familia les dicen Batman y Robin.

Hicieron el procedimiento delante de nosotros, el Muñeco se vino de Ecuador a ver el resultado de su invento, como no estaba seguro del éxito, había metido poca droga en el café, lo recuperado apenas alcanzó para pagarle al pasajero y cubrir los gastos.

Conseguimos otro pasajero alemán para traer más, habíamos dejado empacado y listo en quito varios paquetes, para ahorrarnos ese procedimiento, como el nuevo pasajero es europeo, sabíamos no lo iban a molestar, tampoco necesitábamos que fuera de supervisor ni ayudarlo, conocía el camino en el Schiphol a la perfección, un amigo del Muñeco lo atendió la semana que duró la estadía, después lo despacho de vuelta.

Se repitió todo, pero esta vez la ruta era, quito-Panamá-Ámsterdam, nuevamente llegó bien, esta vez el Muñeco quería hacer él mismo el trabajo de sacar la droga del café, pensaba que había aprendido con solo ver una vez a

Batman y Robin, ese error lo cometen muchas personas, no entienden que, aunque sea empírico, lleva muchos años y experiencia aprender.

El ratón era quien hacia la venta de toda la droga que llegaba a Holanda de parte de nuestra, nos consiguió un apartamento a 15 minutos del centro y por casualidad a 2 calles de una estación de bomberos.

Conseguimos todos los insumos y materiales para trabajar, pero cometimos el grave error de utilizar la estufa de gas del apartamento, olvidamos comprar una eléctrica que es la adecuada para minimizar el riesgo.

Por la inexperiencia, en medio del trabajo se me prendió la olla con disolvente donde estaba trabajando, en mi afán de sacar la olla al patio en el trayecto salió volando una gota encendida, cayó en una cortina, de inmediato se prendió, el humo activó la alarma de incendios. El sonido era fuerte, con la olla prendida en la mano alcancé a llegar al patio, arrojé el contenido al piso donde había nieve, estábamos en pleno invierno, dejé la puerta abierta, salimos corriendo del apartamento por temor a que llegaran los bomberos, encontraran todo el mini laboratorio que habíamos montado. Como también dejé abierta la puerta de enfrente, entró una corriente de aire helado y disperso el humo, la cortina se consumió, no llegó a mayores daños.

Desde el otro lado del canal que estaba enfrente, habíamos cruzado corriendo, en altas horas de la madrugada, esperamos un tiempo, nada pasó, ni apareció nadie, regresamos a ver los daños, todo se había perdido.

Por ahorrar el pago de Batman y Robin, se perdió todo, una nueva lección aprendida, los golpes enseñan, los errores se pagan, ya esta frase se estaba volviendo parte de mi día a día.

El Muñeco no quería darse por vencido, conocía a Batman y Robin, confiaba en su proyecto, a pesar de lo que había pasado, casi quemamos el apartamento, se perdió todo el trabajo, queríamos ponerles buena cara a los problemas, no queríamos dejarnos vencer por los obstáculos.

El Muñeco me invito a olvidarnos de los malos momentos, fuéramos a disfrutar de Ámsterdam así sea por un rato nada más, me preguntó por un lugar donde tocaran buena música electrónica, se me ocurrió llevarlo a "**Escape**" una famosa discoteca en la zona de Rembrandtplein, donde DJ's famosos se presentan, lugar favorito de los turistas y locales. Había estado varias veces con diferentes grupos de amigos, en ese lugar se pasa muy bien.

Cuando estuvimos en la casa de Batman y Robin el día anterior, ellos nos mostraron una bolsa con más de 20 mil pastillas de XTC(pastillas) listas para enviar a República Dominicana, el Muñeco aprovechó, tomo 6 nada más para probarlas cuando se diera el momento, esa noche era el momento perfecto.

"Al mal tiempo, buena cara" fue la frase del Muñeco antes de salir del hotel, llegamos a Escape tipo 11:30 de la noche, la fila era larga, era sábado, día que más se llena, antes de entrar me acordé de las pastillas, le dije al Muñeco: el vigilante de la puerta revisa, las escondiera para no tener problemas.

No sé en qué estaría pensando, me intriga saber lo que paso por su cabeza, que parte de: el vigílate revisa, no entendió, pero saco las pastillas del bolsillo interno de la chamarra/chaqueta, las pasó al bolsillo de su pantalón Jean, como estaba delante de él no vi su movimiento ni su astuto nuevo escondite, asumí que había entendido lo que le dije.

Nos sumamos a la fila, al llegar a la puerta, el vigilante nos revisó, primero a mí, pase sin problemas, cuando revisó al Muñeco, le encontró las pastillas en el bolsillo en el pantalón.

De inmediato lo tomó por un brazo, lo hizo a un lado, como había mucho ruido por la música, no sabía de su error, seguí caminando con dirección a la parte de adentro, alcancé a oír los gritos del Muñeco: FRUTA FRUTA venga ¿qué le pasa a este tipo? No habla inglés no entendía lo que le decía el de seguridad.

De inmediato me regresé, le pregunté al de seguridad ¿qué fue lo que pasó? me señaló un letrero bien grande en la pared que decía en inglés: PROHIBIDO EL INGRESO DE CUALQUIER TIPO DE DROGA.

Éste hombre trató de entrar con pastillas, están prohibidas, al ver la pequeña bolsa plastica con las pastillas del Muñeco en las manos del empleado de seguridad pensé: Santo Dios este Muñeco si es bien tonto.

Amigo son un par nada más, le dije, cero tolerancias me respondieron: si los dejo pasar a ustedes se llena el lugar de drogas, lo siento voy a llamar a las autoridades.

Como si estuvieran de acuerdo o en compinche, en la acera de enfrente de la discoteca hay un parque con un puesto móvil de policía, uno de la seguridad salió, en menos de 10 minutos regresó con dos policías.

Un hombre y una mujer, rubia bien hermosa, le pusieron las esposas al Muñeco, lo llevaron al puesto móvil. Venga venga, Fruta no me deje solo: gritaba el Muñeco. Salí rápido detrás de ellos, todas las personas que estaban haciendo la fila para entrar, estaban viendo el espectáculo, quien iba a pensar que el supuesto rato de distracción, que era para olvidar los problemas, se había convertido en el principio de una pesadilla.

Se lo advertí, expliqué le volví a decir estando en la fila, el Muñeco no hizo caso.

Metieron al Muñeco en una pequeña celda del puesto móvil, me acerqué a la atractiva policía, tratando de ser lo más amable posible le dije: buenas noches señorita oficial usted disculpe, soy amigo del señor ¿qué va a pasar con el ahora?

Se le encontró tratando de ingresar drogas prohibidas a ese establecimiento, me dijo con un tono serio, señorita solo son un par de pastillas nada más, nosotros somos turistas venimos a disfrutar un rato por favor ayúdenos no sea malita.

De donde son ustedes me pregunto, somos colombianos le dije, vea señor en su país si le encuentran una sola pastilla lo llevan preso, aquí en Holanda está permitido el porte de 2 gramos de cocaína 2 de heroína, la marihuana es legal solo 5 pastillas son permitidas, su amigo lleva 6, hay que darle una lección para que se la aprenda.

¿Qué va a pasar con el pregunté? lo vamos a llevar a la central de policía para que la conozca y duerma ahí.

Mañana vemos que pasa, ni modo compadre, le dije al Muñeco, tienes mi número que me llamen a ver cómo resolvemos, el Muñeco con una cara de susto, blanco como un papel, solo me dijo:

"Hijueputa sapo gonorrea, el de seguridad, que embalada tan grande en la que me metió".

Lo subieron en una patrulla, se lo llevaron, me regresé al hotel donde nos estábamos quedando a esperar a ver como terminaba esta nueva historia.

A la mañana siguiente a las 8 am me llamó el Muñeco, me dio la dirección de la central de policía, lo fui a recoger. Me contó que no lo ficharon ni nada, lo metieron a una celda solo sin cobija ni mantas, lo dejaron pasar así noche, a las 7 am lo dejaron ir, solo querían darle un susto, que pasara mala noche para que aprendiera la lección, vaya que si la aprendió.

Al día siguiente salió rumbo a quito-Ecuador con otro pasajero alemán que habíamos conseguido para que trajera nuevamente el café, el Muñeco quería salir lo antes posible de Holanda, todavía tenía el susto encima.

Como no había presupuesto para mi boleto de supervisor, el Muñeco viajo sólo con el pasajero, después de aterrizar, salieron del aeropuerto, lo dejó instalado en un hotel con dinero para comida, le dio instrucciones para que estuviera tranquilo, se fue su casa, no quiso perder tiempo, en la mañana siguiente, preparó todo lo necesario para que llevara un poco más de lo normal, recuperar las perdidas, sabía que su invento pasaba los controles, después de pasada la semana, tiempo mínimo para no despertar sospechas, lo envió de vuelta, se quedó en quito a esperar el resultado, todavía tenía el recuerdo de la fría celda en Ámsterdam, volver por ahora no era su prioridad.

Acompaño al pasajero al aeropuerto el día del viaje, se aseguró que pasara los controles, cuando entró a la sala de espera, lo llamo a despedirse, no quiero imaginarme la conversación, el pasajero se sabe 2 palabras en español, el Muñeco 2 en inglés, ¿una conversación de 4 palabras como será?

Al día siguiente, estaba pendiente de la hora de llegada, habíamos acordado un punto de encuentro en Ámsterdam, no apareció, estuvimos llamándolo a su número, nada, después de varios días me avisó la persona que lo había presentado, me dijo que llegó bien, pero se robó el trabajo, no sé qué le pasó por la cabeza, pero nunca quiso entregar el café. Tal vez pensó que podía conseguir alguien que sacara la droga, no tiene ni la menor idea ni sabe lo complicado que es ese proceso.

# CAPÍTULO X
# EN LAS PUERTAS DEL INFIERNO

Después de tanto esfuerzo, trabajo, tiempo gastado, sin contar el dinero que se pierde, volver a empezar de cero en un proyecto que cumplió lo primordial, no ser detectado por las autoridades, al final, un alemán que no tiene sentido común, su coeficiente intelectual debe estar bien bajo, para hacer esa burrada.

Como muchas veces, otra vez decepcionado, cansado de lo mismo, cruzarme con tanta gente basura, no me había bastado con todas las cosas que ya me habían pasado de todas las traiciones, que más me tenía que pasar para entender que estaba en una "**Equivocada Profesión**"

Faltaban pocos meses a Diana para salir en libertad, no había logrado hacer nada de dinero, después de 15 meses privada de la libertad, no era justo que ella me encontrara en igual o peor situación económica que cuando se le ocurrió hacer esa gran locura.

A través de una amiga de Surinam, conseguí un pequeño apartamento, no había dinero para hoteles, es de los que entrega el gobierno en ayuda, ahí pasé los últimos meses de la condena de Diana.

Cuando estás en esa situación, lo primero que haces, sentarte con el teléfono en la mano, mirar la agenda de contactos, empiezas a escribirle a todos a ver quién está haciendo algo productivo.

Contacté a Camilo, el dominicano que conocí en Cancún, me dijo que estaba en Lima-Perú organizando un trabajo con destino a México, había conseguido una oficina que lo estaba patrocinando, que fuera ayudarlo, hacer parte de su equipo, así ganaba algo de dinero. Ya estaba cansado de tanta súper vuelta y trabajos maravilla ¿qué más podía hacer? había estado antes en Perú con Diana, pero no pasó de solo reuniones y propuestas. Camilo me aseguro que tenía el apoyo de una fuerte oficina de México y buenos contactos en Perú.

En esa época ya tenía más que suficiente material para escribir un libro con tantas historias de fallidos intentos, pero como ya les había dicho y les vuelvo a repetir, el único animal que tropieza no una sino muchas veces con la misma piedra es el hombre.

Visité a Diana a la prisión donde estaba, ya casi salía en libertad, la habían trasladado a diferentes prisiones del país, esta vez estaba en Zwolle, no quise darle detalles de mi nueva e incierta aventura, simplemente le dije que iba a conseguir dinero, esta visita coincidió con la permitida intima, tuvimos 2 horas para despedirnos, sin saber que era un adiós definitivo, nuestra última intimidad, último beso, abrazo, después de casi 4 años juntos.

Regresé al apartamento, alisté mi maleta para salir con destino Lima sin saber que esta vez iba a estar **"En las puertas del Infierno".**

Cuando estaba organizando mi nuevo viaje, llamé a despedirme al amigo colombiano que vive en Den Haag (la haya) Robin el sobrino de Batman, el mismo que le había regalado las 6 pastillas al Muñeco con las que pasó un mal rato. Me preguntó si tenía quien comprara en Perú sus pastillas de éxtasis (XTC) le dije que no conocía ese mercado en Perú, pero podía buscar quien las compre. Estando Camilo allá con buenos contactos, no sería difícil venderlas pensé, Robin tenía un proveedor directo de la fábrica, se las daba a crédito.

Sin perder tiempo, aprovechando mi viaje, buscó un pasajero dominicano con pasaporte holandés que las llevara, mi trabajo era comercializar. El pasajero llevaría una maleta doble fondo con 10 mil pastillas, no eran muchas pero la idea era abrir mercado en Perú, ganar algo de dinero, ya estaba aburrido de tantos fallidos intentos, desesperado por haber agotado mis ahorros en viajes sin sentido, tanto dinero que había ganado años antes, ahora solo me quedaba el recuerdo, no podía creer que tanto esfuerzo tanto riesgo no haya sido capaz de hacer una buena inversión con lo ganado, nunca imagine que mis ganancias se acabaran, no fueron millones de euros pero si fueron suficientes para invertir y cambiar de estilo de vida.

Ahora no era el momento de lamentarme, en esa situación solo piensas en hacer un nuevo buen negocio, ahora sí, retirase. ¿Será que uno mismo se cree sus propias mentiras?

Viaje en el mismo avión con el pasajero para supervisarlo, llegamos bien, pasó sin problemas los controles del aeropuerto Jorge Chávez de Lima.

Las autoridades están enfocadas que no salga droga, pero no controlan las que llegan de Europa, menos en forma de pastillas.

Camilo nos recogió, dejamos al pasajero en un hotel en el centro de Lima, me llevó a un apartamento en el sector de Miraflores donde vivía, también compartía con un mexicano llamado "pepito" otro de apodo "Halcón", quien era un oficial retirado de la "SSA" de México, ahora trabajaba para la oficina que patrocinaba a Camilo.

Tenía un poco de solvencia económica, me dio para pagarle al pasajero la llevada de las pastillas, para no tener la presión, poder comercializarlas a buen precio. Me contó que la oficina de México le había entregado un dinero para comprar la droga que iba a enviar, le había entregado ese dinero a su contacto en Lima, quien la iba a conseguir, después despachar vía marítima, prácticamente tenía todo organizado.

Entre la gente que Camilo me presentó, había un barranquillero llamado Enrique que conocía por referencias, porque estuvo casado con la hermana de un personaje famoso en la época de los 80¨s ahora vivía en Perú con su hijo.

También conocí a otro colombiano de la costa atlántica, no recuerdo de que ciudad, le dicen "Tato", pasó como casi todos los narcos mayores de 40 años, su época dorada, fue propietario de barcos containeros, de carga a granel, tuvo su empresa naviera en Panamá, pero también hace parte del "Cartel del tuvo", tuvo barcos, tuvo propiedades, tuvo dinero, ahora no tiene nada, solo el recuerdo de lo vivido, la experiencia aprendida, las ganas de trabajar, nada de efectivo, pero magnifica persona, conmigo se portó muy bien.

Camilo me dijo que su contacto peruano podía vender las pastillas de éxtasis, lo primero que le pregunte era si confiaba en él, me dijo: que sí, le había pasado el dinero de la oficina de México porque estaba bien recomendado, no me preocupara.

Como era el responsable de las pastillas, teniendo un poco de precaución le dije a Wilson que le entregáramos la mitad, cuando nos pague le dábamos la otra mitad, fuimos a verlo a un restaurante cerca, acordamos el precio, nos dijo que le diéramos las pastillas, se las llevaba a su cliente, le pagaba, regresaba con el dinero.

Mi sexto sentido de todas las malas experiencias pasadas me avisó, sabía que eso así no iba a funcionar, Camilo como tenía una fe ciega en esa persona me insistió que se las diera, que no había problema, como el peruano llegó a la cita en una camioneta Toyota recién comprada, Camilo estaba todavía más deslumbrado. No se muevan de aquí, ya vuelvo con el dinero, fueron las últimas palabras del contacto de Camilo, casualmente era físicamente igual al Bufón y Moncho. Paso una hora, nada, 2 horas, nada, Camilo llamando al señor, este le decía: dame un poco más de tiempo te devuelvo la llamada, a las 4 horas de estar sentados en un restaurante le dije a Camilo, vámonos que estamos robados, no te preocupes que ese aparece me dijo, al final ni prendido tenía el celular, Camilo lo llamaba, se iba a buzón de voz.

En el apartamento Camilo tenía unos kilos de droga para otro trabajo, que estaba organizando, unos dólares que todavía le quedaban. No te preocupes que cualquiera cosa, te pago, en el fondo, sabía que nos habían robado, pero Camilo seguía aferrado a su contacto.

Como necesitaba vender las otras 5 mil pastillas, conversando con Enrique el barranquillero, me dijo que su hijo tenía un posible cliente, fuimos hablar con su hijo, le pregunté de donde conocía a ese cliente, tuvo la confianza de decirme que era fumador habitual de marihuana, su proveedor podía venderlas.

"W" le dicen al hijo de Enrique ¿solo tenía 18 años, era consumidor frecuente de marihuana, que tranquilidad podía sentir yo? Con el contacto de Camilo ya había perdido la mitad ¿seré tan de malas? Pensé.

El cliente de "W" le dijo que le llevara una muestra a ver si estaban buenas, nos reunimos en un restaurante de Miraflores, le entregué 30 pastillas para que las probara, me las pago al contado. Si son originales de Holanda, tengo quien te las compre todas me dijo.

A los 3 días "W" me avisó que su cliente estaba contento, quería comprar las 5 mil de un solo, que las llevara, estaba listo el dinero, llamé a Enrique, le avisé, le volví a preguntar si confiaba en su hijo para este tipo de negocios, me dijo que si, "W" a pesar de ser joven no era tonto de confiar en la persona equivocada. Le dije a Camilo, voy a llevar las pastillas a vender, confiemos que todo salga bien. Salí en taxi a la dirección de la cita, estado de camino "W" me aviso que su cliente cambio la dirección de la cita, ahora lejos de Miraflores, eso me dio desconfianza, las tenía encima, iba en un taxi, ya no quise regresarme.

En ese momento cuando pasó el suceso, ni remotamente me encomendaba a mi Dios, todavía no había recibido el regalo que me dio mi Señor que se llama Fe, estaba ciego, para entender mi ceguera me mostró tiempo después el capítulo 9 del evangelio de Juan. Lo que pasó a continuación solo Dios tiene la explicación.

Después de la llamada de "W" recibí una llamada de Tato, pregunto dónde estaba, le dije, camino a vender las pastillas, me preguntó con quién iba, le dije que solo.

¿Estás loco? ¿Cómo vas hacer eso en una ciudad que no conoces, con la fama que tienen aquí después de lo que te pasó con el cliente de Wilson? Para el taxi bájate, espérame, salgo a encontrarme contigo.

Me bajé, lo esperé en una esquina, cuando por fin llegó me dijo, vamos hacer así, llevo las pastillas, voy detrás de ti a una distancia prudente, tus llegas sin nada, a mí no me conoce esa persona, si veo que está todo bien llego, sino continúo de largo.

Cuando estábamos a dos calles del nuevo punto de reunión nos bajamos del taxi, llevaba una bolsa, pero en el interior una lata de refresco solamente, serviría de señuelo en caso de algo raro. Tato iba a unos 15 metros detrás con la bolsa que tenía las pastillas, como no sabía el número exacto del lugar de la cita llame a W a su celular, estaba en su auto, uno viejo que le regaló su papá para que se moviera, salió del auto a ver por dónde estaba.

Todavía hablando por celular conmigo, alcancé a verlo bajarse del carro, al acercarme me di cuenta que los transeúntes que estaban a su alrededor eran policías encubiertos.

La experiencia obtenida a través de los años me había enseñado a identificarlos y reconocerlos, no había tiempo para hacerles un perfil, simplemente usé el sexto sentido del que ya les hablé. Cuando estaba a un par de metros de ellos, vi a su flamante cliente sentado junto a él, apenas me vio salió corriendo del auto. Esa era la señal, automáticamente brincaron de todos lados, el barrendero, el hombre que cuida carro, muchos más que estaban alrededor del automóvil de W, todos eran policías encubiertos, en cuestión de segundos me rodearon, uno saco su placa, me dijo: Alto policía nacional queda usted detenido.

Tato que venía a unos metros detrás alcanzo a ver todo el operativo, de inmediato dio media vuelta y en el primer transporte público que vio se montó, se alejó del lugar.

Con asombrosa rapidez me metieron en un carro, se sentó uno a la derecha y otro a la izquierda, dos en los asientos del frente, 4 policías me llevaban escoltado. Otro grupo de policías arresto a W junto a un joven amigo que llegó desde Barranquilla a pasarse unos días de vacaciones, que buenas vacaciones le empezaron.

Salimos en dirección a una estación de policía, uno de ellos me dijo: amigo ya sabemos todo, arreglemos antes de llegar a la estación, le pregunté: ¿arreglemos qué? ¿Qué es lo que está pasando? ¿No sé por qué me detienen?

Ya sabemos todo, tenemos conocimiento de las 5 mil pastillas de éxtasis que llegaron de Holanda que estas vendiendo.

Señor no sé a qué se refiere, no sé nada de pastillas, solo iba almorzar con un amigo, les dije.

Te vuelvo a repetir, arregla conmigo antes de llegar a la estación que allá es a otro precio, te va a salir más caro, insistió el policía.

Mire señor, usted como que no oye bien, no sé nada de pastillas, enseguida con el auto circulando por las calles me registraron, sacaron la coca cola de la bolsa, no me acordé que tenía dos pastillas en el bolsillo del pantalón Jean. Al no encontrar las 5 mil que esperaban, el policía hizo una llamada por su celular:

Hey este tipo no tiene nada, solo tiene dos pastillas, donde carajos están las 5 mil? Mi capitán me va a fusilar si llego sin nada, alcance a oír la voz del cliente de W que le decía, busca bien, en algún lado las debe tener.

Llegamos a una estación de policía, no recuerdo que zona de Lima, nos recibió un policía que se identificó como capitán de antinarcóticos, dijo que recibió información que estaba vendiendo unas pastillas éxtasis; pues le informaron mal conteste, solo tengo estas 2 son mías de consumo soy adicto.

Me desnudaron completamente, no podían creer que tanto operativo, tanta gente y no me encontraron nada, para no darles tantos detalles les voy a resumir cómo funciona la policía en Perú y en muchos países de Latinoamérica.

Como no encontraron nada los policías fueron a buscar una bolsa con marihuana, la metieron al carro de W para justificar el arresto. Hicieron eso sin saber la caja de sorpresas que es una Fruta recorrida, les dije: cuando me arrestaron ni siquiera había llegado al automóvil, no pueden hacerme cargos de posesión de esa hierba. De igual manera me detuvieron por investigación, a los tres nos encerraron en una celda donde había varios detenidos, cualquier cantidad de cucarachas junto a un par de colchones negros de la suciedad del lugar, como diríamos en la costa, pasamos una noche de perros.

Al día siguiente me llevaron donde el capitán, como me había quitado el pasaporte, vio todos los sellos de mis muchos viajes, me dijo que me iba a investigar, quería saber en dónde estaba viviendo.

Me pregunto varias veces en diferentes tonos de diferentes maneras, mi lugar de residencia. Le dije que en el parque central porque no tenía donde vivir, unas cajas de cartón eran mi cama, le describí el árbol donde escondía mis cartones, ni loco lo podía llegar al apartamento de Miraflores, Camilo tenía droga y dinero, había tanta gente de diferentes nacionalidades era una bomba de tiempo, lo primero que se me ocurrió fue inventar la historia de que vivía en ese parque, casualmente había estado ahí un par de veces.

El informante vendedor de hierba les dijo que vivía en Miraflores cerca del parque vista al mar donde los jóvenes practican con las patinetas (skates boards), como era el punto de encuentro con W cada vez que le vendía marihuana, asumió podía también vivir en esa área.

Hasta allá me llevó el capitán, se tomó el trabajo de preguntar edificio por edifico a los que están en la calle con vista al mar y vista al parque, le preguntaba a cada uno de los vigilantes si me conocían o si estaba viviendo ahí, recorrimos desde el parque unos 15 edificios, nadie me reconoció.

En esa época no entendía que mi señor DIOS estaba en control y me cuidaba, cuando llegamos al edificio donde vivía Camilo y toda esa banda, la caseta de seguridad no estaba en dirección al mar, estaba a la vuelta, el capitán se paró en enfrente del estacionamiento, se cansó de preguntar, nos regresamos a la estación de policía, uuufff que alivio sentí, se cansó exactamente enfrente del edifico que buscaba. Durante varios días el capitán probó todo tipo de estrategias para que le diera alguna pista de las pastillas, pero estaba perdiendo el tiempo, no tenía ni la menor idea de todas las historias y vivencias que pasé en mi vida, suficientes para afrontar un interrogatorio de ese tamaño.

Después de 15 días se le venció el tiempo reglamentario para detenerme por una investigación, no tenía más opción que enviarme junto con W y su joven amigo a los tribunales donde un juez para que este decida si seguimos detenidos o nos da la libertad.

Nos tocó una señora juez, le conté mi problema de adicción al éxtasis, me dijo: usted está un poquito grande para andar con esos vicios, retuvo los pasaportes hasta que cerrara todo el proceso, al final del día nos dejó en libertad.

Había sido otra señal otro aviso para que definitivamente me saliera de ese camino, era el momento que cambiara el estilo de vida. Cuantas cosas más me tenían que pasar para aceptar que definitivamente este trabajo no era para mí.

Gracias a Dios y a Tato me había librado de ese problema. Me quedé unos días en un hotel mientras me organizaba y Camilo conseguía otro apartamento.

Hice un análisis de la situación, de todo el lío por tratar de vender esas pastillas, necesitaba irme de ahí ¿pero de donde iba a sacar dinero? Camilo estaba bien enredado con su cliente ladrón

Lo único que se me ocurrió para ganar algo de dinero fue preparar el invento del Muñeco y buscar quien lo llevara a Europa.

Tato me contó que estaba organizando un trabajo para Holanda en el vuelo de KLM sale directo Lima-Ámsterdam, según había una gente que tenía el manejo de las maletas documentadas en el aeropuerto de Ámsterdam, una oficina de México tenía la salida arreglada en el aeropuerto de Lima.

Lo único que hacía falta era un pasajero pero que no fuera de aspecto latino porque así llamaba mucho la atención al llegar a Europa. Pensé en esperar a ver cómo le iba a Tato con esa vuelta a Holanda, para después mandar el café.

Tato tiene muchos conocidos, consiguió un pasajero nacido en Polonia nacionalizado en Canadá que vivía en Colombia, que enredo, mantenían una vieja amistad, también pertenece al "Cartel del Tuvo", en esos momentos estaba sin trabajo, aceptó el ofrecimiento.

Al pasajero le explicaron que todo estaba pago en el aeropuerto Jorge Chávez de Lima, la policía antinarcóticos, la aduana, no iba a tener problemas, con más razón aceptó confiado.

El día del trabajo el polaco, que se llama FAUSTINO siguió las instrucciones, en el estacionamiento del aeropuerto tenía que recoger la maleta con la droga, del baúl de un carro, entrar con ella.

Por lo general cuando se va a trabajar con maleta documentada, el pasajero debe llevar sus pertenencias en un equipaje de mano, pero el inteligente Faustino se le ocurrió llevarlas en otra maleta documentada.

Entró al aeropuerto hizo la fila como todos los pasajeros. Pero tuvo la brillante idea de plastificar las 2 maletas, la propia y la que llevaba la droga, la policía antinarcóticos secreta que está dentro de la terminal estaba arreglada, lo vigilaban para que saliera todo bien, al ver que estaba plastificando las maletas, llamaron enseguida al amigo de Tato para que le avisara al polaco que no podía hacerlo, el de la aduana que las sube al avión se podía confundir.

Tato llamó a Faustino a su celular, le dijo que les quitara el plastificado, el polaco se puso nervioso, una estaba ya terminada, la otra empezaba a plastificarla, después de hablar con Tato, comenzó arrancar el plástico, siguió la fila hasta que llegó su turno de hacer el check in en el mostrador.

Le habían avisado que la policía y la aduana estaba arreglada, eso estaba claro, pero nadie le aviso que la seguridad privada de la aerolínea **no** estaba paga, el jefe de seguridad desde hacía rato lo vio colocando primero, después arrancar el plástico.

Faustino mide como 2 metros de altura tiene los ojos claros y el cabello rubio, obviamente iba a llamar la atención, al momento de colocar el equipaje en el mostrador, el jefe de seguridad le preguntó si todo estaba bien, bien nervioso, dijo que si todo perfecto, me permite una revisión de rutina le dijo.

El polaco no entendía lo que estaba pasando, cuando abrieron su maleta encontraron los 25 kilos de droga, automáticamente llamaron a los antinarcóticos, aunque ellos sabían todo y estaban arreglados, pero al encontrar la droga seguridad y los funcionarios de la aerolínea, no pudieron hacer nada, procedieron con el arresto de Faustino. Al verse detenido, lo primero que pensó, todo era una trampa para inculparlo, empezó a gritar: Yo soy canadiense llamen a mi embajada, aquí no me muevo, esto es una trampa.

El jefe de seguridad de la aerolínea no tuvo más opción que llamar al consulado, en cuestión de 30 minutos llego al aeropuerto un automóvil de la embajada. Que lío más grande se formó en ese aeropuerto.

Acabado de salir de la cárcel, ahora me entero de ese problema, le dije a Camilo: esto está caliente, me voy a Ecuador, me llevo el café, allá en quito el Muñeco consigue un pasajero, pero no tengo efectivo, me dijo que por la mudada y otros gastos se había quedado ilíquido.

Como Tato se había quedado con las pastillas éxtasis, le dije que por favor me diera algo de dinero, me cito en la parte de abajo del edificio donde vivía, en un café internet me iba a dar mil dólares para llegar a quito.

Cuando llegué, estaba sentado en una computadora revisando sus correos, chateando con alguien de su familia, empezamos a conversar del problema del polaco, le pregunté si Faustino conocía ese apartamento, me dijo que sí, pero estaba seguro que él no podía recordar la dirección, todavía tienes el celular con que hablabas con él, le volví a preguntar, me dijo que sí, pero conocía a Faustino desde hace muchos años, no lo cree capaz de entregarlo, todas sus respuestas fueron si, con un, pero, mala señal.

Me dio el dinero y me despedí, le dije que un amigo de Camilo me iba a llevar hasta la frontera con Ecuador, cruzaría a pie, del otro lado seguía en autobús hasta Quito. Tomé un taxi de vuelta al hotel, ni siquiera había llegado cuando me aviso Camilo que la policía peruana en colaboración con el servicio de inteligencia canadiense, triangulando el celular de Faustino, habían dado con la ubicación de Tato, lo agarraron sentado, se lo llevaron detenido. Quedé en shock, si me hubiera quedado junto a Tato 20 minutos más estaría preso y me vinculan a ese caso.

Para resumirles la historia de Faustino y Tato, los sentenciaron a 10 años a cada uno, Faustino pensó que Tato lo había entregado y metido en una trampa, no dudo en entregarlo, sin saber o analizar lo que realmente pasó.

Decirles que uno se desgracia la vida por querer ganarse un dinero fácil que puede resolver nuestros problemas, en estos momentos de mi narración, no tendría validez, porque son tantas las cosas que me ocurrieron y las que van a seguir leyendo que es increíble que alguien pase tantas cosas para entender cuál es el camino correcto.

Ya mis nervios no aguantaban más, en tan pocos días me habían sucedido demasiadas cosas, estaba hecho un manojo de nervios.

A la mañana siguiente salí en carro dirección a la frontera con Ecuador junto con el café diluido en droga invento del Muñeco, confiando que todo saliera bien, en horas de la tarde llegamos a la frontera, me despedí del conductor que me llevó, cruce a pie hasta el lado ecuatoriano, caminé como 10 minutos, busqué la central de autobuses para seguir hasta Quito.

Nunca antes había hecho ese trayecto, no tenía la menor idea de cómo serían los controles, pero confiaba en que el café pasara desapercibido igual que en los aeropuertos había pasado con los varios pasajeros.

En la estación de autobuses compré un boleto a Guayaquil porque me dijeron que allá debía cambiar para poder llegar a Quito. Salimos en el atardecer, comenzaba a oscurecerse, a los pocos kilómetros de partir, llegamos a un control de carreteras de la aduana ecuatoriana, nos hicieron bajar a todos con las pertenencias, me bajé sin nada, dejé el café y las otras compras de mercado que había hecho, en la parte de arriba del asiento.

Después de revisarnos a todos revisaron el autobús, encontraron la bolsa con el mercado y el café, uno de los policías preguntó de quien era, sentí escalofríos, no sabía qué hacer, opté por quedarme callado y hacerme el desentendido. Los policías bajaron la bolsa con los productos, los revisaron, les hicieron varias pruebas hasta que descubrieron que el café estaba mezclado con droga, estábamos en medio de la nada, lo único que había en la carretera era ese puesto de control.

Al descubrir la droga llamaron al conductor, le preguntaron de quién era eso, el chofer dijo que no sabía nada, pero el ayudante dijo que me vio subir en la estación con esas bolsas, Dios mío, que menudo problema, los policías de inmediato me dijeron: el ayudante dice que es suyo, queda usted detenido.

Cuando oí esas palabras, quedé en estado congelado, lo primero que me dije mentalmente: ¿en qué carajo estaba pensando cuando decidí traer ese café en bus? Todavía ni podía reaccionar, los policías me colocaron las esposas, me subieron con mi maleta y el café a una pick up de policía, me llevaron rumbo al pueblo más cercano.

Al llegar fuimos directo a la cárcel del pueblo, me bajaron me quitaron las esposas, me dijeron que entrara con mi maleta. El pueblo se veía como uno de esos de las películas de vaqueros, desierto con calles llenas de polvo, en la cárcel por la parte de afuera, me detuve en la entrada al ver las paredes sucias, las rejas de las ventanas oxidadas, sentí un escalofrío que me subió desde la cintura hasta el cuello por la columna vertebral. A través de toda mi vida había pasado por muchas cosas; accidentes de automóvil, armas de fuego, accidentes de lanchas, había entrado con documentos adulterados a USA y todas las locuras que ya ustedes saben, pero al estar de pie en la entrada de esa tenebrosa cárcel, por primera vez en mi vida me sentí, "**EN LAS PUERTAS DEL INFIERNO**".

Cuando pasé la entrada un guardia de la cárcel me metió con todo y maleta en un calabozo donde había varias literas de metal sin colchón.

Entré, di una mirada a las paredes que estaban bien mugrientas, a las varias personas que estaban detenidas, solo escuché que uno de ellos me dijo: Bienvenido a la cárcel de "Machala", escoge una litera y acomódate. Me senté en una de la parte de abajo, todavía no reaccionaba, no podía creer que fuera tanta mi mala suerte, realmente me sentía en un infierno, no sabía que hacer o que decir.

Empezaron a pasar por mi cabeza todas las cosas que les he contado y todas las que aun no les menciono, sentí que mi vida se había acabado, me acordé de la muerte de mi amigo Andrés, mi hija y todo lo perdido en USA, el trágico accidente de mi cuñado, Diana en la cárcel, los días de la prisión en Perú, de mi madre, lo decepcionada que debía estar de mí, fue como si pasara un cortometraje de mi vida en alta revolución por mi cabeza. Sentí que mi vida ya no valía nada, ya no valía la pena vivir.

En ese instante recordé que tenía en la maleta las herramientas con que preparé el café, había cinta(tape) unas tijeras un exacto (cútter), como si estuviera poseído por un demonio que me hablaba en el interior de mi cabeza, me decía que no merecía vivir...saqué el cútter (exacto). A pesar de mi loco pasado jamás ni por equivocación había entrado a mi cabeza quitarme la vida, pero ese día sentí que estaba en **el infierno**, ese lugar del que siempre hablamos de manera irónica al cual describimos en broma sarcástica, ahí me sentí en ese momento de mi vida.

Con el cútter en mi mano derecha me hice una cortada en las venas de la muñeca izquierda, miré el chorro de sangre que salía, esperando que saliera mi último aliento de vida, pero no pasaba nada, siempre pensé que la muerte era rápida, todavía nada, me pasé el cútter a la mano izquierda para hacer lo mismo en la muñeca del lado derecho, pero la cuchilla del cútter era tan filosa que me había cortado no solo las venas, corté 3 tendones de la mano, no podía maniobrarla. Como pude agarré el cútter tratando de cortarme, alcance hacerme una muy pequeña línea, esperé unos minutos, no sentía nada parecido a los que dicen han muerto y regresan del mas allá, seguía esperando ver un corredor con una luz al final, pero nada de eso, únicamente seguía saliendo sangre de las venas.

Siempre he sido un desesperado para todo, quería que esto acabara rápido. Tomé la tijera que tenía en la maleta, me dije a mi mismo, como si me hablara el demonio que me había poseído... "entiérratela en el corazón, acabamos esto". Empecé a clavarme la tijera en el pecho, una vez, nada, dos veces, nada, tres veces, no sentía nada, estaba buscando el corazón, siempre imaginé que estaba del lado izquierdo del pecho. Realmente como endemoniado me clavé 11 veces la tijera en el pecho.

Los otros detenidos que estaban en la misma celda al verme bañado de sangre, ver lo que hacía empezaron a gritar: guardia, guardia este hombre se está matando. El guardia abrió la celda dio un brinco, me quitó las tijeras, no recuerdo que usó, pero rápidamente me hizo un torniquete en la muñeca izquierda, entre los otros guardias me subieron a la misma camioneta que me trajo desde el control de aduanas, salimos a toda carrera al hospital del pueblo.

Machala es un pueblo chico, llegamos en menos de 10 minutos, me montaron en una camilla, directo a la sala de urgencias, el medico de turno al verme bañado en sangre, el pecho lleno de perforaciones me dijo: ¿hay Dios mío que hiciste hombre?

A esas alturas había perdido bastante sangre, comencé a sentir debilidad y un poco de sueño, me dije: ahora sí, llegó el momento, por fin está loca vida se acabó, sentí que perdí el conocimiento y me preparé para morir.

Cuando volví abrir los ojos, ya era el día siguiente, me vi un tubo del lado izquierdo entre las costillas, la mano izquierda vendada, la mano derecha con unas esposas sujeta a la cama. En vez de ver ángeles del cielo vi a una enfermera y un policía a mi lado. No podía creer que todavía estuviera vivo.

Porque hizo eso señor, me preguntó la enfermera, se hizo 11 perforaciones en el pulmón izquierdo y se dañó los tendones de la mano. La verdad señora ni yo mismo sé porque lo hice, fue una decisión de un segundo, nunca en mi vida ni por casualidad había pasado esto por mi cabeza, le dije.

Ahí estaba, acostado en una cama de hospital todo remendado. Ahora me tocaba enfrentar las consecuencias de mi nueva estupidez... ¿será que algún día dejaré de hacer tantas? Dios mío esta última me llevó al borde de la muerte nuevamente.

Habían pasado 30 días desde que ingresé en el hospital, todo el mundo se portó muy amable conmigo desde los doctores, enfermeras y los otros pacientes, como era un hospital público me tenían en una sala comunitaria, había pacientes a mi alrededor, hasta los policías que me custodiaban me habían quitado las esposas, me dejaron suelto.

Cuando estaba cerca mi regreso a la cárcel, me visitó el doctor especialista en pulmones me dijo: estas vivo por la Gracia de DIOS y gracias a que **no** fumas, si fueras un fumador la nicotina te cubre los pulmones, no deja que se cicatricen, los tuyos están limpios como de un bebe rosaditos, todas las perforaciones que te hiciste se cicatrizaron, solo te queda la herida de la mano izquierda, allá que te curen diario para que sane.

Lo primero que debía agradecer a mi DIOS es salvarme la vida, pero en esa época todavía estaba ciego, lo único que se me ocurrió fue darle gracias por haber dejado de fumar años antes, recuerden que les conté, desde joven empecé a probar tonterías, incluyendo a fumar cigarrillos, ojalá esto que me pasó por lo menos les haga reflexionar.

El día 31 llegó un teniente de la policía para llevarme de vuelta a la cárcel del pueblo, lo único que me dijo fue: la próxima vez te entierras el arma más al centro del pecho, estuviste a un centímetro, pero no le atinaste.

Era tan ignorante que no me di cuenta de lo misericordioso que es nuestro Señor Dios, a pesar de llevar una vida llena de errores, tropiezos que no solo me hacía daño, también lastimaba a los de mi alrededor, a mi familia, principalmente a mi madre.

A pesar de todo eso, me salvó, no permitió que muriera ahí, solo, en una cárcel de un país lejos de mis seres amados.

Ahora que mi SEÑOR renovó mi corazón, abrió mis ojos, le pedí perdón por ser tan desagradecido, me dio la vida me dio salud, en pago intenté suicidarme.

De vuelta en la cárcel me tocó una celda con 11 personas, solo había una litera con 2 camas, una era del más antiguo en la celda, la otra del segundo en tiempo.

En las cárceles de américa latina, el más antiguo es quien controla y maneja la celda.

Éramos 12 y solo 2 camas, los otros 10 dormíamos en el suelo con un pedazo de cartón de colchón, no había baño ni nada parecido, abrían la puerta de la celda a las 7 am y la cerraban a las 5:30 pm, había que hacer las necesidades fisiológicas antes de cerrar sino tenías que aguantar hasta el día siguiente.

Había 2 pabellones, en el lado que me tocó éramos 300 presos, solo 3 duchas, 3 tasas sanitarias, ya se imaginaran como sería de aseado.

Me llevaban todos los días a la enfermería, para curarme la herida de la mano, gracias a Dios la del pecho había cicatrizado, pero dormir en el suelo al lado de 10 personas, que todas las noches te pasaran cucarachas y bichos por encima no me ayudaba, la misma enfermera de la cárcel me dijo que no había ningún antibiótico fuerte.

A los pocos días de estar de vuelta en la cárcel, me llevaron al juez de primera instancia, me explicó que en Ecuador por más de 50 gramos de droga la sentencia mínima es de 8 años, se paga con el 50%, santo Dios había que hacer 4 años en ese infierno, que pesadilla estaba viviendo.

El juez me dio otra opción, me dijo que, si le daba 10 mil dólares, me dejaba en libertad...uuufff me volvió el alma al cuerpo, le dije que en ese momento no tenía, pero me diera tiempo, como fuera los iba a conseguir.

Gracias al jefe de la celda, el más antiguo, un ecuatoriano que le decían "El abuelo", le caí bien, se portó conmigo mejor de lo que esperaba, quiero aprovechar para darle las gracias, porque con su ayuda y buena voluntad mi tiempo en ese infierno fue más llevadero.

Tenía una pequeña estufa de gas con un tanque que había pagado para que se lo permitieran, cocinaba todos los días, su esposa cada 3 o 4 días le llevaba víveres, nunca en todo mi tiempo en esa cárcel me falto un plato de comida.

No quiero darles detalles de lo desagradable, ni de las condiciones de la comida que servía la prisión a la población en general, prefiero guardar el buen recuerdo de lo que comí gracias al abuelo.

También tenía su teléfono celular, que muy amablemente me prestaba, los guardias me habían dejado copiar de mi teléfono celular la agenda, empecé a llamar a todo el mundo, necesitaba reunir urgente los 10 mil dólares para salir de ese infierno.

Al primero que llamé fue al dominicano Camilo, era dueño en parte de la droga con que me habían capturado, nada, solo excusas de que estaba sin dinero, llamé a cuanto amigo pude, nada, hasta a Diana que había terminado su sentencia, estaba de vuelta en Brasil, le conté mi trágico suceso, obviamente estaba sin dinero.

Mis amigos y conocidos de Barranquilla, nada, pasaban los días y crecía mi preocupación. También crecía mi herida de la muñeca, en el hospital solo me habían suturado las venas que me corté, pero los tendones seguían igual de inútiles. Para colmos, era de esperar después de dormir en el suelo en condiciones infrahumanas, me entró una bacteria en la herida, se me hizo un hueco lleno de pus y materia hasta los huesos se veían.

La enfermera había pedido un antibiótico más fuerte, pero nada que llegaba, mi desespero por conseguir el dinero empeoraba la herida.

A los 2 meses nuevamente me llevaron a ver al juez, le dije que todavía no conseguía el dinero, un poco disgustado me dijo que en un mes empezaba el juicio, si comenzaba iba a ser más difícil porque al fiscal, la DEA americana le pagaba una mensualidad para que no se corrompieran, pero a él, nadie le daba dinero y quería los 10 mil dólares, pero no iba a ser tan fácil ni tan rápido si conseguía el dinero después que empezará el juicio.

Se me ocurrió decirle a mi esposa Sara, aunque no teníamos una relación, todavía era legalmente mi esposa, que fuera a la casa de mi amigo El **Cirujano** en Barranquilla, le dejara el número de celular del abuelo.

Por fin a los 15 días llamó El Cirujano, muchas veces antes me había ayudado, pero esa era la ves que más lo necesitaba.

Después de regañarme y decirme: "hay Fruta en qué nuevo lío te has metido", al final dijo me iba a dar el dinero, en el momento no lo tenía, estaba esperando un pago en Miami, allá me los podía entregar.

No tenía a quien más recurrir en esa ciudad, llamé a mi tío Juan vive ahí, aunque ya estaba cansado de ayudarme, aburrido de todas mis estupideces, accedió a recibir el dinero, El Cirujano demoró casi un mes en entregárselo.

Cuando finalmente conseguí el tan ansiado dinero, el juicio había empezado, enseguida llamé al juez, tenía su número de teléfono, me dijo que cambiara el abogado de oficio que me habían asignado, por uno particular amigo de él, con toda confianza entregara el dinero, mi tío se lo envió, ahora a esperar a ver como resolvía el señor juez.

Después de más de 6 meses de dormir en el piso, en la época de lluvia nos tocaba dormir de pie con el agua hasta las rodillas, la cárcel se inundaba en la planta baja, por fin llego el antibiótico a la prisión y comenzó a cicatrizar la herida.

No me mató la cortada de las venas ni las puñaladas que me di en el pulmón, no me mató la bacteria ni la infección que me dio, todavía me quedaba el peligro de morir por una bala perdida.

En esa prisión había otros colombianos detenidos, unos eran de la guerrilla, el otro grupo eran paramilitares, los dos grupos estaban armados hasta los dientes, con armas más nuevas, modernas y poderosas que los guardianes de la prisión.

Diario se hacían atentados, balaceras, todo lo imaginable, los que no teníamos nada que ver, igual había que cuidarnos de su guerra personal.

Periódicamente entraba el ejército, nos tiraban al piso en el patio de la cárcel, boca bajo manos en la cabeza, a confiscar armas, se sorprenderían ver la cantidad, variedad, estilos que encontraban, incluyendo granadas.

Por fin llego el día final del juicio, después de los peores 11 meses y medio de mi vida, sin temor a equivocarme esta fue la **pesadilla** más larga vivida, el juez se encargó de arreglar el proceso, fui declarado inocente por falta de pruebas.

Cuando llegó mi boleta de salida sentí que volví a vivir, salí con mi maleta, con unos pocos dólares que me quedaban fui a un hotel barato en el centro del pueblo.

Por fin volví a dormir en una cama, descansé un par de días, después llamé a mi tío Juan a Miami, sabía que él era el único que me podía ayudar, le pedí nuevamente dinero, su respuesta fue:

Te voy a mandar 2 mil dólares, pero después que los recibas, borra mi número de teléfono, borras mi correo electrónico, borras todo lo que tengas de mí, me borras de tu cerebro y te olvidas que soy tu tío, ya me cansé de tus locuras tus estupideces y tus errores, hasta aquí llegué.

Esas fueron sus últimas palabras para mí, han pasado más de 10 años, no lo volví a molestar, cumplí su voluntad al pie de la letra.

Estando un poco más descansado, se me ocurrió buscar al médico que me atendió el día que me llevaron al hospital de urgencia, le pedí por favor me arreglara los tendones que la mano, había quedado inútil.

Como era un hospital público, aparte de doctor era profesor, accedió a operarme, pero sería el conejillo de indias de sus estudiantes, no estaba en condiciones de negarme, ellos hicieron la cirugía bajo su supervisión.

Hice mi recuperación en el hotel, con los tendones cocidos, tomé la decisión de irme a Venezuela, no quería volver a Colombia derrotado, acabado físicamente, había perdido bastante peso, tenía mal semblante, me avergonzaba presentarme en ese estado ante mi madre.

Compré mi boleto de avión, a Caracas me fui, mi amiga Yolima, como muchas otras veces me recibió con los brazos abiertos, mi amigo El Cirujano me ayudó nuevamente, me dio dinero para que buscara un médico ortopeda especialista en tendones, la mano no recuperaba movilidad.

En una clínica prestigiosa de la zona de Chacaíto, donde conseguí un especialista, me hicieron la nueva intervención, el doctor al momento de la cirugía descubrió que los estudiantes aprendices me habían cocido los tendones de manera invertida, esta vez si la arregló, aunque no quedó perfecta por el tiempo que había pasado, por lo menos me la dejó funcional.

Al cabo de un tiempo después de las fisioterapias, con la mano mucho mejor, tomé la decisión de irme a Holanda, aunque no tenía ningún proyecto o trabajo, sabía que allá me iría mejor que regresar a Colombia o quedarme en Venezuela.

# CAPÍTULO XI
# LA MUERTE DEL CIRUJANO

Salí rumbo a Holanda desde Caracas vía París, con la maleta llena de sueños y desengaños, a estas alturas de mi vida solo el instinto de supervivencia me hacía seguir adelante.

No me bastó que mi madre me lo hubiera dicho, mi familia, mis amigos, hasta El Cirujano que me ayudó nuevamente para que pudiera viajar, me dijo que estaba nadando en contra de la corriente.

Él, quien había empezado su carrera en este negocio hacía muchos años, había compartido con los grandes del "Cartel de la Costa", en esa época tenía renombre, una situación económica muy buena, me dijo que estaba trabajando en una "**Equivocada profesión**", que la suerte no estaba de mi lado, pero igual, ahí estaba, una vez más camino a Holanda.

Después de cruzar el océano, "el charco" como dicen popularmente, pasar de transito por "La ciudad Luz" llegué a Nederland, países bajos, lugar de los quesos, marihuana libre, vitrinas de mujeres, la pueden llamar de muchas maneras. En el Schiphol bajé al subterráneo, tomé el tren, esta vez dirección a Den Haag (la haya) desde hacía días estaba comunicándome con el paisano barranquillero, el sobrino, el Robin de la pareja, me contó que estaba un poco alejado de Batman, pero de igual manera me quería ayudar. Después de tantas historias, vivencias juntos, teníamos un vínculo fuerte de amistad, se puso a la orden. Los primeros meses estuve viviendo de un lado a otro, la mayoría de latinos que viven en Holanda reciben ayuda del gobierno, les envían de manera imprevista supervisores a ver cuánta gente vive en las casas de ayuda que les dan.

Como Robin se mueve en el medio de los dominicanos, una de las colonias de latinos más grandes de Holanda, con ellos, me consiguió donde quedarme. Estuve un tiempo donde uno que le decían "Arete "quien se portó muy bien, aunque me tocó dormir en el sofá de la sala por lo pequeño del apartamento.

Cuando gané un poco de dinero haciendo pequeños negocios de compra y venta, en la forma de vida de Holanda, comercializar drogas como hierba, pastillas XTC-MDMA, cualquier sustancia psicotrópica que ahí se fabrica, deja algo de utilidad, este comercio ayuda a sobrevivir a muchas personas, demasiadas, por algo nederland es la despensa proveedora de drogas de todo Europa.

Con lo ganado me mudé donde otro dominicano, también nacionalizado holandés, venía de pagar una condena por narcotráfico en Costa Rica. La historia de él también es particular, cuando terminó su sentencia viajó a curazao (Antillas Holandesas) estando en la isla conoció una joven venezolana, como era de esperar, después de tantos años en prisión, la embarazó, gracias a su nacionalidad, se fueron a vivir a Den Haag.

Le dicen "Toby", "chadela" a ella, llegaron a Holanda a que naciera el hijo, sin complicaciones, gracias a Dios sano, nació un varón. Me alquilaron una habitación en su apartamento, a un precio económico, en mi nueva vivienda, hasta de niñero me tocó hacer, Toby trabajaba, ella se ocupaba de la casa, a veces no había quien cuidara del niño, no me podía negar y hasta cariño le agarre al bebé.

En esa época conocí mucha gente, todos hacen parte del gran equipo que anda buscando la "**Súper Vuelta**". Cada vez que oía esa frase se me ponían los nervios de punta, pero quien era yo para censurar o criticar, había pasado y había hecho hasta lo impensable por encontrar la mía.

Toby que, desde hace largo tiempo, anda luchando por encontrar la suya, en esa búsqueda duró años en la prisión de Costa Rica, me presentó un colombiano que le decían "Apache", estuvimos hablando muchas veces para ver como podíamos trabajar.

Como mantenía contacto con muchos conocidos, Pepito el mexicano que conocí en Perú, vivía con Camilo la ves del problema de las pastillas, me contó que un paisano, amigo de él, a quien le decían: "El nene", quería ir a Holanda a organizar un trabajo, me preguntó si lo podía recibir, ayudar acomodarse, todo lo que generara trabajo, que sea bienvenido le dije. Hable con Toby, aceptó que viviera en la misma habitación conmigo.

Lo fui a recibir al aeropuerto, le mostré el centro de den Haag prácticamente le hice de guía turístico, aprovechamos y compró un colchón inflable, se acomodó en la misma habitación donde yo dormía.

Parte del protocolo que todos hacemos cuando conocemos nuevas personas en este medio, le presenté Apache, este a la vez a su mentor, otro colombiano de nombre Harold, enseguida empezó a tomar fundamentos el negocio, iban a organizar un trabajo desde Ecuador hacia Bélgica, El Nene tenía los contactos en Ecuador, Harold en Bélgica.

Para que el negocio tomara seriedad Harold le pidió un deposito al Nene, este se lo entregó Apache bajo instrucciones de Harold, lo que no sabíamos era que Apache era otro más de los que le gusta inventar con el dinero ajeno.

Le propuso al nene trabajar una vuelta propia, con destino argentina, llevando la droga llamada MDMA, por sus siglas en inglés, su nombre completo es difícil de pronunciar, en USA simplemente le dice "Molly" básicamente es la materia prima con que se fabrican las pastillas éxtasis, por diferentes causas, razones, motivos, la gente ahora prefiera, consumir este producto directamente, sin terminar el proceso. Apache sabía que Harold no estaba listo para lo de Ecuador, convenció al Nene para trabajar con el dinero del depósito en la **segura** vuelta, pronuncian otra vez las palabras mágicas. Usaron el dinero del depósito de Harold.

Que enredo más grande se formó, nuevamente el hechizo de las palabras mágicas se rompió, al final de todo, Apache salió con unas historias de ciencia ficción, como resultado: fracasó el negocio, el dinero del depósito perdido. ¿Hasta cuándo tenía que soportar cruzarme con gente tan torcida y desleal? Son pocas las personas serias, honestas con ganas de realmente trabajar.

Chadela y Toby, son una pareja disfuncional, pero malo o bueno, me ayudaron, me recibieron en su casa, es una joven que salió de su país tratando de buscar un mejor futuro, como hacen muchos venezolanos, gentes de todo el mundo, pero tristemente tengo que contarles, no sé si es por su juventud o su mala cabeza pero no supo aprovechar todos los beneficios que le ofreció Toby al ser un ciudadano holandés, un tiempo más adelante, lo abandonó, le dejó el hijo a cargo para ella poder vivir a su manera sin ataduras, Dios quiera algún día a su cabeza regrese la sensatez.

Preguntando por medio de amigos, conseguimos una oficina de rumanos dirigida por un joven que le decían "El maestro" quien ofreció conseguir pasajeros de ese país, para trabajar con el nene.

Estando organizando ese nuevo trabajo, recibí una noticia que me dejó más que consternado, triste y sorprendido, mi amigo El Cirujano lo habían asesinado en Perú. No lo podía creer, El Cirujano era un poco cascarrabias y regañón, pero tenía un corazón demasiado grande, no solo a mí me ayudó, a muchas personas, era bien desconfiado, no entendía como lo pudieron asesinar. Me dediqué a la tarea de llamar a todas las personas que conocían al Cirujano, encontrar quién me podía dar razón de lo que pasó.

Finalmente, un amigo de Caracas quien le había presentado al Cirujano, habían hecho buena amistad, Luis Andrés se llama, me contó que un dominicano propietario de una estación de gasolina en su país, conocido del Cirujano, le propuso un trabajo desde Perú a Bélgica, esa ruta era muy codiciada porque da márgenes altos de ganancia. Le dijo al Cirujano que fuera a Lima hablar con su contacto, a pesar de que El Cirujano era muy precavido y desconfiado, accedió a ir a la reunión, viajó con su mujer y su hijo. Llegó en horas de la noche procedente de Venezuela, dejó a su esposa y a su hijo en un hotel 5 estrellas, fue solo en taxi a la reunión, la cita era en un restaurante.

Nunca volvió de esa cita, la mujer angustiada al paso de las horas, como no regresaba, llamó a todos los que pudo, se le ocurrió llamar a Luis Andrés quien de inmediato viajó a Lima ayudar a buscar al Cirujano. Investigando con la empresa de taxis dieron con el restaurante, para fortuna de todos, en frente del restaurante había una estación de gasolina, tenía cámaras de seguridad, una de las cámaras grabó el momento cuando El Cirujano llegó solo, después salió con un grupo de personas. De inmediato fueron a preguntar al restaurante, los meseros y empleados les dijeron que, estando El Cirujano reunido con unas personas, entraron unos policías vestidos de civil, se identificaron y se llevaron al Cirujano. Hasta ahí se sabía de él, con esa información la mujer puso una denuncia ante las autoridades, estaba desaparecido totalmente El Cirujano.

Quiero seguir contando lo que pasó con el Nene y el grupo de Den Haag, pero El Cirujano fue mi tutor, a quien le debo muchos favores, ayudas económicas, gracias a él solo estuve un año preso en Ecuador, pude viajar a Venezuela, arreglarme la mano, volver a Holanda, muchas cosas más que sin su ayuda no hubiera sido posible. Le guardo mucha estimación, un gran recuerdo de agradecimiento a su memoria.

Tiempo después estando de regreso en Colombia me enteré que el ex jefe del Cirujano, con quien compartió muchos trabajos, muchos momentos, por una razón que no puedo decirles, por mi seguridad y la de mi familia, financió toda la trama para hacer llegar al Cirujano a Perú, allá les pagó a unos policías corruptos para que se lo llevaran de la reunión, lo metieran en una bodega.

Cuando escribí a mano este libro, en mi celda en Holanda, relaté exactamente lo que pasó en esa bodega con mi amigo, ahora revisando y pasando en computadora todo el manuscrito antes de dárselo a la editorial para que finalmente lo publique, se los haga llegar a ustedes, quienes lo están leyendo, por respeto a él, su familia, decidí no dar los detalles, fue una manera tan despiadada como su ex jefe termino con su vida, que preferí no contarlo, se los dejo a su imaginación.

Cuando lleguen al capítulo XIV "**el final del Muñeco**" se podrán hacer una idea de cómo fue la "**muerte del Cirujano**".

Estos detalles los sé porque después de esa ejecución ese señor les contó a todos sus amigos, uno de esos **buenos** amigos era nada más ni nada menos que "Bufón", el mismo que años antes le presenté al Cirujano en Caracas, se encargó de regar la noticia a los más posibles, con lujos de detalles.

Parece increíble que alguien, el cual presenté para hacer un simple negocio, termine siendo parte de algo tan maquiavélico, no tengo la certeza ni la seguridad que Bufón fuera parte de ese plan macabro, tampoco del engaño a Roy el holandés, cuando lean todo lo que hizo más adelante, sacaran sus propias conclusiones.

Volvamos a Den Haag, al grupo de rumanos, Nene se devolvió a México a organizar el trabajo, quedé haciendo lo propio con el "Maestro".

No quiero pasar de largo sin decirles lo que años más tarde me contaron de Apache, como pudieron ver, tremendo enredo que hizo con el dinero que le entregó nene, pues se pasó los últimos años de su vida haciendo cosas de ese estilo, únicamente él sabe lo que hizo, hasta que nivel se enredó la vida, una noche llegó a su casa en den Haag, tomo su arma una pistola 9 mm se la colocó en la barbilla y se suicidó, que final tan triste.

Para continuar con la historia de los rumanos, les voy hablar de alguien que conocí, esta vez, un marroquí de nombre "Hasan" quien me ofreció comercializar la droga que mandara el Nene, con los pasajeros del maestro.

Tenía una bodega en Rotterdam repleta de ropa deportiva, zapatos, carteras, muchos productos imitación o réplicas de marcas originales que le llegaban de china. Con ese negocio vivía cómodamente, me dijo que la venta de drogas era un part-time o extra porque con las imitaciones ganaba más que suficiente. Cada uno vive como quiere y de lo que le plazca.

El maestro mandó un pasajero a Cancún para que regresara con droga, prácticamente una prueba, porque no estaba seguro del manejo en México. Le había explicado que las oficinas allá trabajan en llave con la "SSA", pero igual el maestro estaba incrédulo. Pasó una semana, el pasajero estuvo disfrutando del paquete turístico "todo incluido" con que mandaba el maestro a los que querían traer trabajo.

El maestro creció en una zona donde durante muchos años se vivió el comunismo, es bastante estricto y exigente con su gente en los trabajos.

Por fin llegó el gran día, nene supervisó la salida en Cancún, estaba tan seguro del manejo con los de la SSA, que entró a la zona de abordaje a ver de cerca cuando subiera al avión en pasajero. El maestro le dio la orden de que cuando saliera en Ámsterdam, debía esperar que alguien del grupo fuera a recogerlo.

Junto a varios rumanos, estábamos esperando en la parte de afuera en la salida número 4 del aeropuerto Schiphol de Ámsterdam, pero nunca salió. Después de más de una hora de esperar nos cansamos, asumimos que lo habían detenido las autoridades al salir del avión.

Nos regresamos a Den Haag preocupados, pensando que salió mal, el maestro no sabía qué hacer ni cómo proceder, avise a la gente de México, todos quedamos a esperar de alguna noticia o que se reportara el pasajero, explicara lo que pasó. Casi no pude dormir por la presión y llamadas del nene, al día siguiente me volví a reunir con el maestro, me pidió que volviera al aeropuerto a buscar al pasajero, no quería aceptar que lo hubieran detenido.

Como la responsabilidad del trabajo en Ámsterdam era mía, ante la insistencia de todos por escuchar una respuesta, con uno de los rumanos regresamos al aeropuerto. Después que llegamos empecé a caminar por las salidas, al cabo de un rato de revisar, increíblemente encontramos al pasajero sentado en una banca sin comer sin dormir con la maleta a su lado.

Uno de los rumanos le preguntó en su idioma que había pasado, explico que salió, no vio a nadie, se sentó a esperar como le había indicado el maestro. Nos fuimos a Den Haag, increíble, había estado esperando unas 24 horas, que alivio tan grande fue avisar a México que el pasajero y la maleta estaban a salvo, canté corone. Llamé a Hasan para que hiciera la comercialización, pero Armin el holandes-surinam y su cuñado Mohamed, también marroquí, que vive en Londres me ofrecieron mejor precio y pagar en billetes de 500 euros, con esa oferta, decidimos darles a ellos la comercialización.

Con esas ganancias me mudé a un apartaestudio en "The Hague Tower" esta al costado de la estación de trenes Den Haag HS, en el piso 42 está un restaurante que se llama "The Penthouse Sky Bar" ofrece una vista de la ciudad espectacular, fui a cenar un par de veces, lo que más me gustó aparte del paisaje, puedes escoger el menú desde la aplicación de ellos, avisar a qué hora llegas para que tu cena esté lista esperándote, bendita tecnología.

De vez en cuando salía de fiestas con los amigos, una noche arete el dominicano me llevo a un bar en el centro de Den Haag, cerca de la entrada del barrio chino, no recuerdo el nombre, el dueño era de Surinam, pero los clientes casi todos eran latinos, desde dominicanos, colombianos, mexicanos, de todos lados, tomé como nunca, terminé como siempre, ebrio hasta la chancla.

Ese bar cerro temprano, salimos a buscar un after party, encontramos un lugar abierto, para mi infortunio era un bar de antillanos (Antillas holandesas) llamado El Rey en el centro de Den Haag.

Ellos tienen la costumbre que en el bar los hombres están de un lado, de otro las mujeres, al entrar vi a las mujeres solas juntas hablando, en mi estado sin saber las consecuencias me les acerqué.

Que gran error, todos los antillanos se me fueron encima, me rodearon, me asaltaron, como una de las cualidades de algunos de los antillanos que viven en Holanda, es la de robar, conmigo hicieron su agosto, me robaron mi celular, todo mi efectivo, mi pasaporte.

Como pude me salí, me fui a dormir al apartaestudio donde estaba viviendo, a la mañana siguiente todo adolorido fui a una estación de policía, hice el denuncio del robo y perdida de mi pasaporte, los policías, me dieron copia del denuncio, no hicieron nada al respecto.

Como seguimos trabajando durante varios meses no le di importancia a ese robo, volví a comprar otro teléfono móvil y cargaba a todos lados copia del denuncio de la policía, por si me pedían identificación.

# CAPÍTULO XII
# EL DENUNCIO Y LA CÉDULA

Seguimos trabajando con los rumanos, el maestro tenía una persona allá en su país que reclutaba pasajeros, muchos solo hablaban su idioma, eran muy discretos.

En esos días pasaron cosas que le cambiaron la vida a muchas personas, por eso nunca dejó de sorprenderme de las vueltas que da la vida, uno piensa o cree que tiene todo bajo control, vivimos la vida sin pensar en las consecuencias que pueden traer nuestros errores, en el caso específico de Harold, el Caleño amigo del Apache, tenía años viviendo, trabajando en Holanda, en la ciudad de Den Haag.

Me acuerdo tanto de ese suceso porque esa noche me había reunido con él, en la casa de Apache, como es costumbre de muchos hombres en Holanda, salir de la reunión, ir a un coffe shop, fumar hierba, les había contado es legal la marihuana en todo el país, después dar una vuelta por la calle de las vitrinas.

En muchas ciudades de Holanda, como en la zona roja de Ámsterdam, existen vitrinas con chicas que trabajan de prostitutas, oficio que aparte de la marihuana y otras drogas, también es legal en este país. Harold con un amigo salió a dar una vuelta en la calle de las vitrinas en den Haag, se encontró con una de las muchas personas que salen a pedir dinero.

Aunque parezca mentira en Holanda que es un país muy desarrollado, con mucha tecnología, hay gente en estado de pobreza, bastante de esos casos son a consecuencias de crear una adicción al alcohol y las drogas que los lleva a vivir en esa condición.

Un indigente que conocía a Harold, lo abordó para pedirle dinero, pero fue tanta su insistencia, hizo que perdiera la cordura, le propinara una paliza, es de una contextura gruesa, se olvidó de ser tolerante con las personas que viven en situación menos favorecida.

También olvidó que en Holanda en casi todas las calles hay cámaras filmando todo, en especial en las calles de las vitrinas porque ahí se reúnen vendedores de drogas que van de la mano con la prostitución.

Al día siguiente la noticia salió en la televisión nacional, la policía buscaba a Harold por la paliza que le propino al indigente, como las muchas cámaras tomaron desde diferentes ángulos su cara, tenían una descripción exacta de él, por este motivo tuvo que salir huyendo de Holanda, dejar todo lo conseguido durante años.

Aquí vuelvo a repetir, muchas veces en la vida hacemos cosas estúpidas **sin medir las consecuencias**. Tiempo después me enteré que a Harold lo asesinaron en Cali, únicamente él y la persona que lo asesinó saben el porqué, cuando se retiraba donde Apache esa noche, jamás se imaginó, salir a dar una vuelta por la calle de las vitrinas, su final sería terminar muerto en Colombia.

Una de las razones que me motivaron a escribir este libro, para que nos demos cuenta de lo frágil que es la línea que divide, el vivir en paz con una vida **honesta** o caminar por una vía llena de piedras y tropiezos que nos hacen perder la tranquilidad. Si creen que el caso de Harold fue algo extraño, si todo lo que les he contado no los asombra ni sorprende, espero por lo menos, los haga meditar.

¿Se acuerdan de Bufón? ¿mi compañero de colegio en la juventud? Después de que vivió en Cancún, no supe más de él, únicamente cuando necesita de alguien, se comunica, me llegó la noticia que estaba trabajando con el patrón del Cirujano de esa época, recibiendo en la República Dominicana, avionetas con droga provenientes de Venezuela.

Algo no tenían bien organizado, su foto, la de su novia, su cuñado, todo el grupo, aparecieron en google con la noticia que los habían capturado recibiendo una avioneta con 350 kilos de droga. Quien se podía imaginar, las cosas que, hacia ese Bufón, hasta donde llegarían sus locuras, en que líos y enredos más se metería, que aparte de la noticia de su captura en la República Dominicana, también me pasaron el artículo de la noticia que salió en un periódico de Bogotá, donde relata, un empresario se había escapado de sus secuestradores saltando por un tercer piso en un edificio del norte de la ciudad.

Según el relato, al "empresario" lo tenían secuestrado exigiendo una gran cantidad por su libertad, no recuerdo bien los tiempos, no sé si fue primero el secuestro o su captura en la República Dominicana, pero el flamante empresario del que hablan en la noticia del periódico, es nada más ni nada menos que Bufón, le estaba debiendo más de un millón de dólares a una oficina de México, otra más que enredó.

Contrataron una oficina de cobradores en Colombia, lo capturaron, lo metieron en ese apartamento al norte de Bogotá, le exigían el pago de la deuda, al pasar los días, Bufón no tener con qué pagar, de México dieron la orden de asesinarlo, de alguna manera se dio cuenta, como pudo se tiró del balcón del apartamento, se fracturo la tibia y el peroné en una pierna. Cómo resultado los cobradores presos enfrentando una larga sentencia por secuestro, el Bufón libre... ¿libre?

Como obtuvo su libertad es un tema que solo él sabe, porque del arresto de la República Dominicana estuvo menos de un año en la cárcel. Aunque parezca increíble menos de un año en un caso de 350 kilos, nadie tiene una explicación, pero entre cielo y tierra no hay nada oculto. Los que están cerca a Bufón dicen que hizo un trato con la DEA, se volvió informantes de los americanos a cambio de obtener su libertad, pero debía entregar personas y rutas. Estas informaciones son difíciles de confirmar, de saber si son verdad o mentira, pero conociendo la mente tan retorcida y maquiavélica de Bufón, no me extrañaría que fuera verdad.

Cada uno se forja su propio destino, cada uno sabe en lo que se mete, no deja de sorprenderme todas esas historias, son de personas que conocía, terminan con un final que nadie lo espera.

Como el final del Negro, el dueño de la casa big grupo de ciudad de México, después que me fui de su casa no volví a saber de él, hasta que recibí la noticia, saliendo de un palenque de gallos lo asesinaron con un arma automática R-15, querían estar seguros de que muriera, saldrán muchas teorías de la razón de su asesinato.

Había escuchado que se organizó con la cubana que conocimos en el restaurante, tuvieron una hija, después de su muerte, según me contaron La nube se hizo cargo de las dos.

Decirles que los asesinatos y las muertes van de la mano del negocio del narcotráfico es algo que ya en todo el mundo se sabe, como es tan normal, lo aceptamos, lo convertimos en algo sin importancia, volvemos un acto peligroso en algo cotidiano, es como vivir con un cáncer, sabemos que nos puede matar, pero no hacemos nada para detenerlo.

Todas estas historias tienen final, pero casi nunca es un final feliz, la historia mía con los rumanos y el patrocinador del nene en México también tuvo su final.

En uno de los trabajos mandó un hombre y una mujer de pasajeros, también como era su costumbre un supervisor, pero esa ves algo salió mal.

Alguien que estaba en el aeropuerto de Cancún se dio cuenta que los de la "SSA" habían dejado pasar a los rumanos con droga, cuando llegaron al aeropuerto de Ámsterdam los estaban esperando. El informante aviso de 2 rumanos llevando droga, pero no se dio cuenta que la mujer también llevaba una maleta, no la detuvieron.

Después que aterrizó el vuelo, estaba en la salida No 4 del Schiphol, por donde salen los pasajeros provenientes del Caribe y sur américa, noté la presencia de policías encubiertos mezclándose con la gente que estaba esperando, le avisé al maestro, a los rumanos que estaban conmigo, les dije que si en 45 minutos mas no salían los pasajeros, me iba del aeropuerto.

El ambiente estaba súper pesado, se notaba que la policía estaba armando un operativo, pasados los 45 minutos tomé el tren en dirección a Den Haag, fui a buscar al maestro para discutir lo que había pasado.

Nos cansamos de esperar, por el dispositivo que se armó en el aeropuerto, dimos por capturados a los pasajeros.

A la mañana siguiente nos volvimos a reunir, habíamos avisado a México, como en el primer trabajo que hicimos, salió el pasajero, no lo vimos, el maestro insinuó que pudo pasar lo mismo esta vez.

El no estuvo ahí, no vio todo el movimiento de policías de civil y uniformados, hasta perros sacaron, sin embargo, todavía guardaba una esperanza.

Como era el responsable de las cosas, la gente de México confiaba en mí, tenía que estar 100% seguro antes de dar una respuesta definitiva, accedí a complacer al maestro, volví al aeropuerto a dar una última mirada en las puertas de salida.

Increíble ni yo mismo podía creerlo, encontramos la mujer sentada, pálida del susto del hambre, del cansancio, había pasado 24 horas sentada, igual que pasó aquella ves, eso se llama Fidelidad.

La recogimos, nos fuimos a den Haag, nos dijo que a la salida del avión en la puerta estaba la policía esperándolos, la información del soplón no fue completa, solo dijo 2 hombres, dio la descripción del pasajero y el supervisor, pero no dijo nada de ella, por esa explicación asumimos que el informante estaba en el baño de hombres en el momento que el oficial de la SSA les hizo entrega de las maletas con droga, el supervisor entro a recoger la maleta de ella, apenas salió del baño se la entregó en la sala de abordaje.

Al momento de salir del avión, vio cuando detuvieron a los compañeros, sintió escalofrió, casi se desmaya, como nadie la detuvo, tomo fuerzas y siguió caminando.

Paso inmigración y aduana, salió sin problemas, al no ver a nadie conocido, buscó una silla un poco retirada, se sentó a esperar.

Qué cosas tiene la vida, esa espera duró 24 horas, también vio todo el operativo de la policía, le pasaban enfrente, pero ninguno le dijo nada. Qué alivio por lo menos se salvó la mitad del trabajo.

Las autoridades de Holanda avisaron a las de México de esa captura por eso decidimos parar el trabajo, cerrar el capítulo de los rumanos, se calentaron.

Cancún también estaba caliente, por causa de esos detenidos en Holanda, hicieron rotación del personal de la "SSA", decidí irme a Colombia con lo poco que había ahorrado.

¿Cómo me iba a ir, si los antillanos hacía meses, me habían robado el pasaporte?

Una persona normal va a su consulado, solicita un salvo conducto de viaje, valido por un trayecto de regreso al país, bien lo dije, una persona normal.

Que normal voy a ser, me he pasado desde la juventud hasta la madurez haciendo puras pendejadas y tonterías.

Se me ocurrió otra de mis insospechadas y brillantes ideas, tomé mi maleta mi cédula de identidad, el denuncio de la pérdida del pasaporte.

Me fui al aeropuerto de Ámsterdam, me presenté en la ventanilla de migración, al oficial de turno le dije: buenos días señor, vengo a entregarme, estoy ilegal no tengo pasaporte ¿usted me puede deportar a mi país?

Levante mis manos, las puse juntas para que me colocara las esposas, me llevara detenido, empezara el proceso de deportación.

Para mi sorpresa me dijo: ¿qué te paso? Perdí mi pasaporte y quiero regresarme a mi país, solo tengo este denuncio de la perdida, se lo mostré, después de leerlo me pregunto: ¿tienes alguna identificación de tu país? Sí señor, le pase mi cédula de identidad ¿tienes dinero para tu boleto? me pregunto, si señor tengo suficiente, pues ves a la ventanilla de la aerolínea KLM compra tu boleto, que tengas buen viaje. Todavía sin entender le pregunte: ¿allá si me venderán el TKT? Claro que sí, diles que yo te mande.

Al principio pensé que era un chiste y se burlaba de mí, pero al ver su cara de seriedad, decidí hacer lo que me dijo. Como el mostrador de KLM estaba casi enfrente de la ventanilla de migración, cruce rápido, tomé un turno, hice la fila. Al llegar mi turno le dije a la señorita que me atendió. ¿Me vendes un boleto para Bogotá-Colombia en el próximo vuelo que sale en 3 horas? Puse en el mostrador "El denuncio y la cédula".

La funcionaria de la aerolínea con cara de asombro tomo el denuncio, lo leyó, cuando terminó con tono entre burla y sarcasmo me dijo: señor este papel no le sirve para viajar, usted tiene que traer un salvo conducto de viaje de su consulado. ¿Usted ve al señor que esta allá en aquella ventanilla? Con el dedo le apunte hacia el oficial de migración, pues ese dijo que **SI** podía. Ella con un gesto de curiosidad, levanto el teléfono, marco el numero interno de migración, empezó a hablar, como era en holandés, no entendía nada. Al cabo de unos 5 minutos colgó el teléfono, me dijo: espere un momento, en su computadora buscó el vuelo de Bogotá, me dijo: son 950 euros, un trayecto Ámsterdam-París-Bogotá, saqué el dinero, le pagué, registre mi equipaje, me dio 2 pases de abordar, uno Ámsterdam-París otro París-Bogotá, muchas gracias le dije, camine en dirección a la puerta de salida.

En el control de seguridad, mostré el pase de abordar y mi cédula, ni yo mismo lo podía creer, me dejaron pasar como si fuera un vuelo nacional en Colombia. Entré y me dirigí a la sala de espera, caminaba contento y orgulloso, sentía que una simple cédula colombiana tenía peso en Holanda, por fin pude descargar un poco el lastre de que lo miren a uno mal por ser colombiano.

Abordé sin problemas, en una hora y algo llegamos a París, busqué la sala de tránsito a Bogotá, antes tenía que hacer el trámite de migración y sellar la salida de Europa, como ya tantas veces antes lo hice.

¿Sellar? ¿Dónde voy a sellar si no tenía pasaporte?

Igual hice la cola en la ventanilla de migración, al llegar mi turno con orgullo le coloqué el pase de abordar París-Bogotá y la cédula, enfrente del oficial francés de migración. Sorprendido como mirando un bicho raro me pregunto: *¿qu 'est ce que cést?*

Le dije en inglés: **sorry i do not speak french**, me repitió en inglés ¿esto qué es? Le dije, lo que ve, el denuncio de la perdida de mi pasaporte, tomó mi cédula y la miró.

Señor solo los ciudadanos europeos pueden usar un ID para viajar, usted es colombiano, no le sirve, tengo más de 20 años trabajando en migración, jamás he visto a un suramericano viajar con solo el ID a su país, me dijo esto casi muerto de la risa.

Pues siempre hay una primera vez le dije, en Ámsterdam los oficiales de migración y los de la aerolínea KLM me autorizaron, me dejaron viajar, le mostré el resto del pase de abordar de Ámsterdam-París, vivo en mi país, no tengo donde quedarme ni más dinero para hotel. Ni loco le iba a decir que llevaba mis ahorros encima. Si usted no me deja pasar, entonces hágase cargo de mí, de mis gastos, busque la forma de como mandarme a Colombia.

Espere un momento me dijo, salió de la casilla de migración, a los pocos minutos regresó y me dijo: acompáñeme, me llevo a la oficina de la aerolínea Air France, en esa aerolínea era el trayecto hasta Bogotá. Ahí me atendió la gerente, quien muy amablemente me dijo: señor este caso suyo nunca antes se había presentado, permítame y hago una llamada. Tomó el teléfono, llamo al aeropuerto de Ámsterdam a KLM, esta vez la conversación fue en inglés, pude entender todo.

La funcionaria de KLM, le explicó a la de Francia: el señor está pagando su boleto, tiene un ID de Colombia y va destino a Colombia, por esta razón migración aquí autorizó su salida, después de oír esta explicación, colgó el teléfono, le dijo al de migración, me hago cargo muchas gracias. El hombre todavía sorprendido hizo un gesto con sus hombros se fue, me dejó con la gerente de la aerolínea. Ella muy gentilmente me acompaño adentro de la zona de salidas, me mostró la sala de espera del vuelo a Bogotá, que tenga un bonito vuelo, me dijo, dio media vuelta, se fue. Llegué a la sala, me senté a esperar el momento de entrar, cuando llegó el abordaje hice la fila, al llegar mi turno, me atendió un funcionario que me habló en español, por el acento me di cuenta que era colombiano. Le di el pase de abordar y mi cédula, miro la cédula me mira a la cara... santo Dios... otra vez esa cara de asombro e incredulidad. ¿Y su pasaporte? Me pregunta. Se me perdió le dije, aquí tengo el denuncio de la perdida. Me dijo, lo siento mucho, pero necesitas un salvo conducto del consulado, con la cédula no te puedo dejar pasar.

Al oír esas palabras, toda mi paciencia y mi tranquilidad llegaron a su límite, a pesar que, a esas alturas de mi vida, conocía muchos países, debería comportarme como alguien de pensamiento internacional, en ese momento se me salió el barranquillero **"arrebatao"** que el difunto "Joe" describió en una de sus canciones, le dije: "**Nojoda**", pero tu si tienes huevo eche, me dejó pasar la policía de migración de Holanda, la aerolínea KLM de allá, la migración aquí en París, la gerente de esta aerolínea que es tu jefa, ¿tú que eres paisano mío me vas a poner problema? "Comete una mondá y has lo que quieras" le arrebaté mi cédula, le metí un empujón, seguí caminando adentro del avión, tenía tanta rabia que ni volteé a ver su reacción. Busqué mi asiento, a seguir mi viaje.

Después de más de 10 horas de vuelo por fin llegue a Bogotá, otra vez la fila de inmigración. Dios mío Santo Padre Celestial ¿ahora qué me dirán aquí? ya estaba en mi país, estaba más calmado. Cuando llegó mi turno, mostré nuevamente "**El denuncio y la cédula**", vuelve nuevamente aparecer esa cara de asombro, el funcionario me pregunta: ¿y su pasaporte?

Inhalé una fuerte bocanada de aire... cálmate me dije yo mismo, tratando de hacer mi mejor cara de paciencia le dije: señor se me perdió en Holanda, este es el denuncio de la perdida y vengo de bien lejos, esta es mi cédula.

Permítame un momento que soy nuevo me dijo, voy a llamar a mi supervisor porque todavía no he recibido a nadie del extranjero con solo un denuncio y la cédula.

Salió de la casilla y fue a buscar al jefe, a los 5 minutos llegó con un señor que en tono amable me pregunto: buenas tardes ¿qué le paso caballero? Se me perdió el pasaporte en Holanda, ok tranquilo, se metió en el sistema, tomó mi cédula, al escribir el numero salieron todos, mis datos... bienvenido a Colombia me dijo, siga adelante... uuufffff... que alivio, otra pesadilla superada, por fin esta había terminado.

# CAPÍTULO XIII
# EL ROBO DEL SIGLO

Estuve unos días en Bogotá, después seguí a Barranquilla, allá me encontré con un amigo que conocía desde la niñez, a pesar que tenía malas experiencias con mis amigos de la juventud, este caso es diferente. Jhon es su nombre, él y su familia siempre han estado en la política, me presento un señor del interior del país, me dijo que éste lo había apoyado en su campaña política a la asamblea. Carlos se llama el amigo de Jhon, me dijo que vivía en Panamá, ahora estaba de vacaciones donde su suegra, que vive al norte de la ciudad.

Me hablo de muchos proyectos y propuestas, pero solo quedamos en reuniones, se movía en una camioneta BMW X5 y una Ford nueva del año, tratando de impresionar económicamente.

Con tantas cosas que ya me han pasado en este momento de mi vida solo creo en **DIOS.** Después de ofrecerme el cielo y la tierra de proponer, planificar cosas futuras, proyectos salidos de su imaginación, el famoso Carlos se regresó a Panamá. Me dejó todos sus números de contacto para ver que podíamos hacer.

A pesar de que Jhon nos había presentado, el siguió con su agenda política, que no tiene nada que ver con los negocios y planes del dichoso Carlos. En esos días un amigo que vive en Cartagena, se mueve mucho en los negocios en Panamá, de nombre BENITO, me avisó que una oficina amigos de él, trabajan desde el pacifico colombiano, habían entrado a Panamá con bastante droga, le dieron la oportunidad de vender.

Aunque no conozco ni tengo clientes para ese tipo de negocios en Panamá, por coincidencia o casualidad, como quieran llamarlo, porque este acontecimiento, que pasa en un momento determinado, que tiene un mal final, no sé cómo llamarlo, creo que simplemente es MALA SUERTE.

Carlos el famoso empresario conocido a través de Jhon, me contactó, me preguntó si conocía alguien que tuviera trabajo, mercaduría, cosas, material.

La infinidad de Sinónimos que usamos para preguntar por DROGA, todas las autoridades se saben, es muy grande, pero al final es lo mismo. Carlos tenía un proyecto y necesitaba comprar Droga, Benito buscaba a quien venderle la de sus amigos.

Estaba en Barranquilla, no podía ni quería ir a Panamá, para participar en esa transacción, simplemente los conecté a los dos, les pasé los números de cada uno. Ni siquiera le avise a Jhon, porque sé que a él no le interesan ese tipo de negocios, su vida gira alrededor de la política y sus actividades.

Sabía, que si de esa negociación entre Carlos y Benito, tenía un final feliz, obviamente entre todos, teníamos que hacer un aporte económico a la campaña de Jhon.

Cuando se habían contactado, reunido y conocido, me llamó Benito, me dice que Carlos necesita 100 kilos de droga, los podía conseguir, me pregunta si conozco bien a Carlos. Como en todos los negocios, sean legales o ilegales, hay que dejar bien claro todos los puntos.

Le dije a Benito, a Carlos lo vi unas cuantas veces en Barranquilla, inclusive me citó una vez en el edificio donde vive su suegra, pero me atendió abajo en la entrada, nunca me invitó a subir, ni siquiera me dijo cuál era el número del apartamento de su suegra. Por esta razón, cualquier tipo de negocio que vayan hacer, tienes que seguir todas las estrictas normas de seguridad que todos sabemos, en especial Benito, que en palabras corrientes y términos "Costeños", es un "Gallo Jugao".

Benito se reunió nuevamente con Carlos, le dijo que podía hacer el negocio, pero de poco en poco, por seguridad. El día de la transacción me llamó Benito, me dice que Carlos le llevó un carro con "Caleta" o "Clavo", (compartimiento secreto) para mover la droga.

Quería llevársela, revisarla, después regresar con el dinero, me preguntó si se la podía soltar(entregar). Lo primero que le dije a Benito fue: Miré compa si usted hace eso, esta Robado. ¿Quién Rayos hace eso o trabaja así, por primera vez, sin conocerse? ¿Estás loco? Ni se te ocurra hacer eso. Benito me dijo: "El Man" se ve bien, se mueve en buen carro, habla con propiedad.

Lamentablemente en ese momento de mi vida, no había escrito este libro, para poder decirle, explicarle a Benito, leyera el capítulo de "Moncho", del peruano ladrón amigo de Camilo, todas mis anécdotas de robos y mentiras.

Simplemente le dije a Benito, acuérdate que el ladrón profesional, lo primero que hace es crear una falsa ilusión para impresionar y preparar el robo. Benito es bien cabeza dura, en su desesperado por ganar dinero.

Un momento ¿dije? ¿En su desespero por ganar dinero? ¿no estaba hablando de mí mismo?

El propósito de la narración de mis historias, mis vivencias, es para que le sirvan a mucha gente, tengan la oportunidad de aprender, recapacitar y no cometer errores, que solo tienen un mal final. Por ese desespero, esa necesidad, esa urgencia de ganar dinero, que puede ser legal o ilegal, si nos dejamos llevar por ese impulso, el final es el mismo. Nos roban, nos metemos en un lío más grande que cuando empezamos.

Carlos lo convenció que le entregara de 10 en 10, le dijo que a medida que le fuera pagando, le fuera entregando más hasta completar los 100. Benito me dijo: primo siento buena energía, buena vibra con este "man", le voy a soltar los 10 primeros.

Mi respuesta fue tajante, directa, precisa y concisa: "Si se los sueltas estas robado" si te roba, no quiero que me reclames ni me digas nada, te estoy diciendo en palabras exactas, No le entregues que esa es la típica táctica de los ladrones. Yo me pregunto, ¿Por qué los seres humanos somos así? Más exactamente los que tenemos algún tipo de relación con esta "**equivocada profesión**". Nos están advirtiendo, nos lo están diciendo, nos lo están explicando y hacemos "TODO" lo contrario.

Benito a pesar de todo lo que le dije, le recibió el carro con "caleta" le metió los 10 kilos en el compartimiento secreto, devolvió el carro a Carlos.

Le dijo a Benito: compa deme máximo 1 horas para revisar y traerte el dinero. Como pasa siempre en estos casos, después de esperar: 2, 3, 4, 5; a las 6 horas me llama Benito, me dice: compa creo que me robo ese Carlos.

¿Te lo dije o NO te lo dije? Nojoda sí, la embarré dijo Benito, lo peor es que los dueños de esa droga tienen mucho más, por culpa de este ladrón me van a cerrar las puertas, me dejan sin más trabajo y con esta deuda.

Cada kilo de droga en esa época en Panamá costaba 5 mil dólares, los 10 a 5 mil son 50 mil dólares, en Colombia y cualquier parte del mundo 50 mil dólares es bastante dinero, a la persona que sea le pueden cambiar la vida.

Para resumirles como terminó ese episodio, aunque no tenía responsabilidad por hacer Benito lo contrario a mi advertencia, me preguntó dónde conocí a Carlos. Le explique qué mi amigo Jhon me lo presentó, pero sin ninguna responsabilidad, no tenía ningún tipo de conocimiento de ese negocio.

Desde el principio lo desligue de cualquier tipo de responsabilidad, pero Benito como estaba presionado por los dueños de la droga, busco un cobrador y localizo a Jhon. La consecuencia fue que mi relación con Jhon y su familia, que es una amistad de aproximadamente 35 años, se viera afectada por ese suceso.

Se lo dije a Benito, se lo repetí muchas veces, ni Jhon ni su familia tienen nada que ver con Carlos y sus fechorías. El que haya conocido a Carlos a través de él, no lo hace responsable. Si obligaran hacernos responsables por los actos, errores que cometen, hacen la gente que conocemos, presentamos, nuestra vida sería un infierno.

Benito no resulto ningún "gallo Jugao" ni la buena vibra ni la energía que sintió, ni nada de los parámetros que uso, le sirvió, terminó como decimos en la costa "TUMBAO" y no es el tumbao que le ponía la difunta Celia a sus canciones.

A estas alturas de mi vida que mi SEÑOR, renovó mi corazón, mi forma de pensar, me gustaría buscar a jhon, restablecer mi amistad con toda su familia.

Desde su mamá que es una gran señora, todos sus hermanos, a través de estos 35 años, han sido muy amables, me han brindado su amistad desinteresadamente.

Retornando a mis historias...

Después de este suceso, me encontré al ratón en Barranquilla, dijo que tenía un buen proyecto desde Panamá, financiado por un marroquí muy famoso de Holanda.

Famoso porque había iniciado una guerra personal, contra otro grupo de marroquís, se disputaban el control de los puertos de Holanda y Bélgica, no crean que solo en Colombia y México pasan estas cosas, se inician estas guerras, este flagelo es mundial. En esa época quien manejaba, controlaba esos puertos eran los marroquís, éste era uno de ellos, Abraham es su nombre, tenía control total en el puerto de Rotterdam, pero necesitaba la salida en el puerto de Panamá.

Para esto me buscó el ratón, sabía bien que mi fuerte es buscar, hacer la logística de los trabajos. Se me ocurrió buscar a Benito, para que se recuperara de la perdida, él tiene los contactos, la gente para eso, aparte que es de mi entera confianza, aunque no escuche mis consejos. Estaría a cargo en Panamá, Abraham organizaba en el puerto de Rotterdam, con su gente, a pesar de mi incredulidad, confiaba lo suficiente en Benito, sabía que no se deja enredar ni se presta para sinvergüencerías.

Ratón me había dado las referencias de su amigo Abraham y del nivel en que se movía en Holanda, eso me dio un poco de tranquilidad. Acordamos que el ratón y yo nos subíamos a Holanda, él había ido a la reunión de Panamá y coordinó todo, para que Abraham y Benito quedaran ultimando los detalles.

Viaje desde Bogotá, ratón desde Panamá, nos reunimos en Ámsterdam, fuimos juntos varias veces a Rotterdam a reunirnos con el sobrino de Abraham quien estaba a cargo de recibir y sacar el trabajo del puerto.

Estuve haciendo mi vida rutinaria cuando estoy en Holanda, ver televisión, solo salir a comprar comida, no me gusta mucho el frío invernal de este país, solo quedaba esperar las fechas para trabajar.

Por fin llegó el momento de trabajar, Benito era el encargado de entrar al puerto junto con un supervisor de Abraham para que fuera testigo que si habían metido y montado las cosas.

Era 50/50 entre la gente de Benito y Abraham, ganaría la comisión por conseguir la logística. El trabajo era en la modalidad de preñado, que significa, escoger un contenedor que va con destino final el puerto de Rotterdam, sin conocimiento de los dueños de la carga, se mete la droga en sacos detrás de la puerta.

Los supervisores revisan que se metan las **cosas**, se cierre el contenedor, se le coloquen los candados, los sellos de seguridad y anotar la numeración de los sellos.

Al llegar a Rotterdam tienen que coincidir los sellos para tener la seguridad que no fueron adulterados.

Todo salió como lo acordado, ahora a esperar los 15 días que demora el viaje del barco desde Panamá a Rotterdam.

Pasado ese tiempo nos avisaron que llegó el barco, estaban descargando los contenedores, el ratón consiguió un amigo holandés que entrara de supervisor, estuviera presente al momento que la gente de Abraham abriera el contenedor, no puede entrar un latino que no hable el idioma, aparte del idioma tiene que lucir como un empleado, la gente que tiene el control, le hacen documentos para esa ocasión.

Nos quedamos en el apartaestudio donde vivía en den Haag, the Hague tower. Después de varias horas de espera por fin se comunica el supervisor del ratón, le dice que nos reunamos urgente, era bien entrada la noche. Cuando te dan una respuesta que no es la que esperas, sabes que algo no esta bien.

Fuimos hasta Rotterdam que está a 25 minutos en carro, nos reunimos en un Nigth shop, el supervisor nos da la mala noticia que no había nada, que las cosas no llegaron.

¿Santo Jesús que problema tan grande, hasta cuando me voy a meter en tantos líos? ¿ya no eran suficientes todos los anteriores? ¿Qué es lo que está pasando con mi vida? No daba ni un golpe de karate.

En Panamá habían revisado, mirado y vigilado, en Rotterdam lo mismo, no se podían desaparecer ni evaporar las cosas...que lío

Benito y Abraham estaban molestos, decepcionados, aburridos, en Holanda nosotros peores.

Estaba sin dinero viviendo prácticamente de la ayuda del ratón ¿qué rayos pasa que ningún trabajo me salía bien? ¿Será que mi difunto amigo El Cirujano tenía razón? ¿Debía de una vez por todas retirarme de esto?

Como no podíamos saber quién se robó las cosas, la gente de Benito y Abraham tuvieron que asumir la perdida, dar todo por terminado.

Ahora a buscar que hacer, como ganar dinero, regresar al punto de salida nuevamente, sin dinero.

En esos días, como muchos, seguimos en la gran búsqueda del tesoro perdido, el ratón recibió a un señor que venía de Colombia a buscar una recibida, por lo que pasó, no se podía ni hablar con la gente de Abraham, casualmente Hassan el que vendía ropa de imitaciones me había comentado que tenía un buen contacto en el puerto de Rotterdam.

No debería creer nada, pero por la situación económica me obligaba a seguir nadando en esa corriente de sueños, decidí presentar a Hassan con el ratón.

Una de las habilidades que desarrollamos en esta profesión, mantener la concentración en diferentes proyectos, recién fracasó el de Panamá, ratón consigue una oficina de Colombia para iniciar sabe Dios qué clase de invento, todavía tengo tiempo para hacer caso a los mensajes urgentes que manda el Muñeco.

No debería hacerle caso, por alguna razón consigue llamar mi atención, me dijo, esta vez era una historia diferente, le habían preguntado si tenía alguien conocido en Ámsterdam para comercializar un trabajo que había llegado de Colombia.

Se acordó de mí, sabía que me muevo bien en Holanda, eran más de 200 kilos de droga, estaban en manos de unos colombianos, cualquier incauto se deslumbra ante esa magnífica oportunidad.

Mientras Hassan organiza la reunión con su amigo del puerto, me trasladé hasta Ámsterdam para hablar con el ratón de la mercancía de los paisanos, me acerqué hasta su casa para poder hablar tranquilos, la respuesta ante la oportunidad del Muñeco: a pesar de ser colombiano, no le gustaba esos negocios de compra y venta con paisanos, había tenido muy malas experiencias, mejor que nos enfocáramos en el trabajo de su amigo recién llegado con la gente de hassan.

Me quedé hasta entrada la noche, la esposa del ratón hizo comida colombiana de cena, lo que extraña uno la comida de su país en esas tierras lejanas, como voy a dejar pasar esta oportunidad, estilo casero.

Después de conversar y comer, como a las 1:30 am le pedí al ratón que me llevara en su carro hasta la estación central de Ámsterdam, los trenes a den Haag pasan las 24 horas, era hora de regresar.

Al salir de su casa en la esquina el ratón dio un giro en U, de la nada salió un policía en bicicleta, le hizo señas para que se detuviera.

Sorprendidos por la hora, por ser una zona bien retirada en las afueras de Ámsterdam, nos detuvimos, el policía le pidió la licencia de conducir al ratón, él pregunto: ¿qué infracción cometí? No contestó, la tomó se puso delante del carro a radiar la información.

Después de unos minutos se acercó de mi lado, bajé el vidrio, el policía me hablo en holandés, lo siento yo no hablo holandés, le dije en inglés: permíteme una identificación me dijo ahora si hablándome en inglés.

¿Pero qué es lo que pasa? ¿Porque quiere ver su identificación? Volvió a repetirle el ratón al policía, ¿qué infracción cometí? El policía en tono enojado le contesto con voz fuerte: yo soy policía, hago esto, porque puedo.

El ratón asombrado me dijo en español; dale el pasaporte, se lo entregué, el policía volvió al frente del carro alumbrase para poder leer bien, volvió hablar algo por radio revisando mi pasaporte, imagino fue suministrando mis datos, después de varios minutos, regresó del lado del ratón le devolvió la licencia, mí el pasaporte, dijo: ya se pueden ir. Todavía asombrados seguimos el camino hasta que me dejó en la estación de trenes.

Llegué hasta el apartaestudio, conseguí dormir unas cuantas horas para coincidir con el horario de sur américa, por fin hablé con el Muñeco, me paso un número de teléfono de los colombianos que tenían el trabajo, ratón no quería saber nada de este negocio busqué a Armin el pasajero holandés-Surinam, que había salido de la cárcel después de pasar varios años, tenía clientes para esas cantidades, cuando recién sales de la prisión, la gran mayoría de personas, trae cualquier cantidad de números telefónicos de potenciales contactos.

Antes de llamar a los paisanos del trabajo, hassan me aviso que estaba lista la reunión con ratón, para conocer al representante que llegó de Colombia.

Nadie sabía dónde iba a ser la reunión, hasta el último momento ratón nos avisó donde era, cuando llegamos, todos estaban presentes, decidimos caminar, porque a hassan no le gustó el lugar de la reunión, no se sentía cómodo estar sentado, era un centro comercial abierto en Ámsterdam.

Teníamos aproximadamente 5 minutos caminando, noté que nos observaban, me di cuenta que mucha gente que se hacía pasar por transeúntes normales eran policías encubiertos. Después Tantos años en esta **equivocada profesión** salió a relucir como antes les hablé, había desarrollado un sexto sentido para descubrir a los policías que intentan pasar desapercibidos en ropa de civil, tantas veces tantos líos y problemas, para algo tenían que servir, aprendí a diferenciar los estilos, estos son diferentes a los de Perú, más discretos, profesionales, pero igual, se reconocen a distancia.

Les avisé a todos en especial al ratón, se burló de mí, me dijo en una de sus tantas frases costeñas: "Eche deja la paranoia que nadie sabía de esta reunión". Terminamos de hablar, cada uno salió por su lado.

Llegó el momento de conocer tan atractiva oferta, en la mañana siguiente, llamé al número que me dio el Muñeco, la persona que contestó, le dije: del "pueblo" me habían dado su número para arreglar una "fiesta", donde nos podíamos reunir para arreglar los detalles.

Las absurdas palabras claves que se dicen en medio de una llamada de este tipo, piensan que nadie sabe la traducción, se sorprenderían al conocer el diccionario que han creado las autoridades para descodificar todas las bobadas que hablamos, me dio una dirección en la zona de **Jordaan** en el centro de Ámsterdam. Al principio me pareció un poco extraño porque era muy cerca de la estación central de trenes, pensándolo bien me dije, entre tantos turistas pasamos desapercibidos.

Armin me dijo que fuera con Dick, el Surinam de la época del Negro, todavía trabajaban juntos, era bueno para revisar la calidad de las drogas.

Acordamos vernos en una cafetería, después de presentarnos y conocer a los paisanos, por el acento, entendí, es del interior del país, me preguntó si tenía cliente o era el comprador, le dije: sea quien sea, necesito revisar las cosas para saber si son reales,

Tomó su teléfono celular, hizo una llamada: señor aquí estoy con un paisano que le dicen "**La Fruta**", ¿usted autoriza que lo lleve a la casa? Preguntó.... ok señor, contesto y colgó.

Paisano usted está bien recomendado me dijo, me autorizaron que lo llevara a la casa. Caminamos por la calle **haarlemmerdijk** llegamos, entramos, nos atendió otro colombiano, este acento costeño, me dijo que era de Cartagena, siéntate paisano ya le traigo las cosas.

Nos sentamos a esperar, subió al segundo piso de la casa a los pocos minutos regresó con una maleta tipo tula, la colocó en el piso, abrió, había

40 kilos de droga: revise pues parcero me dijo, sacamos 7 kilos al azar, los revisamos, de los 7 a 3 le hicimos la prueba de cocinar un gramo para saber el grado de pureza, al cabo de un rato nos convencimos de que era droga de la mejor calidad.

¿Ya vio parcero? Ahora busque el dinero me dijo el hombre, listo no te preocupes, la próxima vez que venga, es con dinero le dije, salimos de la casa súper entusiasmados. No podíamos creerlo, que bien caía ese trabajo era fin de año, necesitaba urgente hacer algún negocio que diera ganancia, estaba cansado de tantas decepciones, parecía que por fin iba a cambiar mi mala racha, la calidad de ese producto era un billete de lotería.

Nos reunimos con Armin y su amigo Macambo, así les dicen a los holandeses nativos, ese particular nombre, creo tiene origen en Venezuela muchos años atrás en la historia, aunque Wikipedia dice que Macambo es un árbol originario de Perú, les dejo la interrogante.

Este era quien tenía directo al comprador, hizo la cita cerca de la casa donde estaban los colombianos. Cuando llegó nos reunimos con el paisano vendedor, le explicó al cliente del Macambo, resulto era alemán, aquí a la mano tengo 40 kilos, pero en la bodega tengo 200 que están recién llegados de Colombia, Fruta revisó la calidad.

El alemán que hablaba mal ingles dijo: tengo el dinero, quien tiene que revisar, es mi gente, bueno vamos con tu revisor le dije al alemán, pero el colombiano enseguida me dijo: Parce usted fue a la casa, los vecinos, lo vieron entrar, no me la caliente, deje que el señor entre conmigo y su probador.

Uy compa le dije: no le puedo soltar al señor, acuérdese que este trabajo lo conseguí, los dejo solos me brincan.

Nooooo paisano como se le ocurre me dijo, usted está tratando con gente seria, nosotros somos muy respetuosos, le pregunte a Armin. ¿Qué hacemos? ¿Tu confías en el alemán?

El mismo alemán respondió: Tranquilo amigo aquí lo que se quiere es que salgan bien las cosas y cada uno se gane lo suyo.

Cuidado se cambian números o se van detrás de mí que así salen las cosas mal, les **advertí.** La naturaleza humana es especial, mientras más le digan no lo hagas, es como decirles, corran a hacerlo.

No se preocupe paisano dijo el colombiano, se fue a revisar. Al cabo de una hora regresaron, el alemán no cabía de la felicidad.

Bueno señores ya está bueno de hablar y mostrar, es hora que traigan dinero si de verdad van a comprar.

El alemán dijo: amigo ahora mismo tengo en mi casa 500 mil euros, deme lo que alcance con eso, que mañana a primera hora le traigo el completo para los 40, aparte le abono 300 mil para que no venda los otros 200 los quiero todos, deme una hora y traigo el dinero.

Listo quedamos así, dijo el parcero, vamos al restaurante de la vuelta a esperar, aquí llevamos mucho tiempo, nos calentamos.

Me fui a un restaurante bar con el Macambo, también uno de los colombianos, a esperar la hora, pedimos unas cervezas, paso media hora, una hora, nada, 2 horas, nada, no se necesita ser experto, ni sabio ni brujo, para saber, cuando te dan un plazo, no se cumple, algo no esta bien.

El Macambo le pregunto vía mensaje de texto al alemán ¿qué estaba pasando? ¿Cuánto tiempo más?

Tranquilo ya voy le contestaba, hasta que por fin después de 4 horas el colombiano dijo: compa todo listo

¿Cómo que todo listo? Le dije ¿vamos a ver qué paso? Salimos caminando dirección a la casa, en la misma calle haarlemmerdijk cuando llegamos a un coffe shop que estaba al costado, encontré Armin y su cuñado marroquí Mohamed les pregunte: ¿qué paso? ¿Dónde está el alemán? ¿Dónde están los colombianos?

Todos en tono de burla, hasta el mismo Dick riéndose me dijeron: ya se hizo el negocio ja ja ja ja.

Bien molesto les dije: ¿cuál negocio? no estuve presente no vi mi comisión, así no se trabaja, lo primero que les dije, que no se cambiaran números de teléfonos, fue lo primero que hicieron, se fueron por espaldas mía hicieron negocio y me dejaron por fuera.

Todavía en tono de burla me dijeron: busca a tus colombianos, pídeles tu comisión ellos la tienen ja ja ja.

Cuando llamé al número de los colombianos estaba apagado, cuando le fui a escribir al Black Berry me habían borrado de sus contactos. Que mierda dije: me volvieron a brincar y dejar por fuera que gente tan sucia.

No había pasado una hora todavía, estaba parado en la calle, seguía discutiendo con el grupo de Armin, Mohamed, Dick y el Macambo, cuando apareció el alemán en un auto con otros alemanes, se bajaron me agarraron casi a la fuerza me subieron al auto, salimos a toda velocidad.

Sin entender le pregunte: ¿dónde están los colombianos? ¿dónde está mi comisión? No respondieron, al llegar a un apartamento en las afueras de Ámsterdam me subieron, me dijo el alemán: "tus malditos colombianos me robaron" entre varios empezaron a darme golpes. Como pude me cubrí, me dieron una paliza entre varios alemanes, hasta el Macambo que había llegado al apartamento, a pesar que me conocía de antes a través de Armin, me golpeó en el ojo izquierdo, hasta la fecha que ya han pasado muchos años tengo una mancha de sangre recuerdo de él.

¿Qué carajos les pasa? Les pregunte ¿qué fue lo que hicieron? Casi gritando me dice: Tus malditos colombianos me dieron 17 kilos de tiza, un polvo que no es nada; le dije al alemán, la culpa es tuya, por haberte cambiado numero con los colombianos, llegué a esa gente a través de un amigo en Colombia me pasó su número, no sé quiénes son ni los conozco, hiciste mal, no siguieron el protocolo de seguridad que obligatoriamente se debe hacer, no hiciste bien las cosas ahora mira el resultado; con más rabia volvió a golpearme.

Era de suponer, explicas, dices, repites, que no hagan, lo hicieron, el colombiano cuando estaba solo con el alemán le preguntó a como le estaba vendiendo, después de saber, le dijo que se la daba a mejor precio. Tú tienes el dinero, nosotros la droga, dejemos por fuera a la **Fruta**. La típica que hacen los torcidos y tramposos, se cambiaron números de teléfono, el alemán fue a buscar los 500 mil euros.

El paisano "**lo trabajó de calle**", como decimos en Colombia, le ofreció precio directo de propietario, deslumbrado por la calidad, se torció, buscó el dinero y regresó solo a la casa. Los colombianos le sacaron otra vez la misma maleta tipo tula con los 40 kilos, le dijeron, agarre 17 que es lo que te alcanza con 500 mil euros.

El alemán feliz porque estaba directo con una conexión de Colombia, sacó sus 17 kilos sin revisarlos, entregó el dinero, se fue corriendo a su apartamento.

Estos ladrones profesionales tenían 40 kilos buenos y 40 kilos falsos, con el mismo sello de los buenos, la misma envoltura, la misma maleta, les hicieron el **cambiazo** a los súper inteligentes alemanes.

Les dije: vea en Colombia eso se llama "**El paquete chileno**", eso te pasó por torcido. Más rabia le daba al alemán, no me interesa, tú me pagas el dinero o busca a tus colombianos yo les cobro.

¿Dónde los voy a buscar si solo los vi en esa casa? Vamos allá, no hay nada ya fuimos me dijo.

Llamé al Muñeco a Colombia, me dijo que él tampoco los conocía que ese negocio se lo paso un amigo. Que bendito problema...hasta cuando DIOS mío...

El alemán me tuvo retenido en contra de mi voluntad, prácticamente estaba secuestrado por dos días, cuando se dio cuenta que no tenía contacto con los ladrones le dijo Armin: llévatelo, tú me respondes por mi dinero, sino paga la Fruta me pagas tú.

Su cuñado Mohamed me llevó a su casa en Rotterdam, allá me tuvieron secuestrado con la misma ropa por 5 días más, sin saber qué hacer. Al 5to día llegó el alemán en su automóvil, me montaron, estaba el alemán, un chofer adelante, detrás estaba Armin, el Macambo conmigo, el alemán sacó una pistola, creo 9 mm, me apunto: me vas a pagar mi dinero o te mato me dijo.

Después de tantas cosas, tantas vivencias pasadas en mi vida, un alemán que piensa que es traficante y realmente es un perfecto idiota, si estuviera en México le diría, eres un **chapulín,** no me hizo sentir ni por un segundo nada de miedo.

Con toda tranquilidad le dije: amigo a usted no lo he robado, sí por no hacer las cosas bien, se dejó robar es su problema, si me quiere matar para sentirse mejor, hágale. Sabía que ese no tiene las agallas para hacer nada, miró al Macambo, le dio la pistola; diciéndole: mátalo, tú me trajiste a este tipo, sino lo matas me pagas mi dinero.

El Macambo asustado, agarró la pistola, como si tuviera electricidad, le empezó a temblar la mano, le dijo: aquí hay muchas cámaras, si lo mato queda todo registrado, casi con pánico devolvió la pistola, bájense dijo el alemán, tú me pagas mi dinero, se fue.

Regresamos al apartamento del cuñado de Armin, casi llorando dijo: me quedo con tu pasaporte, vete a buscar a tus colombianos ladrones, únicamente me dio 20 euros para el tren, no le dije nada, simplemente salí de ese lugar, me fui al apartaestudio en den Haag.

Al día siguiente, fui en tren hasta Ámsterdam, caminé hasta la casa donde conocí la banda de traficantes ladrones, en la estructura del narcotráfico nació una nueva denominación para referirse a ese tipo de personas que combinan la actividad del narcotráfico con el gusto por robar, Los **narcos ladrones.** Toqué la puerta y salió una señora, disculpe estoy buscando a unos amigos que estaban aquí la semana pasada, dijo: señor esta casa la alquilan por días, hace cuatro me la rentaron a mí.

Resulto que los colombianos son una banda de ladrones profesionales que vinieron de España, se dedican a buscar gente como el alemán para robarlos, habían robado a varios en diferentes lugares de Holanda. Practicante habían hecho **"El Robo del siglo".** No me había bastado con el robo que le hizo Carlos a Benito, ahora éste robo. ¿Hasta dónde más podía llegar mi mala suerte? ¿Hasta cuándo iba a desafiar a la muerte? ¿Qué otra cosa más me tenía que pasar para entender?

Entregué el apartaestudio en Den Haag, no había hecho contrato escrito, me lo pasó una estudiante de abogacía, curazaleña, que conocí. Después de recoger mis cosas, agarré mi maleta, me fui donde un amigo en Ámsterdam a quedarme mientras encontraba solución.

Analizando la situación, la respuesta del Muñeco, la aptitud de Armin, como se portó Mohamed, tengo amistad con ellos desde hace años, conozco su hijo, la familia de Armin, su papa holandés, su mama Surinam, hasta en su casa en Delft estuve viviendo, ahora que paso esto ¿muestran su verdadera cara conmigo? tome una decisión.

Fui al consulado de Colombia, esperé mi turno, cuando el cónsul me atendió, vio como me habían dejado la cara los alemanes, dijo: no me cuentes nada, dime que necesitas, aquí todos los días recibo casos de colombianos que se meten en problemas. No tengo pasaporte, me quiero regresar a Colombia le dije. Tráeme una copia de tu acta de nacimiento, te doy un salvo conducto de viaje. Me comuniqué a Colombia, mi hermano me la mandó.

Una buena amiga de Benito, en esa época era sub gerente de la aerolínea COPA en el aeropuerto de Cartagena, me consiguió un boleto Ámsterdam-Panamá-Barranquilla. Las personas cuando hablan de ángeles, se imaginan cuerpo humano con alas en la espalda, vistiendo un traje largo, quienes tienen conocimiento, una relación directa con Dios, saben que alrededor de todo el mundo, en todas las razas, existen miles para no decir millones, de ángeles humanos, que ayudan sin esperar nada a cambio, solo guiados por su buen corazón.

Han pasado varios años desde esa fecha, me enteré, no trabaja más en COPA, después de años haciendo un espléndido, profesional trabajo, la despidieron sin justificación, todavía le debo el costo del boleto, espero algún día tener la oportunidad de pagarle, porque ese gesto de ayudarme cuando lo necesitaba, es cuando conoces las personas de buen corazón.

El día de mi viaje llegué al aeropuerto casi 6 horas antes del vuelo, estaba tan desesperado por salir de Holanda que madrugué. Copa trabaja en asocio con muchas aerolíneas, en Nederland es KLM, llegué a la ventanilla, hice el check in, me dieron un pase de abordar Ámsterdam-Panamá, otro de copa Panamá-Barranquilla, seguí caminando a la ventanilla de migración, claro que conozco el camino, después de esperar mi turno, mostré el salvo conducto de viaje que me dio el Cónsul, esta vez sí viajaba con el preciado documento, años antes por ahí mismo salí con solo **El denuncio y La Cédula**, ahora era diferente, pensaba yo.

Después de revisarlo, meter la información en el sistema me dijo: acompáñeme por favor, me llevó a una oficina. Tantas veces, en tan diferentes países, cada vez que llegas a una ventanilla de inmigración y el oficial te dice: acompáñeme por favor, ya sabes que es presagio de problema, gracias a DIOS no sufro de presión alta.

Después de esperar un rato salió un supervisor, sentado en un escritorio, empezó hacerme varias preguntas, donde estaba viviendo, donde perdí el pasaporte ¿hace cuánto conocía a mi amigo?

Extrañado por tantas preguntas le dije: ¿qué amigo se refiere? no tengo amigos aquí, el oficial, seguía y seguía con el mismo tema, me tuvo casi 4 horas, las mismas preguntas de diferentes maneras, sobre mi supuesto amigo.

Desesperado, cansado le dije: ¿qué es lo que pasa? Si pierdo el vuelo usted me tiene que mantener, me quedé sin dinero, perdí todo. Ellos están acostumbrados a manejar esas situaciones, oír todo tipos de respuestas, veía sus caras, ni se inmutaban.

Por fin faltando poco para salir el avión me dejó seguir, no entendí nada, pero igual ya estaba en la sala de espera.

# CAPÍTULO XIV
# EL FINAL DEL MUÑECO

Salí de Holanda sin más complicaciones, el viaje hasta Panamá fue tranquilo, prácticamente me bajé de un avión, me monté al otro, el tiempo de transito fue corto, bendito Dios.

Cuando llegué a Barranquilla estuve llamando, tratando de localizar al ratón, por arte de magia se había desaparecido, incuso fui a la casa de su suegro, nadie me dio razón de él. Al que localicé enseguida fue al Muñeco, fue quien me metió en ese lío, me contó que estaba en Quito-Ecuador, me envió el boleto para que fuera allá, habláramos bien de lo que pasó.

Mi ritmo de vida era igual a un piloto, me bajaba de un avión, me montaba en otro, en Barranquilla no tenía mucho que hacer, deje atrás mis negocios, hasta mi relación, no tenía ningún compromiso que me hiciera quedar.

Con ganas de tener al Muñeco cara a cara, salir de la duda si fue tan miserable de meterme en ese lío, años antes, en palabras reales, habían mandado a Roy a la cárcel de Italia, cualquier cosa se podía esperar.

Tome el vuelo a quito, me recibió con un amigo, se llama Samuel, sobrino de un señor, que hizo parte de uno de los carteles que le dieron la mala fama a Colombia en los años 80´s, el tío de Samuel se caracterizó por ser fanático de todo lo relacionado a México, lleva el mismo apellido de su difunto tío. Me atendieron muy bien, me llevaron a un restaurante a cenar, andaban en una camioneta Toyota nueva, me sorprendió ver al Muñeco tan cómodo económicamente.

Lo primero que me vino a la cabeza fue pensar que tuvo algo que ver con el robo de los narcos ladrones de Ámsterdam, venía con la duda en la cabeza.

Como no tengo pelos en la lengua, además, estuve metido en ese problema, hasta golpes me dieron, no aguanté, le pregunté directamente si era parte de los que organizó ese robo.

En ese momento ni siquiera medité bien, si por casualidad el Muñeco fuera de esa banda, estoy seguro que ahí mismo en quito, hubieran acabado con mi vida, fueron capaces de dejarme metido en la boca del lobo, desaparecerme para que no contará a nadie ni diera detalles, cerraría el plan perfecto.

No hermano como se te ocurre, te conozco desde hace años, no te voy hacer eso, fueron sus palabras. Según estuvo investigando, preguntando a la gente que le había pasado ese negocio, resultó siendo un amigo que le pasó a otro amigo al final, fue alguien desde una cárcel de Colombia quien tiene contacto directo con los ladrones en Holanda.

Tristemente en Colombia y muchos países de latino américa inclusive en todo el mundo, dentro de las cárceles es donde se planean y organizan muchos crímenes que ocurren en la calle, pero sé que luchar contra ese flagelo de la humanidad es muy difícil.

¿Qué hiciste que tienes carro y hasta apartamento en Quito?

Me dijo que un señor, con que trabaja, le habían robado 2 millones de dólares en Quito, una persona que supuestamente iba a participar en un proyecto, le habían dado esa suma, había pasado casi 2 años, hasta la fecha no han trabajado.

Le dieron al Muñeco el cobro, con la ayuda su amigo Samuel habían recuperado la mitad, entre propiedades y efectivo recogieron un millón de dólares, inclusive llegó a decirme que la oficina lo había autorizado a trabajar con ese dinero recuperado, por eso me mandó los boletos y viáticos, organizar algo con fundamentos.

Al día siguiente fuimos almorzar a la casa de Samuel, su esposa, también colombiana, hizo un sancocho (sopa) típica de nuestro país.

Después me llevaron a conocer la fábrica donde se elaboran postes para corrales de ganado y otros materiales en plástico reciclado, el señor que debía el dinero, la había entregado por parte de la deuda.

A los pocos días, de estar 24/7 con ellos, no sé qué me dio o que me pasó, pero me entró un desespero por irme a Colombia, no vi que el Muñeco tuviera un plan diseñado, algo concreto, sentí como estar en un limbo laboral, me dio el arrebato. De excusa, le dije que necesitaba cumplir una cita urgente y me fui a Bogotá.

Si ganara dinero por cada persona que conociera en diferentes lugares del mundo, estaría millonario, emprendí el camino de vuelta a mi país, busqué en mi agenda, quien conocía, me quedé en casa de Luis Alberto, mi amigo de la niñez, hermano de Yolima, la señora que tantas veces me abrió las puertas de su casa en Caracas, ahora su hermano también me dio hospedaje en Bogotá.

Tenía un negocio de compra-venta de celulares en el san Andresito de la calle 38, me recibió en su apartamento, vivía con la novia, que también trabaja en lo mismo, ella tiene en su local aparte. No tenía plan de trabajo, solo quería salirme de Ecuador, me incorporé a la rutina de mis amigos, ir todos los días a san Andresito.

A los pocos días le escribí al Muñeco para saber si tenía algún plan diseñado para trabajar, me impacienté de estar sin producir. Me sorprendió, que no me contestaba los mensajes, tenía todos los números y correos inactivos.

El Muñeco se caracterizaba porque casi no dormía, estaba altas horas de la madrugada, chateando por el celular, buscando vueltas, mirando negocios. Me dio curiosidad y contacté a través de una red social a un primo del Muñeco que vive en Bogotá, le pregunte si sabía de él.

¿No sabes lo que le paso? Me respondió, me envió por mensaje unas fotos del Muñeco muerto.

¿Queeeeeé???? En las fotos de la cintura para arriba se veía con los ojos abiertos, el pecho lleno de agujeros.

No entendía que había pasado, hacia 15 días estaba con el Muñeco y su amigo, ahora estaba viendo fotos de ellos muertos.

Su primo me contó toda la historia, el señor amigo del Muñeco sí le había dado el cobro del dinero al de Quito.

El Muñeco y Samuel habían recuperado un millón entre propiedades y efectivo, no le habían reportado ese millón al dueño, cuando preguntó cómo iba ese cobro, dijeron: todavía no aparecía, pero estaban con el rastro, muy pronto lo iban a capturar.

El dueño del dinero no muy contento por el resultado, buscó por su lado al deudor, cuando apareció, dio cuentas de todo lo que había entregado al Muñeco, dijo que pronto pagaba el resto.

Al saber las mentiras, bien molesto negoció con el deudor, del millón que todavía debía, solo le pagara 500 mil, se quedara con los otros 500 mil, pero que matara al Muñeco por torcido y bandido.

El señor llamó al Muñeco, lo citó en la misma fabrica que le había entregado como parte de pago, a la cita llegó, el Muñeco, Samuel, con un chofer ecuatoriano.

Los estaban esperando una banda bien grande, los amarraron a los 3 en unas sillas, primero los torturaron, por las heridas que tenían, fueron apuñalados, después con un tiro de gracia los mataron, metieron los cuerpos en el baúl del carro en que llegaron que era propiedad de Samuel, un daewoo, varias veces salimos en ese carro.

A pesar del tamaño de la cajuela/baúl/maletero, no entraban fácilmente, metieron los cuerpos de los tres a la fuerza como pudieron, dejaron el carro estacionado en un parque, a los pocos días un agente de tránsito/ vialidad pasó, al darse cuenta que tenía varios días abandonado, con una grúa se llevaron el daewoo al patio de infractores.

Cuando estaban bajando y estacionando el auto, el conductor golpeó sin querer el carro de Samuel contra otro, el baúl se abrió, así fue que los encontraron, no quiero imaginar cuantos días habrían pasado antes de que empezara la descomposición de los cuerpos, si no hubiera pasado lo que narré, el olor habría sido la razón para que alguien se diera cuenta de los cuerpos. Todos estos detalles el primo del Muñeco se los sabe de primera mano porque la misma familia del Muñeco fue hasta Quito a recoger el cadáver.

No podía creerlo...estaba hacía poco tiempo con los difuntos, por unas ganas inexplicables me fui de allá, como si alguien me estuviera avisando que saliera del peligro. Pobre mi ángel de la guarda... lo tengo trabajando horas extras ¿cuantas veces más me va a librar de la muerte? ¿Qué más señales necesitaba para entender que mi Padre celestial estaba cuidando de mí?

En la vida nos pasan cosas que ni entendemos por qué suceden, es por alguna razón, muchas veces le reclamamos a DIOS porque nos pasa esto...sin saber que EL nos está librando de algo peor.

Parece mentira que esté aquí sentado...escribiendo todo lo que me ha pasado, haciendo un recuento de mis historias, tantas cosas, no entiendo cómo se me pasó tan rápido la vida.

Viene a mi cabeza una canción del cantante español Julio Iglesias "de tanto correr por la vida sin freno...me olvidé que la vida se vive un momento" ...así me siento, viví una vida, pero siento que esa vida no es mía.

Desde joven estoy escuchando a muchas personas que dicen: "El libro de nuestra vida ya está escrito", me cuesta creer que todas estas cosas ya estaban escritas, por esta razón estoy buscando la respuesta a todo.

Como cuando estaba en Holanda, Armin con su cuñado Mohamed me tenían secuestrado en el apartamento de Rotterdam, busqué al ratón para que me ayudara, no lo pude encontrar, había apagado, desconectado todos sus teléfonos, siempre guardé la esperanza de que apareciera y me ayudara.

Se ha ganado un lugar, una posición de respeto con gente influyente en Ámsterdam, pero cuando más lo necesitaba, se había desaparecido, duré mucho tiempo, unos cuantos años, guardando ese resentimiento, pero cuando por fin a través de un amigo dueño de una licorera de Barranquilla, lo encontré, nuevamente aprendí o entendí que las cosas muchas veces no son lo que parecen. Me contó que estuvo 2 años detenido por investigación, lo querían vincular con su amigo marroquí Abraham, quien es buscado por la policía de Holanda, como sabían que ratón se veía con él, trataron de hacerle un caso, al final después de los 2 años, tiempo máximo que te pueden retener por investigación, recobró su libertad.

La vez que salimos de su casa de Ámsterdam casi de madrugada, nos detuvo un policía en bicicleta, simplemente para saber quién era el amigo que visitaba al ratón, por eso me pidieron el pasaporte, la vez que nos reunimos con mi amigo Hassan, la gente del ratón en el centro comercial, sospechaba algo, no me equivoqué, nos estaban vigilando, nos siguieron a todos, sabían dónde vivíamos.

El día que fueron a capturar al ratón a su casa, ese día también fueron por mí al apartaestudio en "The Hague tower" donde vivía en Den Haag, sin saber, que los planes de DIOS estaban escritos, ese día fue "**El robo del siglo**" robaron al alemán y me llevaron secuestrado, los policías estuvieron esperándome en la puerta del edificio por varios días, Armin y Mohamed, hasta una semana después, me dejaron libre. Prácticamente me salvé de caer preso por estar secuestrado, solamente DIOS sabe cómo hace sus cosas, como ocurrió en Barranquilla la ves del operativo donde cayeron todos los de la banda del dinero caliente, me salvé por estar en Venezuela. Bendito **DIOS** y su gran misericordia conmigo.

# CAPÍTULO XV
# PARAGUAY

Me quedé unos días en Bogotá, Camilo el dominicano de la época de Cancún, del problema en Perú me había contactado para avisarme que tenía una cita en Colombia, pero no me dio los detalles de en qué ciudad, solo me pidió el favor que lo esperara ahí en Bogotá.

Cuando por fin llegó, después de saludarnos, quiso que le contara como fue mi experiencia **en las puertas del infierno**, a pesar que nos habíamos comunicado, nunca le reproché que no me ayudó económicamente, que se desentendió, me tocó pasar todo lo vivido hasta llegar a este punto, sentados frente a frente, después de todas las vueltas que dio la vida, de todos los caminos que anduvimos, se volvieron a cruzar, aunque todavía en esos tiempos mi SEÑOR no me cambiaba el corazón, preferí no reclamar, pero tampoco le di detalles. En cambio, me contó que Raymond, el señor que en Cancún los financiaba, fue asesinado en su finca de La República Dominicana, no supo porque razón.

El Tapón otro dominicano, había vuelto a Cancún, empezó a trabajar con una oficina de México que dirigía sus operaciones en Cancún y Cozumel. Lo patrocinaron para trabajar con el sobrino de Dick, el Surinam de Holanda, supuestamente tenía la recibida en KLM, en el equipaje documentado, hicieron una prueba de 25 kilos, el sobrino de Dick terminó robándose las cosas.

El patrón, dueño de las cosas, le dijo al tapón que, si no le pagaba que fuera a Holanda, matara al sobrino de Dick el mismo, sino el muerto iba a ser él. En estas situaciones no puedes escoger, subió a Holanda, localizó al sobrino de Dick y lo asesinó, pero como todos sabían de ese trabajo, del problema que generó, la familia del muerto lo denunció. Al cabo de un tiempo lo detuvieron en México, lo extraditaron a Holanda, no me dio más detalles de cómo terminó esa historia del tapón.

Camilo me hizo un pequeño resumen de la gente de aquella época dorada cuando estábamos "En las **Olas de Cancún**".

Me sorprendió al ver que Camilo tenía un problema en uno de sus ojos, por el cual no podía ver bien, le pregunté qué le había pasado, me dijo que su esposa la madre de su hijo, le había reventado un vaso en la cara, una de las astillas del vaso alcanzó a cortar levemente el iris.

Dios mío que mujer tan mala pensé, es la madre de tu hijo que horror le dije.

Qué fácil es juzgar sin saber los detalles, ni la verdad de las cosas, le pedí que por favor me contara lo que pasó. Como tenemos una larga y vieja amistad, tuvo la confianza. Fue su primer novio, después marido, se conocían desde jóvenes, hicieron vida de pareja hasta que por motivos de trabajo viajo a Cancún, hizo parte del grupo que les había contado ¿recuerdan? Había colombianos, mexicanos, guatemaltecos por su puesto dominicanos, aquí entra Camilo y tapón.

Les había contado, aparte de trabajar en el negocio, llevábamos una vida desordenada, Camilo no era la excepción, igual que muchos, me incluyo, por causa de esa vida desordenada, olvidamos y engañamos a nuestras esposas, que pacientemente nos aguardaban en nuestros países.

También había roto su relación, pero igual que casi todos, volvió a su país después de varios años.

Parece que el formato es igual para todos los que escogimos esta "**Equivocada profesión**".

Si les contara la vida de casi todos de ese grupo, es mismo estilo, misma historia, detalles más, detalles menos, pero al final es lo mismo.

Camilo se regresó a su país su ciudad, la encontró bella, igual que cuando la conoció por primera vez, aún estaba sola, sin pareja, como guardando en el fondo una esperanza de que algún día Wilson volvieran, como en un cuento de novela, él regreso.

Obviamente se moría de ganas por tener intimidad, se dio a la tarea de volverla a enamorar, no le costó mucho trabajo por la historia de amor antes vivida.

Después de varios días, ella estaba que no cabía de la felicidad, contando a todas sus amistades, que su marido había regresado y volvió con ella.

Pero como dice el refrán: Pueblo chico, infierno Grande, en la misma calle vivía una señora de esas que se meten hasta en la sopa ajena, de las que nunca faltan en los vecindarios (cuando lleguen al capítulo XXII me entenderán).

Un viernes de noche la vecina **especial** le dijo: ¿amiga su esposo volvió con usted? Pues qué raro, allá en el bar que está a varias calles hay un hombre igualito a su esposo gozando de lo lindo.

¿Como? ¿Será posible que Camilo fuera tan miserable y engañará a su esposa después de haberla ilusionado y enamorado? ¿O fue solo por las ganas de acostarse con ella?

La esposa no lo podía creer, salió a buscarlo en los bares, hasta que por fin lo encontró, en plena pista de baile muy abrazado y contento con otra mujer, ella tomó un vaso de cristal de la barra, se le acercó sin pronunciar una palabra, simplemente le reventó el vaso en la cara.

Ya saben cómo le quedó el ojo, entonces les pregunto a ustedes ¿ella es la mala?

Se dieron cuenta de lo fácil que es juzgar alguien sin saber los detalles, soy amigo de Camilo, le tengo estimación dije: compa la culpa es suya ¿porque no dejo a esa señora tranquila si sabias que ibas a volver a tu vida desordenada?

No me parece justo jugar con los sentimientos de alguien, quien supuestamente quisimos, que hizo parte de nuestro pasado.

Me siento culpable por andar en la vida lastimando mujeres buenas que se fijaron en mí, les pagué mal, desde la mamá de mi hija en USA hasta mi esposa en Barranquilla, abandoné por dejarme llevar de la locura vivida en Cancún, sin contar una que otra novia, en especial, alguien que conocí en playa del Carmen, vive en CDMX, por culpa de mi desorden, no me di la oportunidad de conocerla como merecía.

Cometer errores y reconocerlo es parte de la vida, el **no** volverlos a cometer es lo que nos hace crecer y madurar.

Volvamos a la reunión de Camilo en Bogotá, llegó con un amigo llamado Virgilio que es paraguayo, del país de Paraguay, hago esta aclaración para los que son nacidos o han vivido en la República Dominicana, sé que en ese país se usa un término para describir a cierto tipo de personas, les dicen Pariguayos, me voy a reservar la traducción de esa palabra, pero por lo que pasó en mi historia, Camilo trató al paraguayo como un pariguayo.

Me dijo que fue a conocer a un señor que vive en Tumaco, en el departamento de Nariño al sur de Colombia frontera con Ecuador. Un mexicano amigo lo había recomendado, iba hablar para ver qué negocio podía salir de esa reunión.

Cuando Camilo me dice que el señor maneja la zona de Nariño donde hay varios laboratorios de droga al que le dicen "ROCKY", le dije: compa que le vaya bonito, aquí lo espero en Bogotá, ni loco entro en la boca del lobo.

Como Camilo es dominicano no conoce la realidad que vive Colombia: esa es zona roja de tanta guerrilla, paramilitares, bandas criminales, ni por casualidad paso por esos lados. ¿Un dominicano y un paraguayo en Tumaco? Pppppffff carnada de pesca milagrosa, aquí estoy bien, Virgilio al ver mi reacción le dio miedo, tampoco quiso ir.

Le tocó ir solo, mientras iba a la reunión, salí con Virgilio a conocer la ciudad, lo llevé al cerro de Monserrate, museo de oro y varios de los muchos lugares turísticos que tiene la ciudad. También le conté que hace años tuve problemas de sobre peso, Virgilio estaba gordo y cansado de vivir así. Le dije que me había realizado una cirugía llamada gastro by pass, perdí 40 kilos en 2 meses, para mí, es el dinero mejor invertido. Gracias a esa cirugía mi vida es otra, se entusiasmó mucho, tanto que me pidió le presentara al doctor que me operó.

Cuando Camilo regresó me contó que llegar a Tumaco no fue una travesía fácil, primero en avión hasta pasto, después en carro varias horas de carretera hasta que lo recibió un grupo de hombres armados en camionetas, después lo llevaron a una finca-hacienda donde lo esperaba su amigo el mexicano junto con el famoso "Rocky". Después de 2 días de reuniones, de vuelta a Bogotá, me dijo que tenía que regresar a México a presentar el proyecto. Camilo salió rumbo a México, me fui a Barranquilla con Virgilio.

Como es de esperar me quedé en casa de mi madre, hacía tiempo mi hermano que es 2 años mayor, me había dado la noticia de que mi madre estaba enferma, le habían detectado un tumor en el cerebro.

Vivía alejado de mi familia, no quería que nadie de ellos estuviera relacionado, mucho menos perjudicado con mi trabajo, no recibí la noticia antes.

Desde el mismo momento que acepté hacer parte de todos esos negocios ilegales, también acepté o decidí distanciarme de mi familia, en especial de mi madre. Aunque nunca me le hizo saber directamente, conocía a qué me dedicaba. Sufrió mucho por mí, por mi alocada vida, todos sabemos que la madre, sea cual sea el pecado de sus hijos, nunca nos abandona o rechaza, por el contrario. Mi madre siempre guardaba la ilusión de que me alejara de todo lo que tiene que ver con esa vida, con esa mentira, esa falsa ilusión.

Varias veces he mencionado, que somos egoístas, porque elegimos un estilo de vida erróneo, en el camino lastimamos a nuestros seres queridos. En mi caso particular, lastimé a mi madre, sabiendo que estaba enferma, no vine ayudar o participar en sus cuidados, mi hermana mayor vive en otra región del país con su esposo, mi hermano mayor vive fuera de Colombia. Mi hermano 2 años mayor, le dejamos esa tarea, con todo el amor del mundo lo hizo, aceptó esa responsabilidad.

Ahora que vine a Barranquilla movido por motivos de negocios, pude hablar con mi hermano, enterarme de la realidad, lo delicado del estado de salud de mi madre. El medico como en la mayoría de este tipo de tumores cancerígenos en el cerebro, recomendó QUIMIOTERAPIA para alargarle un poco más la vida a mi madre.

Con esto viene a mi cabeza el recuerdo de una conversación que tuve alguna vez con mi amigo Buena vida, me comentó que su padre padecía de cáncer de próstata, pero nunca le haría Quimioterapia, sabe que ese procedimiento acaba más rápido con la salud de las personas, más cuando son de edad avanzada, prefería ayudar a su padre a que disfrutara los últimos días estando en sus 5 sentidos.

Cuando mi hermano decidió comenzar la Quimio de mi madre, no estaba cerca, ni siquiera un leve contacto con mi familia como para opinar, mucho menos para aceptar o rechazar esa decisión.

Mi hermano con la mejor intención del mundo, con todas las ganas, la esperanza posible, la inicio, pero como era de suponer, el inicio de ese tratamiento también era el inicio del desgaste físico y emocional de mi madre.

Tenía muchos meses que no la veía, siempre tuve en mi mente de la forma que la conocí, una mujer fuerte, luchadora, trabajadora que sacó a sus hijos adelante, aunque haya sido el rezagado el diferente, ella siempre guardo la esperanza que algún día cambiara.

Cuando la vi, quedé impresionado, aquella mujer algo rellenita llena de energía y ganas, que hablaba hasta por los codos, que siempre tenía una sonrisa en su boca, que le debo tanto, no era ni sombra de eso. La mujer que tenía enfrente después de varias sesiones de quimioterapia y medicamentos, era solo piel y huesos, el verla en ese estado, me dio un dolor muy grande.

Llegué en un momento que no podía hablar, las fuerzas que muchos años atrás la ayudaron a salir adelante, primero sin esposo después sin padre, se le habían acabado, ahora estaba a merced de que la cuidaran.

Mi hermano había contratado una señora para que la atendiera, alimentara, asistiera en todo, cuando la señora por alguna razón no podía ir, mi hermano y su esposa se iban a dormir con ella para cuidarla 24-7.

Aprovecho esta oportunidad para agradecerle todo lo que él hizo, más de su responsabilidad, por ocupar el lugar que, como hijo a mí también me tocaba, pero por estar ocupado corriendo detrás de esa vaga ilusión de vida, no estuve cuando debía. Me presenté prácticamente en los últimos momentos de su vida, tenía que conformarme con solo mirar sus ojos, de interpretar lo que ella sentía.

No quiero imaginar el sentimiento que guardaba en su corazón al ver que sus días estaban contados, irresponsablemente no pude darle la tranquilidad que toda madre desea de ver a sus hijos encarrilados por un buen camino. Estaba frente a ella sin poder decirle, las palabras que la harían descansar en paz, contarle que había dejado todos esos malos pasos con los que le ocasioné tanto dolor.

Todas esas historias que les he contado, tal vez algunos de ustedes hayan sentido lastima o pena por mí, pero mi madre estuvo sufriendo en silencio, ella nunca me reclamó o regaño, pero sé que, si sufrió cada golpe, cada accidente, fractura, cada entrada a la cárcel. Estoy más que seguro que todos esos sucesos fueron para ella un **trago amargo** que injustamente le hice saborear.

Como si fuera algo destinado por DIOS, llegué en los días que mi madre se estaba apagando, cada día que pasaba, estaba más aislada, al punto que ni pasar la comida podía, por una sonda tenían que darle los alimentos.

Tuve que seguir mis correrías, mi madre por su gravedad la internaron en una clínica, estaba con la señora que la cuidaba, una tarde se durmió, nuca más se levantó de ese sueño.

Hacía pocos días le había dicho lo orgulloso que me sentía de ella, lo afortunado que fui de ser su hijo, por llegar en ese momento de su vida, no supe si me escuchó o me entendió, solo recibí como respuesta una mirada perdida.

Mi madre había muerto, sentí rabia por no comprender o entender su final, me parecía injusto que una mujer que fue tan buena no solo conmigo o con sus hijos, con todo el mundo, desde mis vecinos del barrio el prado hasta la gente de los nogales, todos los que la conocieron durante sus 76 años, edad en la que murió, nadie tuvo un reproche de ella. Siempre ayudó hasta con lo que no tenía, muchas veces se quitó el pan de la boca para alimentar a sus **hijos** y a sus **nietos.** Por esta razón hasta el último día que DIOS me dé vida, estaré agradecido con ella.

Después de su muerte, la cremaron, mi hermana guarda sus cenizas en un nicho, hubiera preferido, las arrojaran al río magdalena que pasa por Barranquilla y desemboca en el mar, igual que hizo mi prima con su mamá, hermana menor que mi madre. Murió antes que ella, hicimos una pequeña ceremonia, vimos correr sus cenizas en la corriente del Rio Magdalena.

Mi madre murió, no pude escuchar su última voluntad, aunque no sufrió, tampoco murió feliz por mi culpa.

A partir del momento en que Camilo se fue del país, Virgilio quedó bajo mi responsabilidad, llegó con unos planes de trabajar, ahora todo había cambiado. No quería perder tiempo, su interés en venir hasta Barranquilla, conocer el medico gastroenterólogo que me había operado años atrás.

Agendamos una cita, lo acompañe al consultorio para que estuviera más relajado, después de una revisión le hizo un presupuesto, por 5 mil dólares accedió a operar a Virgilio, desde Paraguay empezaron inmediatamente el proceso del envío de dinero.

Me contó que aparte de su esposa, con la que tiene 2 jóvenes 18 y 21, una joven de 17, tenía otra mujer con 2 hijos pequeños 3 y 8. ¿será que la infidelidad es la moda en toda latina américa? ¿O será que mi destino es conocer gente infiel?

Recibió el dinero, le pagó en efectivo, inmediatamente programó la cirugía, ahora esperar el gran día, habían pasado varios años desde que me había operado, el doctor era socio de una nueva clínica especialista en ese tipo de cirugías.

Todo salió bien gracias a Dios, Virgilio se quedó en un hotel recuperándose, se llevó una enfermera de la clínica para que lo cuidara las 24 horas del día, los 3 primeros días son los de más riesgo, no queríamos que le pasara nada.

Después de una semana Virgilio podía viajar, en los días de recuperación me contó que en Paraguay tenía un amigo agricultor que sembraba chía, me pidió que viajara con él, quería usar su empresa para trabajar con la exportación de drogas, pesaba que mi experiencia en este negocio podía aportar algo. Al principio me pareció una idea descabellada, porque al conocer a Virgilio de inmediato me di cuenta que más pinta de traficante tenía el hombre araña, pero me insistió y me dijo que su amigo tenía la fuerza económica para financiar todo. Siendo así, me embarqué en esta nueva aventura con destino **"Paraguay"**.

La ruta fue Barranquilla-Bogotá-asunción donde vivía con su esposa, después de varios días de llevarme a conocer la ciudad, hacer asados en su casa que es algo típico del país, la verdad no conocía que fueran tan carnívoros, siempre pensé que los argentinos y brasileños eran líderes en esa costumbre, pero aprendí que hasta los uruguayos comparten ese gusto.

También conocí algo que es parte de su cultura, tomar tereré, una infusión de yerba mate con bastante hielo, la cual cargan a todos los lugares donde vayan en sus actividades diarias, sacan a pasear más al termo con tereré que a la misma esposa.

Después de varios días seguimos a Ciudad del Este, capital del departamento alto Paraná, donde vivía su amigo agricultor, también su otra mujer con sus otros hijos pequeños. Con el dinero que Virgilio había ganado años antes, inauguró una pequeña clínica a la segunda mujer, suficiente para sostener la nueva familia. Según lo que pude apreciar, Virgilio dejó desamparada a su esposa, sus hijos, para asegurar el futuro de su amante, su nueva familia.

Esto me hizo recordar la historia vivida con mi abuelo marco, mi abuela, pero ni modo, cada uno que viva a su propia manera, quien soy yo para juzgar, eso se lo dejo a DIOS (Romanos 14:12).

Después de conocer al agricultor, escuchar su proyecto, darme cuenta que a pesar que había pagado los boletos de avión, los viáticos, no le vi la fuerza económica que Virgilio decía. ¿Qué rayos iba hacer? en Paraguay no hay nada que hacer.

Que embarrada, por mis ganas de trabajar le hacía caso al primer fantasma que aparecía. Mientras resolvía que hacer, aprovechando que estaba en esa zona, me fui a conocer un lugar que se llama la triple frontera donde se juntan Paraguay, Brasil y argentina, crucé el puente internacional de la Amistad me pasé al lado brasilero.

Entre al parque nacional de Iguazú a conocer las famosas y exuberantes cataratas, que bendecido me siento por haber estado ahí, aunque las cataratas están en el lado argentino, se observan mejor del brasilero.

De vuelta a donde la mujer de Virgilio, me contó, a Paraguay entra flujo constante de droga, por la posición geográfica, me imagino toda esa droga se distribuye a Brasil y argentina, la triple frontera la aprovecharan al máximo. No podía creer cierta la cantidad de pistas de aterrizaje para avionetas que hay en el país, con la excusa que es un país agrícola, aprovechan para justificar las pistas, así introducen la mayoría de droga.

Toda esa explicación me la hace, para tratar de llamar mi atención, darle forma al proyecto de su amigo agricultor. Qué le voy hacer caso si todos los inventos de antes habían terminado en fracaso, ¿será que todavía me quedaban ganas de darme más golpes? ¿Hasta cuándo Dios mío?

Estaba en Paraguay estancado, ya casi sin dinero para viáticos ni gastos, el famoso agricultor de Virgilio me había dicho, que estaba esperando el pago de la cosecha pasada.

Prácticamente estaba en un atolladero. ¿Santo Jesús y ahora que iba hacer al sur oriente del continente americano?

Acompañé a Virgilio un par de veces al aeropuerto a recibir unos familiares y amigos, me di cuenta que el aeropuerto de asunción no era tan moderno ni los controles tan fuertes, se me ocurrió la idea de sacar el famoso café del difunto Muñeco (q.p.d) a pesar que eso mismo ya me había metido a la cárcel en Ecuador.

Me dije, si encontramos un pasajero adecuado tal vez podría salir sin problema, pero ¿de dónde sacamos dinero? Virgilio después de pagar la cirugía había quedado ilíquido

Por casualidad o como cosas del diablo, porque no creo que sean cosas de DIOS si tiene que ver con el negocio de drogas, aunque pensándolo bien, no sabemos los caminos ni la voluntad de mi SEÑOR, no podemos poner en duda sus planes.

En esos días me contactó una amiga de Caracas-Venezuela, con la cual tuve tiempo atrás una bonita pero relación, el principio de esa amistad fue extraño, la conocí cuando ella era joven y soltera, fue a través del internet, nunca nos habíamos visto cara a cara, la oportunidad se dio cuando Salí de la cárcel de Ecuador, llegué a Caracas, en esos días mi amigo (q.p.d) me ayudó con la operación la mano, no fue impedimento para tener una apasionada relación con ella.

Me dijo que tenía algo de efectivo, que lo quería invertir en un negocio que diera rentabilidad, no le interesaba si era de drogas o legal, me cayó como anillo al dedo.

Hablé con Virgilio para organizar el sistema del café, decidí hacer el proyecto pequeño para nosotros solos con Susana, así se llama la amiga de Venezuela, se ofreció a traer el efectivo desde Caracas, de paso recordar esos buenos momentos que pasamos juntos, vaya que los recordamos bien.

Se quedó una semana en asunción, después volvió a Venezuela, no les voy a dar detalles de lo que hicimos en esa semana, porque esos días era época de lluvia, nos quedábamos encerrados en el cuarto del hotel.

Se regresó a Caracas llevando recuerdos de Paraguay, incluyendo una jarra típica para tomar tereré. Ahora era tiempo de trabajar, sin distracciones, comencé a organizar todo, Virgilio consiguió un pasajero que cumplía los requisitos ideales para viajar a Europa.

Compré mi boleto para Ámsterdam un día después que el pasajero, ya estaba cansado de correr riesgos innecesarios.

El día del vuelo el pasajero entró con el café de mano al aeropuerto de asunción sin problemas, después de hacer varios tránsitos internacionales por fin llegó sin problemas al Schiphol de Ámsterdam, salió a la calle como le indicamos, se dirigió en taxi al hotel a esperarme que llegara al día siguiente.

A mi arribo a la ciudad de inmediato busqué a Batman y Robin, estaban juntos nuevamente, ellos son como gatos y perros, se pelean, vuelven a juntarse, como millones de relaciones alrededor del mundo, no pueden vivir en paz, pero se necesitan.

Me dirigí a hasta den Haag donde ellos viven para ayudar a sacar la droga del café, simplemente en calidad de ayudante, no quise jugar más al químico, suficiente con la mala experiencia pasada.

Como éramos 3 personas los que invertimos en ese proyecto, después de terminar el trabajo y vender lo que salió no quedó mucho.

Tenía muchas cuentas por pagar, Virgilio también, por esa razón me regresé a Paraguay con intensión de volver hacer el trabajo,

Después de devolverle a Susana su inversión, su utilidad, darle su parte a Virgilio, pagué algunas cuentas, me quedé en asunción para organizar nuevamente el próximo trabajo, pero esta vez conseguir y reunir todos los ingredientes, estaba más difícil., irónicamente a pesar de toda la droga que llega a Paraguay, conseguir base de coca pura, 100% limpia, es como se puede hacer el proceso con el café molido, no era tan fácil de encontrar, en 3 días, me habían ofrecido muchas pero....no cumplían los requisitos para el trabajo.

Me tocó esperar, esperar y esperar, mi paciencia y mi dinero se estaban agotando, Susana volvió a darme el dinero de la inversión, con el paso de los días me tocó usar parte de la inversión para sobrevivir.

Como por arte de magia me localizó Bufón, que peligro, ese personaje sonaba como ave de mal agüero, todas las cosas que había hecho, los líos en que estaba, ni siquiera debería hablarle, me mandó un mensaje, un numero de Guatemala para que lo llamara. ¿Dios mío que será lo que quiere ese personaje ahora? Sabía que tenía fama de SAPO, informante de los americanos, que había robado a una oficina de México ¿será que me va a entregar a la DEA? Que me va a entregar si con suerte alcanzaba a ganarme para medio sobrevivir con este pequeño negocio del café que no siempre tenía final feliz.

No quiero justificarme ni mucho menos, mi vida a estas alturas estaba bien desorganizada, no podía entender porque seguía nadando en contra de la corriente, después de tantas cosas que me habían pasado, era tiempo de buscar algo que no tuviera que ver con el narcotráfico para ganarme la vida. Si utilizaba todas las ganas, toda la inteligencia que usaba para las drogas en otra actividad seguro que me iba bien ¿será que mi cabeza solo sirve para este tipo de negocios? Que jodido estoy.

¿Ahora para que me buscaba Bufón? Lo hizo en uno de los momentos que estoy en una encrucijada contra de la pared.

Casi sin dinero, hasta Virgilio me había abandonado, estaba viviendo en casa de un amigo que me presentó, vergüenza me da contar a que se dedica el amigo de Virgilio. Es un sicario a sueldo, pero como la situación en Paraguay estaba tan dura, ni para los sicarios asesinos había trabajo, por las vueltas de la vida estaba viviendo en su casa, el matón vacante quería jugar al traficante.

Obligado por el desespero en que estaba decidí llamar al Bufón ¿qué nueva súper vuelta o con qué gran súper negocio saldrá este personaje??

Cuando lo llamé, la primera explicación fue desligarse de cualquier complicidad o vinculación a la muerte de mi amigo Cirujano, se rumoraba que hizo parte del complot. Después para cerrar ese tema, dijo que tenía 200 kilos de droga, le habían dado a vender en ciudad Guatemala, que fuera ayudarlo, obviamente me daba una buena comisión.

¿Para qué me necesitaba el Bufón si 200 kilos es un cheque al portador? Además, no sabía moverme en Guatemala solamente conocía a mi amigo Buena Vida, a su cuñado La araña, los chapines de Cancún. (chapines les dicen a los nacionales de Guatemala)

El Bufón sabía que podía localizarlos, ellos ayudarlo a vender sin problema.

# CAPÍTULO XVI
# DURMIENDO CON EL ENEMIGO

Esas son las cosas que hago, los errores que cometo, sabiendo que estoy haciendo lo que no debo. No es solo por hacer algo que esta fuera de la ley, es creerle a Bufón, sabiendo como es, de lo que es capaz, sin embargo, le hago caso. Es tan hábil, tan descarado, me dice que pague mi propio boleto desde asunción a Guatemala para ir ayudarlo, tiene los 200 kilos, pero esta ilíquido, ni un solo dólar tenía, no me preocupe, llegando me devuelve el costo del boleto.

Como estaba prácticamente estancado, sin trabajo, viviendo del dinero de mi amiga Susana, esta vez usó una agencia de envíos para repetir todo lo del café, por alguna razón las cosas no salieron como planeamos, estaba gastando sentado en Paraguay. No vi más opción, compré el boleto a Guatemala con ese dinero. Nuevamente como otras muchas veces, tomé un vuelo para iniciar una incierta e impredecible aventura.

Después de hacer tránsito en Panamá por fin llegué a ciudad Guatemala, Bufón me fue a recibir, me llevó a un apartamento que le había prestado en dueño de la mercancía en una de las zonas exclusivas de la ciudad, cerca del centro comercial Oakland. Esta vez había venido con su esposa, la única mujer que aguanta sus locuras, por la situación de liquidez en que estaba, le urgía que fuéramos a buscar a mi amigo Buena Vida para empezar a vender las cosas.

Muchas veces había estado en la casa de mi amigo, hasta estuve ahí viviendo, siempre mi amigo me abrió las puertas igual que su familia, tenía idea cómo llegar, es camino a la antigua Guatemala al pie de la carretera. Cuando llegamos a la casa solo estaba el vigilante, le dejé un numero para que se comunicara, no esperé mucho tiempo, a los pocos días me llamó. Acordamos reunimos en Oakland Mall cerca donde nos estábamos quedando. El día de la cita, en un restaurante, le expliqué cómo estaban las cosas, me di cuenta que Buena Vida no estaba muy interesado, la situación del país en especial ciudad Guatemala estaba muy dura.

Las autoridades del país con ayuda de la DEA, estaban haciendo operativos capturando la mayoría de narcotraficantes de moda, el ambiente estaba pesado, sin embargo, nos dijo que iba a tratar de resolver.

Como no queríamos depender de Buena Vida solamente, se me ocurrió comunicarme con Nanito, el de la casa Big Group de CDMX (ciudad de México), a pesar que fue el causante de mi separación de ese grupo, no tenía ningún rencor, ni resentimiento, gracias a DIOS...eso no habita en mi corazón, inclusive manteníamos contacto todavía a través del nene, el mexicano que se pasó una temporada conmigo en den Haag en casa de Toby y chadela, cómo era amigo de Nanito, intercedió para que reanudáramos la amistad.

Una de las tantas veces que hablamos me comentó que viajaba muy seguido a Guatemala, lo llamé nuevamente, le expliqué que un conocido de sobrenombre Bufón tenía trabajo, dijo que conocía a un señor de Guadalajara que se movía bien ahí, pero que hiciera las cosas bien porque ese señor es bastante delicado, serio y poderoso.

Ya teníamos otra opción más. Buena vida nos presentó con un amigo, que le dicen "Barbero", nos dijo que esta era la persona adecuada para comercializar todo el trabajo. Lo llamamos enseguida, nos pidió una muestra para revisar la calidad, llegamos a la conclusión que necesitábamos un carro para movernos y poder llevar la muestra. Bufón sabiendo del aprecio que me tiene buena vida, me dijo que le pidiera un auto prestado. Como era de esperar, buena vida muy amablemente nos prestó un automóvil mercedes Benz, aunque no era nuevo del año, estaba en perfectas condiciones, elegante y lujoso. Teníamos carro para movernos, mercedes E500, ese mismo carro nos iba a servir para llevarle la muestra a Barbero.

Anticipándose que lo dejáramos fuera, se vino desde Guadalajara-Jalisco donde vivía Nanito a supervisar personalmente. Me dijo que el señor, quien le dicen "El Oso", estaba interesado, parecía que el negocio se iba a dar. Entusiasmado por esto, estando de buen ánimo, en esos días mi amigo buena vida me presentó un señor que está en su nómina, hacia parte de su infraestructura laboral en Guatemala, es un capitán retirado del ejército de Guatemala, ahora hacia parte del mundo del narcotráfico, el mismo años después tuvo la osadía de traicionar la confianza que buena vida había depositado, le hizo los horrores y cometió los errores que más adelante le tocó pagar en carne propia.

Este ex capitán había hecho el curso de paracaidismo, se volvió su pasión, había conocido a un oficial activo del ejercito de Venezuela que hacia parte del cuerpo consular de ese país en la ciudad de Guatemala. El oficial paracaidista venezolano, tenía como negocio particular, ofrecer cursos de paracaidismo, lanzamientos de tándem que es corto, solo necesita una breve instrucción.

Como uno de mis sueños por cumplir siempre fue bajar al fondo del mar con tanque de buceo, deleitarme de las bellezas marinas que Dios nos regaló, otro fue tirarme de un avión para observar desde las alturas el paisaje que solo se puede ver en paracaídas. Lo de bajar al fondo del mar, gracias a mi Padre Celestial, se me había cumplido, hacia años hice el curso de buceo, estuve haciéndolo en Sta. Marta, Taganga, Miami, Puerto Rico, República Dominicana.

En estos momentos de mi vida no tenía tiempo de hacer el extenso curso para obtener el certificado de paracaidista, el capitán me ofreció la oportunidad de hacer un salto en calidad de tándem, que significa, estar unido por medio de los arneses al instructor que salta junto a ti. Como otra de mis osadas y locas aventuras, fuimos al aeropuerto militar de Guatemala, me dieron una corta instrucción de cómo moverme, mantener ciertas posiciones antes y después del salto.

De ahí salimos en un pequeño avión hasta el puerto San José que está cerca de la ciudad de Guatemala, cuando llegamos a la altura indicada, el lugar fue puerto quetzal, para aterrizar en la playa, que más puedes pedir, empezaron a saltar todos, éramos un grupo de 10 todos paracaidistas certificados, el único novato aprendiz, estaba caminando amarrado al instructor, dirección a la puerta del avión, no es lo mismo contarlo que verlo, el paisaje que se ve a unos 4 mil metros de altura, es algo indescriptible, cuando sientes el empujón que te da el instructor avisando que saltáremos, pasas de ser observado del paisaje, a tener un miedo repentino cuando ves la caída que te espera, todo eso queda atrás cuando empiezas en descenso al vacío.

Fueron pocos minutos el descenso programado para caer a orillas del mar, a medida que descendía sientes la playa en tus pies, que afortunado, inteligentemente toman fotos y videos para guardar ese magnífico momento, aterrizar en la arena casi tocando el mar fue la culminación de un sueño, sin temor a equivocarme es una de las experiencias más placenteras de mi vida, otro sueño cumplido. Que maravilloso ha sido mi Señor conmigo, pero en esos momentos de mi vida, era un ciego con ojos, no podía entender ni agradecer las cosas hermosas que me había dado, pensaba que las hacia porque el dinero me daba ese derecho, que ignorante fui, ahora que mi padre Celestial me quitó la venda, curó mi ceguera, entiendo que **todo** lo que ocurre en este mundo es porque ÉL lo permite.

Cuando dábamos por hecho el negocio recibimos llamada de barbero, nos citó para hablar personal, nadie quería hablar por teléfono, estaba muy delicado el tema de los operativos de la DEA estaban utilizando todos sus recursos para interceptar llamadas, conversaciones que tengan que ver con el narcotráfico. Cuando nos reunimos en una cafetería del centro comercial Grand Tikal Futura, nos da la mala noticia, esa droga es la que llaman en Guatemala "machaca" es el resultado de mezclar droga buena con droga mala para obtener más cantidad, en estos momentos nadie quería comprar droga de segunda calidad.

Tiempo después me entere que el propietario de esos 200 kilos se especializa en hacer y vender ese tipo de droga. Que decepción venir de tan lejos, con tanto esfuerzo, para encontrarme con esta novedad, todo era pura **machaca.** Otra vez ves metido en los líos del Bufón, sabiendo de antemano como es, todo lo que le rodea es solo líos problemas, trampas, mentiras, ahí estaba con él y su famosa MACHACA, para colmo de males viviendo con él, es lo mismo que estar "**Durmiendo con el enemigo**".

En cualquier momento aparece alguien de las tantas personas a las que Bufón a enredado, engañado, está debiendo dinero, cualquier lío consecuencia de su desorden de vida, como me gusta jugar con mi suerte.

Cuando le avisamos a Nanito que el trabajo era machaca, se molestó, a su amigo El oso ni en broma se le podría mostrar ese tipo de droga, Bufón como es una persona ágil e inteligente, cuando supo que el amigo de Nanito era EL OSO, no quiso perder esa oportunidad de hacer negocios con él, por referencias sabía que ese señor se mueve a niveles altos en el estado de Jalisco en México, esos son los negocios que le gustan al BUFON.

Como vio que la venta de la machaca no prosperó, se ingenió organizar algo que le pudiera interesar al OSO, hizo traer de Colombia un capitán de barco que tiene su propia flota, renombre y fama, un integrante del grupo que les dicen los "ISLEÑOS".

El capitán viajo hasta ciudad Guatemala por instrucciones de Bufón, con tan mala suerte que El Oso por motivo de sus ocupaciones viajó a la ciudad de México, Bufón por no perder la oportunidad nos dijo que fuéramos a ciudad de México a organizar la cita del oso con el capitán.

Nanito, Bufón el capitán y mi persona, viajamos a la ciudad de México, el Bufón para no quedar tan mal parado por la machaca, también le ofreció a barbero los servicios de transporte de su capitán.

Como todos los que hacen parte de este negocio, vivimos de una esperanza, de una ilusión, buscando una oportunidad que nos cambie la vida de una manera positiva, vivimos **atrapados en esa mentira**. Barbero muchos años atrás había sido la pareja de una señora importante en Guatemala, pero fue extraditada a USA. Había quedado con buenos contactos, buscó un amigo que le decían "El cónsul de Oaxaca" para que se reuniera con Bufón a ver si podían organizar algo con el capitán.

Barbero también llevó a su amigo a ciudad de México, menudo grupo que se había reunido, la gente del OSO, Nanito, Bufón y su amigo capitán, nos reunimos en uno de los restaurantes que están en el Bosque de Chapultepec. El capitán mostró sus cartas marítimas, lo que podía ofrecer, hasta que coordenadas podía llegar, el Oso escuchó todo atentamente, pero le dejó saber que en esos momentos estaba a la espera de los resultados de un proyecto en camino, prácticamente le dijo que tenía que esperar.

Bufón organizó rápidamente en la zona de Perisur la otra reunión con Barbero y su amigo el cónsul de Oaxaca, no se daba por vencido, ahora menos, porque el capitán le reclamaba por haberlo hecho venir desde Colombia sin un plan organizado.

El día de la reunión el capitán ofreció de nuevo su infraestructura, igual que al oso, pero el cónsul de Oaxaca tampoco estaba listo para empezar ningún proyecto, porque tenía el dinero fruto de su último trabajo en la ciudad de NY (las torres como se le dice en este medio) por alguna razón le contó eso a Bufón, cometió el gravísimo error de preguntarle si sabía de alguien que pudiera traer el dinero hasta México. Como es habitual en Bufón por su forma profesional de hablar, enredar y embaucar, le explicó, con su gente hacia el servicio de manera segura en el sistema espejo, que significa entregando en NY el mismo día entregando en Cdmx.

El cónsul de Oaxaca no conocía al Bufón, pero lo escuchó hablar con tanta propiedad que le entregó la suma de 500 mil dólares en efectivo en la ciudad de NY, con la promesa de que antes de 24 horas Bufón le daba su dinero en México, cobrando obviamente un porcentaje por el servicio.

El Bufón como ya saben, tiene una mente maquiavélica, sabe hacer bien todos sus engaños, manipuló de tal manera al señor de Oaxaca que no le dejó ni consultar ni meditar, entregó el dinero, esa fue la última vez que este señor vio, hablo o supo algo del Bufón. Esta fue otra de las muchas veces que el Bufón enreda y roba a un incauto, el señor de Oaxaca, era una magnifica persona, trabajador y honesto, en lo que se puede decir en este medio y negocio, por confiar en la persona equivocada perdió su dinero y el de sus socios. Si me hubiera consultado, preguntado antes de entregar el dinero, obviamente le hubiera prevenido y advertido, Bufón que se convirtió en un ladrón profesional, se encargó que nadie supiera de esa transacción.

He repetido no en una, sino en muchas ocasiones, el negocio del narcotráfico hace mucho tiempo dejó de ser algo parecido a la época de antes, en los años 70´s, 80´s hasta los 90´s todavía se podía trabajar con la palabra. La época de los grandes SEÑORES de antes no existe, los grandes de Colombia, México que ganaron fama por su poderío, su autoridad, en esta época son solo leyendas.

Por esta razón muchas personas que me conocen en Colombia y en otros países, dicen que yo no sirvo para esto, todos coinciden en que estoy en "**una equivocada profesión**".

Ahora mismo, aquí desde donde estoy escribiendo este libro, parece más una novela de ciencia ficción, estoy más que completamente seguro de eso. Lamento haber demorado tantos años, haber hecho pagar a mucha gente que me quiere de verdad, injustamente el precio por correr detrás de la gran mentira llamada "**DINERO FÁCIL**", tomé la decisión, salirme de la fantasía de vida, también debo concluir los capítulos que me faltan.

Después que Bufón robó al cónsul de Oaxaca, seguí caminando sin zapatos por ese camino cubierto de espinas.

# CAPÍTULO XVII
# LAS MALAS DECISIONES

Como era de esperar, Bufón se desapareció, después de las reuniones de CDMX, también le perdí el rastro, con los 500 mil dólares que le robó al señor de Oaxaca, fue más rápido desaparecer.

Ahora nuevamente estaba sin trabajo sin dinero, había perdido el norte, después de venir de tan lejos, estaba en la ciudad de México sin saber qué hacer. Llamé a pedir ayuda a mi amigo Buena Vida, me comentó que un señor conocido, le había hecho una propuesta de trabajo desde Costa Rica hacia Inglaterra, era la forma como me podía ayudar en esos momentos.

Como estaba sin trabajo, me dio la asignación de que fuera a Costa Rica, me reuniera con la gente a ver si tenía fundamento ese trabajo, de inmediato me fui a San José.

A estas alturas de mi vida, estaba resignado aceptar cualquier trabajo, la necesidad de ganar algo de dinero me hacía viajar hasta el fin del mundo si era necesario, aunque no creía en la tan deseada súper vuelta. Tenía que seguir las instrucciones de quien me estaba dando el trabajo, viaje desde ciudad de México directo a San José, tomé un taxi al centro de la ciudad, a través de la aplicación Airbnb, encontré una casa hotel, propiedad de una señora norteamericana, había acondicionado las recamaras para prestar el servicio igual a un hotel, el ambiente era muy acogedor, el personal de empleados era muy gentil.

En este hotel conocí una señora canadiense de unos 40 años, muy atractiva, de nombre Nicole, era la presidenta de una ONG que dan ayuda a la fauna silvestre, en Costa Rica esta la oficina de Latinoamérica, cada vez que nos encontrábamos en el lobby del hotel o en el restaurante, compartíamos un café en medio de una agradable conversación.

Estuve en San José unos días, después me trasladé a puerto limón, por instrucciones de buena vida para entrevistarme con un señor que llegó de Inglaterra hablar los detalles del trabajo. En puerto limón me atendió un amigo de buena vida natural del puerto de apodo "Pantera", nos reunimos varias veces, escuché cuidadosamente el servicio que ofrece, la logística que maneja, las garantías y margen de ganancia de esa operación.

Al cabo de unos días, teníamos un plan organizado, ahora a esperar que se dieran las condiciones, puerto de limón es pequeño, no hay mucho que hacer para los turistas, como disponía de un tiempo de receso y ninguna cita por cumplir, le pregunté a Pantera donde ir y aprovechar que estaba en la zona, son 6 horas en autobús desde San José, no quería regresarme sin conocer.

Me recomendó el parque nacional Tortuguero que está a unos 70 kilómetros más o menos desde puerto limón, ya saben cómo soy, no quiero desperdiciar las oportunidades, aunque en esa época no entendía las bondades de mi Señor, lo hacía para aprovechar y conocer.

Inicie de inmediato mis aventuras en el Caribe costarricense, después de casi 3 horas de viaje llegué, es un lugar maravilloso, igual que todo el país, lo conservan casi virgen, dejan construir pocos hoteles la mayoría ecoturísticos, en esos me hospedé, estuve en una playa donde van las tortugas a desovar en horas de la noche, hacer ese paseo con un guía autorizado a la luz de una linterna es una experiencia maravillosa, después regresar al hotel en una fría noche que te esperen con un café típico del país, por la manera como lo sirven le dicen "**café chorreado**" la verdad es un placer probarlo, lo sirven en una bolsita de tela que hace las veces de filtro, colgando de un marco de madera donde colocas la tasa, uno nunca deja de aprender cosas nuevas.

Mis vacaciones fueron cortas, después de 3 días de vuelta a San José, regresé al mismo hotel de la americana, por el precio, por el trato tan agradable, también porque Nicole hizo del hotel su lugar de trabajo, me pareció una mujer agradable, cualquier hombre soñaría con tenerla de pareja. En una salida nocturna, Nicole había conocido un hombre 15 años más joven que ella, por alguna particular razón, inicio una relación seria, al punto que le sacó la visa americana, se lo llevó a Canadá y USA de acompañante. En una de esas varias tazas de café me lo contó, llevaban meses en esa relación, no podía perder la objetividad de mi propósito en ese país, mucho menos opinar, entrometerme en asuntos que no me concernían, debía conformarme con ser un simple oyente.

Estuve un tiempo hablando, visitando y arreglando todos los detalles del trabajo, se organizaron todos los por menores, esta vez la gente que hacía el trabajo en puerto limón, viajaron hasta San José para reunirnos, ahora era solo esperar que llegara de Colombia el producto que se enviaría a Inglaterra. Por lo general a Costa Rica llega el **producto** de Colombia directo, pero cuando se pone duro el camino, es a través de Panamá.

El amigo de buena vida iba a financiar todo, estaba directo con una oficina de Colombia que fabrica su propio producto, pero nadie tiene certeza ni fecha exacta para que lleguen las cosas.

Aunque estoy acostumbrado a esa espera, durante toda mi vida en esta profesión han sido muchos los días, semanas y hasta meses de aguante por un bendito trabajo, en ésta ocasión ni Buena vida, su amigo patrocinador, mi persona, teníamos la solvencia para estar en la espera que desespera.

Después de 2 semanas al ver que no se avanzaba, buena vida me dijo que fuera con unos pescadores locales al noroccidente de Costa Rica, allá los vería para que me mostraran la nueva infraestructura que tenían para trabajar.

Tomé el autobús en el centro de la ciudad en horas de la noche, para llegar amaneciendo el nuevo día, salí dirección a una población llamada la cruz, en la región de Guanacaste, ahí tome otro autobús más rustico, preparado para el estado de la carretera, estaba en reparación, el trayecto fue un poco incómodo, hasta que por fin llegué a la bahía de salinas, donde me esperaban uno de los señores.

Estos pescadores hacen el trabajo desde Costa Rica hasta Guatemala, fui hablar con ellos, para un trabajo patrocinado por unos señores mexicanos amigos de Buena vida.

Esa es otra modalidad que usan las oficinas de México, en esos momentos, no me interesaba si el trabajo iba a Europa, Inglaterra, México o la china, con tal de ganarme algo, el destino que fuera era bienvenido.

El que me fue a recibir, me llevó a una casa donde estaban otros 2 pescadores, me mostraron su infraestructura, sus lanchas, el muelle improvisado de donde salen, hasta las ramas que utilizan para cubrirlos en caso de que pase el helicóptero de la policía.

Todo estaba listo, pero nuevamente faltaba lo principal, la materia prima, cualquiera que fuera la modalidad o destino, en esos días, esa temporada, por unos problemas de seguridad, no estaba llegando nada de inventario a Costa Rica.

Los americanos habían desplegado un dispositivo de control, por agua con una fragata de la marina, por aire con el temido avión radar que tiene autonomía de muchas horas.

Igual por el mar Caribe que por el océano pacifico, prácticamente era imposible que llegara droga a Costa Rica, para mantener a la gente calmada, contagiarles un poco de paciencia, me tocó viajar varias veces desde la cruz a San José, luego a puerto limón, prácticamente recorrí Costa Rica de norte a sur, de este a oeste.

Ya me sabia las rutas de autobús, las horas adecuadas para viajar, las estaciones de transporte, conocía los pueblos donde llegaba, hacia recorridos a pie para disfrutar de los paisajes.

Así fueron pasando los días, las semanas y los meses, estaba viviendo de los envíos de dinero que me hacía buena vida, hasta que por fin a los pescadores les llegó material para la oficina de México, era solo acordar y salían rumbo a Guatemala.

Ahora era solo asegurar que el paso por el pacifico entre Costa Rica y Nicaragua estuviera libre para que pasaran los pescadores, pero no había nadie en Nicaragua que pudiera dar luz verde para que salieron, era la única persona disponible.

Después de tantas locuras y tantas tonterías, una nueva mas no creo que me asusté, me fui en carro con uno de los pescadores en horas de la madrugada hasta la frontera de Peñas Blancas en Costa Rica, me llevo la sorpresa que en esos días, estaba la orden del presidente de Nicaragua de no dejar pasar ni un cubano al lado nicaragüense, según comentaban los mismos cubanos que encontré, salieron de cuba en avión hasta Ecuador, el gobierno levanto la restricciones, salieron por miles, cruzaron a pies la frontera Ecuador Colombia en el puente rumichaca, siguieron en autobús del sur de Colombia hasta Cartagena en el norte, como no existe carretera ni camino transitable entre Colombia y Panamá, es selva virgen llamado Tapón del Darién, hay paso a través de un ferry que cruza desde Cartagena hasta la ciudad de colon en Panamá.

De colon tienen que seguir su ruta al norte, cruzar hasta Costa Rica, atravesar el país, hasta llegar a Peñas Blancas, no quiero imaginar el tiempo, desgaste físico, cantidad de dinero que gastan los cubanos, huyendo de un régimen que tiene más de 50 años, es fácil ver la noticia de este suceso, pero es impresiónate encontrarse con ellos, pidiendo cualquier ayuda, sea de dinero o comida, solo quien lo vive, es quien conoce ese sufrimiento.

No quiero extenderme con este tema, solo les diré, en mis muchos viajes alrededor del mundo vi de cerca personas de diferentes nacionalidades, emigrando por necesidad, tuve la oportunidad de conocer muchos africanos que cruzan hasta Europa, pasando cualquier cantidad de penurias por buscar un mejor futuro. Ojalá los afortunados que manejan las riquezas tengan un poco de compasión por los menos favorecidos.

Cuando por finalmente cruce a Nicaragua, me esperaba un amigo de buena vida a quien le dicen "Mala Copa", que ironías tiene la vida, más bien que grupo tan interesante, "buena vida" me puso a cargo de "mala copa", nombres peculiares.

Que incertidumbre en la que estaba, pero bueno, a estas alturas no hay vuelta atrás, me fui con mala copa hasta el borde del mar pacifico, aunque es amigo de buena vida, no está acostumbrado ni conoce mucho del tema al cual fui.

Llegamos en su auto hasta donde había carretera, el objetivo era localizar la temida lancha guarda costa de Nicaragua que patrulla ese paso, nadie sabía de su ubicación, me tocó ir con mala copa, prácticamente caminando entre maleza y la vegetación hasta la cerca que divide a Costa Rica con Nicaragua.

Iniciamos esa trayectoria a tempranas horas de la mañana, después de varias horas de caminar entre arbustos, casi al medio día llegamos a lo alto del risco, exactamente al punto que divide los 2 países.

Estábamos buscando una lancha guarda costas nicaragüenses para vigilar sus movimientos e informar a los pescadores, pero al llegar a ese punto nos encontramos con la sorpresa que no había una lancha, había nada más y nada menos, anclada un poco retirada una fragata rusa, increíble, un barco de guerra ruso, era quien estaba vigilando el litoral pacífico nicaragüense.

Con esta novedad prácticamente todas las esperanzas de trabajo se fueron a pique, imagínense, por el lado Caribe sur, los americanos por el lado pacifico de Costa Rica, también, ahora en aguas de Nicaragua una fragata rusa.

Esto parecía un capítulo de la serie "Misión Imposible".

Con el ánimo bien bajo, más que aburrido, hablé con buena vida, le dije, mejor era salir de esta zona, el coincidió conmigo, decidí irme a México unos días.

Era el mes de diciembre, un buen amigo de Guadalajara-Jalisco, me invitó a pasar la navidad con él, la verdad, estaba aburrido, cansado de estos intentos fallidos.

En esos momentos de mi vida, reflexioné sobre mi trabajo, llegué a la conclusión que después de tantos viajes por el mundo de tanto recorrer lugares, ciudades, creo que me iría mejor como consultor de agente turístico, que como asesor en negocios de narcotráfico, nuevamente tuve la sensación de estar en la "**Equivocada Profesión**", por eso recibí de buen agrado la invitación de mi amigo, me fui a Guadalajara.

Viajé con mala copa desde la frontera de Costa Rica hasta Managua la capital, donde él vivía y desde donde viajaría hacia México.

Antes de salir de Nicaragua, llamé al hotel de la americana en San José para despedirme, darles las gracias por toda su buena atención, desearles una feliz navidad, la administradora me dio la mala noticia que la canadiense, después de viajar con su joven pareja, al conocerlo más a fondo, descubrir sus adicciones a las drogas, había regresado a San José para dar por terminada esa relación, el novio no estaba resignado a perder esa gran mujer, se volvió loco.

Pensando que estaban los 2 en la habitación, la empleada de limpieza fue hacerle el aseo, tocó la puerta, nadie abrió, uso la llave maestra, entró hacer la limpieza, pero se llevó la sorpresa de que estaba, la canadiense, muerta en la cama cubierta con una sábana, su joven amante le había propinado 22 puñaladas en el cuello en forma circular como haciendo un collar, no quiso aceptar la decisión de ella y la mató.

Era muy tarde para advertirle o aconsejarle, tuvo que pagar con su propia vida el gran error de "**Las malas decisiones**", se dejó llevar por la atracción de una pareja joven, triste fue el resultado.

Si se hubiera tomado el tiempo o la precaución de conocer más a su pareja, por lo menos, si tuvo la confianza de contarme cuando lo conoció, hubiera pedido mi opinión al respecto, tal vez hubiera sido otro el desenlace, era muy tarde.

La policía de San José como sabía bien los datos y nombre del asesino dieron rápido con su captura, aunque ahora pague por su crimen, el precio que pagó ella fue muy alta.

Ahora con más deseos de meditar sobre mi vida, hacer una evaluación de cómo estaba viviendo, con más ganas, ansias, salí rumbo a la ciudad de Guadalajara.

# CAPÍTULO XVIII
# HERMOSA FANTASIA

Compré un boleto saliendo de Managua con escala en ciudad de México, destino final aeropuerto Miguel Hidalgo y Costilla, llegando a la "Perla Tapatía", así le dicen a Guadalajara, casi en la salida camino a tomar un taxi me encontré con un amigo que tenía años no lo veía, habíamos perdido contacto.

Era uno del grupo de Cancún de hacía años, de apodo "El Dulce", como les conté antes, la mayoría de personas que se dedican, trabajan o tienen algo que ver con el narcotráfico, se colocan un apodo o sobre nombre, por seguridad, nadie da su verdadero nombre y tampoco se sabe a ciencia cierta su nacionalidad. Ahí estaba saludando al Dulce, intercambiamos números de teléfono, cada uno siguió su camino.

A pesar que mi amigo buena vida, muy gentilmente me invito a pasar la navidad con su familia en Guatemala, decidí irme a Guadalajara, darme un descanso de todo lo que esté relacionado con esa profesión. En la Perla la pasé muy bien, esa ciudad es muy acogedora se hace querer, tiene muchos lugares de interés, muchos sitios turísticos cerca.

En los días que estuve, gracias a la gentileza de mi amigo, se llama Juan David, conozco su nombre y apellido, no tiene nada que ver con drogas o negocios ilícitos, es una gran persona dedicada a su trabajo, su familia, es ingeniero de sistemas, tiene su propio negocio, gracias a eso pagó todos los paseos y recorridos que hicimos durante el mes de diciembre por diferentes lugares de Guadalajara y el estado de Jalisco.

Me llevó a conocer puerto Vallarta, Tonalá, el pueblo de tequila, laguna de Chapala, para cerrar el fin de año organizo una cena el 31 de diciembre en su casa. Invitó a todos sus amigos, prácticamente me sentía en familia.

El día de la cena conocí una joven, digo joven porque ella tenía en esa época 35 años, mientras yo estaba en los 50´s.

Es una atractiva madre soltera con un hijo de 11 años, en esa época, de inmediato quedé impactado con Rosa, así se llama, simpatizamos inmediatamente igual su hijo de nombre Emanuel. No perdí tiempo, empecé a conocerla, no quería apresurarme demasiado pero tampoco quería perder esta oportunidad, la razón que me sedujo, es cristiana, canta en el coro de su iglesia. Me dio la impresión, a pesar de ser madre soltera, muy organizada, al principio tuve que mentirle cuando me preguntó a qué me dedicaba en que me ganaba la vida.

Le comenté que trabajaba como consultor en una multinacional pero no le dije a qué se dedicaba esa empresa. No quería que se asustara, se alejara si sabía la verdad.

Pasaron los días, fui conociendo a Rosa inclusive me invitó a un salón de baile a celebrar el cumpleaños de una amiga, tuve la sensación, era la mujer que necesitaba para organizarme y dejar este trabajo. Estábamos tan acoplados que me invito a una reunión en casa de un familiar, ahí conocí a sus padres, sus hermanos y hermanas, esto me alegró mucho, me hizo sentir que realmente quería algo serio conmigo

Rosa tenía en sociedad con una de sus hermanas una estética, era prácticamente independiente, también me generó un poco de tranquilidad porque haciendo un resumen de mis parejas a través de mi vida, son pocas las que eran autosuficientes. Ahora con cabeza fría reconozco el error, elegía mujeres que necesitaban 100% su manutención.

En la mayoría de los casos aparte de sus gastos, había que ayudar a su sobrino su tía a su madre hasta el perro y el loro, en el caso de Rosa me sentí tranquilo.

Pasó navidad, pasó el año nuevo, pasaron los días, también pasaban mis ahorros, volví a la encrucijada del que hacer, mi amigo Buena vida me dijo que volviera a Costa Rica, había quedado pendiente el trabajo a Inglaterra ¿cómo iba a dejar perder esta oportunidad con Rosa?

Me sentía cómodo, a gusto con ella y la relación, no podía dejar botado lo adelantado con mi amigo en Costa Rica ¿de qué iba a vivir si no tenía mucho dinero ahorrado?

Tenía que tomar una decisión, con Rosa habíamos hablado de ese tema, le había explicado que mi trabajo me exigía viajar mucho, me manifestó que no estaba dispuesta a tener una relación a larga distancia, si quería algo serio con ella debía estar a su lado, prácticamente estaba entre la espada y la pared.

Recapacité sobre los últimos meses de todo lo que había pasado de todos los éxitos, todos los fracasos, eran más los fracasos que lo ganado, en el fondo quería salirme de esa vida de mentiras que me tenía atrapado, corriendo detrás de un sueño que no se volvía realidad, era elegir el corazón o la razón, tomé el camino del corazón. Decidí quedarme en Guadalajara para estar cerca de Rosa.

En la iglesia conocí un señor que trabajaba en una empresa de Tlaquepaque, municipio que pertenece al área metropolitana de Guadalajara, esta empresa se dedica a importar, comprar, vender lo relacionado a Los pollos, sus diferentes derivados.

Cuando hablo de pollo es del ave hijo de la gallina, para los que no saben, en México les dicen pollo a los ilegales que entran a USA, pollero es quien los pasa la frontera. Como hicimos buena amistad, tuve la confianza de contarle, quería cambiar de trabajo, le dije que tenía muchos años, demasiados en la multinacional, quería un cambio, pero no sabía, no tenía a que dedicarme en Guadalajara, conocía a Rosa, le manifesté mi interés por quedarme cerca de ella.

Gentilmente me ofreció que vendiera pollos de su empresa, me explicó que tenía que comenzar desde abajo, pero con dedicación y esfuerzo podía llegar lejos en esa línea, el propósito era que hiciera una ruta de ventas, distribución propia.

De inmediato, aunque tenía 50 años, todavía tenía fuerzas y ganas para iniciar un cambio de vida, mucho más si la recompensa era formalizar mi relación con Rosa.

Lo primero que hice fue rentar una casa pequeña, suficiente para mi proyecto, compré un congelador, empecé a vender pollo en el vecindario y las cercanías, hice volantes de publicidad, repartí en la zona. Cerca de la casa había un mini supermercado, ahí no vendían nada de ese tipo de productos, hablé con el propietario, pedí permiso para abrir un punto de venta en su negocio, amablemente, “El Güero” como le dicen, me dio autorización.

En una carpintería cerca elaboraron un pequeño mueble, acondicioné el espacio que me ofreció, si muchas veces antes le había puesto alma vida y corazón a los trabajos relacionados con el negocio del narcotráfico, como no le iba a echar ganas a un negocio legal que me ayudaría en mi vida sentimental.

Así empecé mi nueva aventura, organizado con Rosa, en un negocio legal, les dije antes, durante mi vida he iniciado varios negocios legales, casas de cambio, boutique de ropa, venta de celulares, alquiler de autos y otros, la mayoría fracasaron porque no encontré una pareja con los mismo objetivos y metas.

Aprendí en la vida, para ser un hombre de éxito necesitas una buena pareja, una mujer que te haga crecer, no retroceder, que sea tu empuje, no tu lastre.

En ese momento de mi vida sentí con Rosa iba a prosperar, al principio como todos los inicios fue duro porque empezamos de cero en un negocio que estaba aprendiendo, no es fácil, tampoco era fácil hacer el papel de compañero de una madre soltera, ayudarla en la orientación de su hijo, Emanuel es un joven de carácter fuerte, desde el comienzo me lo dejó saber.

Así pasaron los meses con altos y bajos llevábamos nuestra relación lo más normal que se podía, pero después de un tiempo volvió a mi cabeza un fantasma que hasta ahora no les he contado.

Soy muy celoso, demasiado, como todas estas historias que he contado, son de mi forma de ganarme la vida, no de mis defectos y virtudes.

Podría describir el suceso como parte de la ley Causa & Efecto, cuando empezaron mis problemas económicos, al mismo tiempo empezaron mis celos. Rosa nunca me dio motivos para sentir celos, aunque algunas veces actuó de manera extraña, lo suficiente para despertar el fantasma que tenía dormido. De inmediato me reclamó, no estaba dispuesta a tener una relación tormentosa a causa de los celos.

No tenía como saber, a través de mi vida, había pasado, por muchas, demasiadas situaciones en las que había confiado 100% como lo estaba haciendo ahora con ella, esa confianza la habían traicionado. Por haber escogido mal a mis parejas, el resultado había sido, convertirme en una persona celosa y desconfiada. Si empezara a contar todo lo visto, a través de mis viajes, tendría que escribir un libro de ese tema, los engaños, las mentiras, no únicamente de hombres a las mujeres, de mujeres a los hombres por igual. Hoy en día vivimos en tiempos que nada me sorprende, aunque no vivo del pasado, hay cosas que no puedo controlar, mis celos enfermizos. Así de rápido como inicio mi entusiasta y bonita relación con Rosa, así también empezó a decaer, comenzaron a salir las verdades que desengañan, pudo ser consecuencia de tanto decirle "me encantas", respondía "desencantado".

Le conté a Rosa la verdad, mi trabajo de años, a que me dedicaba exactamente, la palabra que muchos temen, otros aman, "Narcotráfico", de inmediato dijo, no quería saber nada de ese negocio, me contó que en su juventud sufrió mucho porque un familiar cometió varios errores, eso le hizo pasar muy malos momentos, acabo con la tranquilidad de su familia.

Había aprendido, sufrido con las experiencias de ese familiar, no quería tener ningún tipo de vínculo, con algo relacionado, presentarme a su vida, la de su familia, trabajando de "eso", cambiaria todo.

Como estábamos sacando nuestros secretos a la luz también me contó, aunque no tenía ninguna relación con el padre de su hijo, pagaba la renta de la casa, los estudios de su hijo, hasta el automóvil se lo había regalado.

Esto animó mis celos, no estaba en condiciones para hacerle terminar esa relación de dependencia económica con el padre de su hijo, decidí terminar mi relación, a sabiendas que podía ser la mujer asignada por mi Dios, mi compañera en la vejez.

Tiene todo lo que deseo de una mujer, belleza, inteligencia, el atractivo más grande es su fidelidad a Jesús. A pesar de saber todo eso, como muchas veces en mi vida, tomé la decisión equivocada, me dejé llevar por lo material, por el mundo que me arrastraba con su atractivo **dinero fácil**.

Me alejé sabiendo que arrancarla de mi corazón no iba a ser fácil, era mala decisión, estaba actuando de la manera incorrecta, pero pesó más el amor al dinero que a Rosa.

La **"Hermosa Fantasía"** solo duro 8 meses, ya nada me ataba, no tenía motivos para seguir en Guadalajara

# CAPÍTULO XIX
# ANTILLAS HOLANDESAS

¿Y ahora qué iba hacer con mi vida? ¿Volver a Colombia? Si hasta con mi esposa había terminado la relación, solo problemas me esperaban, quería volver a terminar lo de Costa Rica, mi amigo buena vida no quedó contenta porque le dejé el proyecto prácticamente botado.

En Guadalajara, tuve tiempo suficiente para meditar de mi vida, hacer un balance de lo que había logrado o conseguido en todos estos años.

La última vez que estuve con mi amigo buena vida alquiló una casa tipo colonial bien bonita en la ciudad de antigua Guatemala, se mudó con una novia que conoció en Costa Rica hacía tiempo, esta vez quiso formalizar su relación, tanto que llegó al punto de dejar todo por ella. Su esposa sus hijos inclusive a su primera nieta que es su gran amor.

Me parecía mentira, buena vida, quien años antes vivió en Cancún conmigo, me enseño, no se debe poner el corazón a las relaciones que se inician por una atracción sexual.

Ese quien fue mi guía junto con su cuñado la araña, siempre usaron la razón, nunca el corazón, con esa filosofía se mantenían fuera de problemas, esta vez buena vida rompió sus propias reglas, guiado por el corazón, mandó traer a su novia "Tica" (tico/a les dicen a los nacionales de Costa Rica) desde USA donde ella vivía, apenas llegó, la mudó a la casa de antigua, increíble pero cierto.

Buena vida se había enamorado ¿será que los hombres mientras más viejos más pendejos?

Le hice saber que había terminado mi relación con Rosa, gracias a Dios se le pasó el enojo por dejarle botado el trabajo en Costa Rica, me invitó a pasar una temporada, parecía que iniciar una relación formal le costara trabajo, nuevo destino, Antigua Guatemala.

Al aeropuerto, me fue a recibir el chofer, ni salir de la casa quería por estar viviendo un hermoso romance, quien lo ve, parece un guionista de novela. Me instalé en la casa colonial, entre varias habitaciones, escogí, la más alejada posible de los tortolitos, pensando en la contaminación sonora a la hora de dormir, en palabras comunes, no quería escuchar gemidos de gata.

Después de presentármela oficialmente, nombre artístico "La Fashion" conversar un rato, hablar de diferentes temas, me entero compartíamos gusto por las fiestas electrónicas y sus accesorios, siempre son éxtasis XTC, tachas, MDMA, aparte de eso, fanática de fumar marihuana, es una apasionada de la hierba.

Buena vida había pasado hace mucho los 40's, me encontraba en los 50's, no era impedimento para irnos de fiesta con la fashion casi todos los fines de semana.

Todo lo que había avanzado, lo bueno que recibí en mi relación con Rosa, retrocedió, entendí, estar fuera del alcance de la gracia de DIOS, el enemigo aprovecha, empiezo de nuevo hacer mis locuras. Me costaba trabajo aceptar, buena vida estaba enamorado, me convencí, una noche como muchas en que terminábamos los 3 en la casa de antigua, borrachos y drogados, buena vida se puso a llorar, decirle a la fashion que estaba realmente enamorado, quería llevar la relación hasta lo más lejos.

Como si fuera una ley de gravedad, decirle a una atracción sexual que estás enamorado es como decirle a una gallina que va a ser el ingrediente principal de una sopa. La fashion le dijo a buena vida que tenía un compromiso en USA, se fue. Gracias a DIOS buena vida con esto, abrió los ojos, se desengaño, ese fue el final de su fashion relación.

Una de esas noches de fiesta me fui a un bar discoteca de moda en antigua Guatemala, "Las Vibras de la Casbah" con una amiga "Caleña" de buena vida, una joven de 30 años, tenía un cuerpo de esos que parecen tallados por un artista.

Esa noche tomé tanto alcohol que me puse hasta lo máximo, al punto que boté mi teléfono celular, ni me acuerdo como ni en qué estado llegue a la casa de antigua.

Estaba en tan mal estado que la amiga que me acompaño no quiso quedarse conmigo, solo me dijo: "Mira vé, vos no servís pa´nada" se fue en un taxi a pesar de ser bien lejos y caro el servicio, que vergüenza el estado que me encontraba, desperdiciar una noche de buena compañía por culpa del alcohol.

Llegar a ese punto a mi edad me sirvió para dar el gran paso, divorciarme del trago(alcohol) definitivamente, para confirmar la decisión opté por hacerme un tatuaje que me recuerde para siempre, que el alcohol nos lleva a perderlo todo. Cuando no podemos manejarlo ni controlarlo estamos en el momento oportuno.

Gracias a DIOS al día de hoy han pasado alrededor de 4 años, en ese tiempo no he consumido nada que contenga alcohol, lo bueno de todo es que **no** me ha hecho falta.

Acordándome lo que realmente me sirvió para recapacitar, me hizo detenerme a pensar hacer un giro de 360 Grados, buena vida me contó el final de su cuñado "La araña" en compañía de su novia "Mika".

Tenían varios años de relación, también hacían parte de la numerosa mal agradecida, vida del narcotráfico, juntos hacían los negocios, juntos fue su final.

Ni siquiera querían trabajar con buena vida, estaban solos en ese mundo, solos los encontraron, Mika desnuda con un tiro en la cabeza metida en el baúl del mini cooper propiedad de la araña, él todavía en el asiento del conductor con la cabeza apoyada en el manubrio con un disparo en la parte de atrás de la cabeza, muestra que fue ejecutado sin compasión.

Esta noticia me dio mucha tristeza porque la araña era una persona que a todo momento tenía una sonrisa en su cara, siempre servicial y gentil con todos, a pesar de sus errores, defectos, no merecía terminar de esa manera, Mika mucho menos. Ambos sonriendo, son los recuerdos que llevaré de ellos.

Estas cosas que habían pasado me hicieron mirar para otro lado, buscar nuevos rumbos. Por alguna razón me acordé de la persona que había encontrado en el aeropuerto de Guadalajara, El Dulce, decidí llamarlo, sabía que le gusta trabajar en Europa.

Esa ves me contó que estaba de vuelta en Cancún y trabajando, pregunté si tenía algo para mí, solamente dijo que viajara para hablar personalmente, por teléfono no le gustan esos temas, como a todos los "traketos".

Agarré a mi fiel compañera, la que sin poder reclamar va conmigo donde quiera, mi maleta, salí de nuevo desde Guatemala a mis antiguas andanzas a un futuro incierto, con muchos riesgos.

Llegué a Cancún sin novedad, como tantas veces, encontré un alojamiento de Airbnb por lo atractivo de los precios, me convertí en cliente usual. Después de un breve descanso, dejar mi maleta, salí a reunirme con El Dulce para escuchar en que andaba, antes de hablar de trabajo se tomó el tiempo para hacerme un recuento de todo lo que había pasado en los años desde que nos conocimos, de cómo estaba mi vida ahora.

Prácticamente entre tema y tema me estaba regañando, reprochando, en todos esos años eran más los fracasos que lo ganado, aunque soy mayor que El Dulce, por su condición económica y el renombre que había conseguido en Cancún tenía argumentos para darme una llamada de atención.

Se me habían pasado los años, seguía haciendo las mismas tonterías que cuando era joven, no lograba una estabilidad económica, literalmente me estaba diciendo que estaba en la **"Equivocada_Profesión".** ¿Pero qué podía hacer a mi edad?

Aquí es donde quisiera captar la atención de los jóvenes, sé que hay muchos, miles, están en esa época de la vida donde pueden escoger su futuro, hacer las cosas bien, evitarse una vida llena de inciertos y lágrimas, por creer que son dueños de sus destinos, se dejan llevar por una falsa ilusión.

Cuantas veces nuestros padres, abuelos, familiares nos enseñaron, repitieron que lo ganado, logrado con esfuerzo, trabajo honesto es más satisfactorio y duradero que lo conseguido en el camino erróneo.

A pesar que Dios me dio todas las **oportunidades** para seguir ese buen camino, las desprecie, al final entendí, lo aprendido en las escuelas, universidades y centros de estudio, da como resultado, vivir esa vida satisfactoria, aunque no sea perfecta.

Una vida honrada, aunque sea modestamente es mejor que correr detrás de una ilusión sabiendo que estamos en el camino equivocado.

De que nos sirve pasarnos toda una vida luchando por cosas materiales, el día que nuestro Señor nos llame a su presencia, nada de lo comprado, ganado, obtenido nos lo podemos llevar, esa excusa ese pretexto de que**:** se lo dejo a mi familia, es un consuelo que nos queremos dar, pero al final sabemos que no es válido, puedo darle miles de ejemplos de jóvenes que heredaron fortunas de sus padres, por no saber cómo fue ganada, la pierden en poco tiempo, así como llegamos cuando nacimos, sin nada, así mismo nos vamos de este mundo.

Con vergüenza, no tuve más que decirle, tenía razón, no había cumplido las metas que él, en ese momento no sabía, no podía entender, todos en esta vida, nacemos con un propósito, ni siquiera cuando empecé a escribir este libro hace varios meses, no tenía idea, más bien ...no quería aceptarlo.

Siempre estuve mirando lejos pero no me di cuenta de nada, tenía que pasarme todo esto que les estoy contando para por fin entenderlo, tenía que vivir este último capítulo aquí en la prisión de Holanda para poder abrir mis ojos, ver, entender que es, tener un propósito en la vida.

Aunque he cumplido más de la mitad de mi condena, gracias a Dios no fue muy larga, a pesar que nos caemos, nos volvemos a levantar, pensando que lo hicimos con nuestro propio esfuerzo sin saber que esa mano, ese apoyo que nos sirvió para levantarnos nuevamente vino de nuestro Señor.

No quiero adelantarme ni anticiparles, no vayan a creer, como muchas veces antes cuando estuve privado de libertad me convertí al Señor, cuando recuperé mi libertad me olvidé de Dios.

Ahora fue algo más real, más tangible, ni siquiera puedo decir que la ayuda que recibí, el día de mi **sentencia,** me volvió cristiano, católico, judío, ni siquiera musulmán, aquí adentro tengo contacto diario con todos.

Ahora simplemente reconocí, el Gran "YO SOY EL QUE SOY" (éxodo 3:14) que todos llamamos de maneras diferentes, sabemos es el Creador de todo, nos dio la vida para cumplir un propósito.

Estamos ocupados viviendo la vida a nuestro modo, no sacamos tiempo para entender este tema.

Le respondí reconociendo, amigo usted tiene la razón, si puedes y quieres, échame la mano, muéstrame por donde tengo que caminar, que en este momento necesito hacer algo porque estoy nuevamente en el fondo de la olla.

Después de mucho regañarme y decirme que me iba a dar una oportunidad, esperando que no lo decepcione, me explicó, tenía un amigo antillano de curazao, que controlaba y manejaba a su antojo la salida desde el aeropuerto de esa isla.

Me preguntó si conocía alguien que tuviera la recibida en Holanda en el vuelo de KLM en la ruta curazao-Ámsterdam, que buscara alguien responsable, para probar esa ruta. Le dije que no conocía a nadie, pero lo iba a buscar.

La mayoría de estos negocios es parecida a las subastas, empieza a ofrecer lo que tiene al mejor postor, con quien tenga mayor solides, con ése lo hace.

Empecé a preguntar a todos los conocidos en especial a quienes viven o hacen negocio en Holanda, para saber quién tenía esa recibida.

Entre las muchas personas a quien les pregunté apareció Benito, siempre está buscando el negocio del siglo igual que todos, al que robaron en Panamá aquella vez, merecía una oportunidad para recuperar y pagar lo que debía.

Por coincidencia había conseguido esa bajada como la pedía El Dulce, me contó que hacía poco estuvo en Ámsterdam, fue hablar directamente con la gente, un amigo de Panamá lo había conectado, fue a verificar personalmente si tenían ese manejo.

Conoció a un africano que era el intermediario, su amigo estaba directo con los empleados de KLM, era quien respondía por ese proyecto, le pregunté si conocía bien a esa gente, si confiaba en ellos, me respondió que el africano lo llevó a su apartamento en la zona de Bijlmer en Ámsterdam. Le dio alojamiento inclusive le presentó a su socio otro africano.

Con estas referencias le hablé al dulce, le expliqué lo que había, El Dulce es súper mega recontra desconfiado, me dijo que no sentía seguridad en esos africanos.

Hablé con Benito para ver que podíamos hacer para que El Dulce se sintiera tranquilo, cual podía ser la garantía de éxito, dijo que estaba tan seguro y confiado en los africanos, él mismo se ofrecía de pasajero para llevar la maleta con droga, sus nuevos amigos africanos lo recibieran en Ámsterdam.

Con esta respuesta El Dulce no dudo en organizar todo, le dio los viáticos, Benito se fue a curazao de inmediato, empezaran a organizar todo para trabajar, no quería perder tiempo, dijo me fuera a Ámsterdam a supervisar y esperar a Benito.

Me dio el boleto y los viáticos, salí nuevamente desde Cancún hacia Holanda, había perdido la cuenta de cuantas veces había viajado a ese país.

De nuevo, sacando fuerzas de donde no tenía, sabiendo los riesgos de volverme a encontrar con el grupo de Armin, Dick, Mohamed y el alemán que se había dejado robar, no quedé traumatizado, fue la primera vez, en mis 50 y tantos años, que viví una experiencia de ser secuestrado, ni siquiera en mi país que es algo cotidiano, para colmo por unos holandeses, marroquís, decían ser mis amigos antes del robo, lección nueva aprendida, solo conoces la cara de las personas cuando ocurren estos sucesos.

A estas alturas de mi vida había perdido el miedo al riesgo, con mi conciencia limpia a pesar que formaba parte de esos negocios ilegales, nunca participé ni permití ningún robo o algo parecido.

Con esta moral salí de nuevo a la aventura, al llegar en Ámsterdam me recibió uno de los africanos apodado ZEBRA, me esperaba en la salida del aeropuerto Schiphol, igual que muchas veces antes esperé a los pasajeros.

Bajamos al subterráneo, tomamos el metro que es el transporte público más rápido y eficiente de la ciudad, me llevó a su apartamento en BIJLMER donde antes estuvo Benito, esta vez me tocó ser el huésped de honor, amablemente de dio una habitación privada para que estuviera cómodo.

Me explicó ahora directamente como era el manejo de sus amigos en el aeropuerto, ese mismo manejo muchas veces, trabajamos igual, Zebra me dijo que tienen el equipo que baja las maletas del avión a las bandas, en ese trayecto interceptan el equipaje con la droga, lo guardan en un lugar especial a esperar terminen el turno de trabajar, para finalmente, sacarla a la calle.

Había que organizar los detalles de la fecha exacta, acordamos hacer una prueba pequeña, los africanos no confiaban en la salida de curazao, no querían invertir en la primera vez.

Esa situación se ha presentado durante los últimos años en Holanda, nadie quiere invertir en un proyecto la primera vez, todos están cansados, aburridos que los roben, de mandar el dinero y esperar y esperar, nunca llega nada, esa es la triste historia de los nuevos trabajos en el sistema del narcotráfico.

El Dulce corrió con todos los gastos, esperamos unos días hasta que el personal de KLM estuvieran listos. Cuando por fin dieron las fechas le compraron a Benito el boleto, el día del trabajo le explicaron que tenía que llevar hasta el mostrador de la aerolínea la maleta con droga, después de hacer el check in quedaba el resto a cargo de la gente de Holanda, asumiendo que el personal del aeropuerto Hato de curazao, cumpliera con dejar subir la maleta con droga, salía en Ámsterdam sin equipaje, solo tenía que darme el número de la etiqueta. Días antes me mandó la foto de la maleta.

Procedió con lo acordado, llegó al aeropuerto, hizo el check in, me envió por mensaje el número de su equipaje, la corbata como decimos, estando en la sala de espera minutos antes de abordar se despidió, acordamos que salía del aeropuerto, nadie lo iba a recoger, llegaba en taxi al apartamento del africano Zebra.

A la hora de la salida en curazao era de noche en Holanda, por la diferencia de 7 horas, después de darle los datos al africano, pasarlos a su socio, me fui a dormir.

A la mañana siguiente me levanté temprano igual que Zebra a esperar noticias de Benito, pasó la hora de llegada de vuelo, no tenía noticias, siguieron pasando las horas, El Dulce que también se había levantado temprano me preguntó si había llegado, si habían sacado la maleta, le dije que todavía no sabíamos nada.

Pasado unas horas más, el socio de Zebra llegó hasta su apartamento, trajo una copia del listado de todas las maletas que venían en el vuelo donde supuestamente viajo Benito, me dan la noticia que el número que les di no estaba en el listado.

Como estaba organizado numéricamente, revise, efectivamente no apareció el número, que problema, estaba cansado, aburrido de malas noticias, que ninguno de los ultimo trabajos o intentos salieran con resultado positivo.

¿Qué otro nuevo lío tenía que pasar para que por fin desistiera de estos trabajos?

Cuando le di esa información al dulce, se puso furioso no creía, esa era su especialidad, por eso le dicen El Dulce, empezó a regañar, maldecir, como es su costumbre, a decirme que los africanos se habían robado las cosas, que dolor de cabeza.

Cálmate esperemos que Benito aparezca sabremos qué fue lo que pasó le dije, pero lo único que pasaban eran las horas, una, dos, tres, cuatro después de casi 12 horas, Benito no aparecía empezamos a preocuparnos, nos imaginamos todas las causas posibles, pero no podíamos hacer nada solo esperar. Paso un día, 2 días al cuarto día Benito se comunicó con su mujer en Colombia le aviso que estaba detenido en una cárcel de curazao, ella se comunicó conmigo, me explicó que lo habían detenido en la sala antes de abordar el avión.

Le avise de inmediato al dulce porque la salida de curazao estaba a cargo de su famoso amigo antillano, todavía incrédulo El Dulce, mandó a investigar en la cárcel de curazao, efectivamente ahí estaba Benito.

La gente de la salida había cobrado por supuestamente dejar pasar la maleta con droga, pero al final detuvieron a Benito, confiscaron la maleta. La fama de los empleados del aeropuerto de curazao que ofrecen la salida de drogas ilegales no es ganada sin fundamentos.

Así terminó ese episodio desde las "**Antillas Holandesas**", les termino la historia, para que sepan el final de Benito, pero no pienses que, la cárcel es un juego, después de 3 meses, recobró su libertad, quedo vetado para volver a las Antillas holandesas, la pena de cárcel en curazao a las mulas de drogas es relativamente corta.

Benito preso, habíamos quedado mal con los africanos con la gente del aeropuerto de Ámsterdam, con todos. ¿y ahora que iba hacer yo? Llegué solo con unos pocos euros en espera del trabajo y vean el resultado ¿qué iba a ser de mí? Zebra me dijo muy gentilmente que me podía seguir quedando en su apartamento hasta que resolviera mi situación, que tranquilizante es recibir esa noticia, por lo menos la preocupación de buscar donde dormir, estaba resuelta, sinceramente desde que conocí a Zebra, me di cuenta de la calidad de persona, a pesar que fue en medio de estos negocios, es una amistad que da gusto conservar, ahora estaba a expensas del dulce, este fracaso era su responsabilidad.

Me dijo que no me desesperara, tenía un plan B para trabajar aprovechando que estaba en Europa, le diera unos días para organizar y me avisaba.

No tenía otra salida solo esperar, me quedé en donde Zebra sin salir mucho a la calle, aunque tenía amigos en Ámsterdam, den Haag y Rotterdam, no quería jugar con mi suerte y encontrarme con alguien del **robo del siglo.**

# CAPÍTULO XX
# UNA RATA EN EL NIDO

A los pocos días me avisa El Dulce que estaba listo para trabajar. Me explicó su famoso plan B era enviar pasajeros con equipaje de mano con droga, pagando la salida con los de la SSA, llevaba años trabajando con ese grupo sin ningún problema, ahora la llegada era en la modalidad de "KAMIKAZE". Significa que el pasajero sale sin ningún arreglo ni nadie que lo espere, en palabras textuales, pasa descaradamente con su equipaje de mano pidiéndole a Dios que nadie de la aduana lo detenga en la salida.

Que descarados somos, metemos a Dios en estos negocios ilegales, no únicamente de narcotráfico, los asaltantes y asesinos cuando salen hacer su oficio se encomiendan a su respectivo protector, esta extraña forma de pedir ayuda Divina, la explicó el escritor colombiano Fernando Vallejo en su novela "La virgen de los sicarios", cada uno es libre creer, entender a su manera, en México cierto grupo de personas adoran a "Jesús Malverde" le dicen "El santo de los narcos", respeto la forma individual de tratar el tema, en lo personal fortalezco mi Fe en la palabra escrita ( Juan 11:25).

Por lo general las autoridades en Europa piensan, confían que el equipaje de mano llega previamente revisado e inspeccionado en el aeropuerto de salida, desconocen que esa inspección fue realizada por El Dulce.

Es un trabajo 50/50... 50 pagado, 50 a la suerte, no tenía nada que perder, los gastos de la salida en México eran pagados por El Dulce y su grupo de socios. Tienen el poder de quitar y colocar políticos, líderes comunitarios, comandantes de las altas fuerzas policiales, siempre supe que existían, pero nunca conocí gracias a Dios y a la desconfianza del dulce, en el fondo para mi seguridad y tranquilidad, mientras menos sepa es mejor.

El Dulce estaba estudiando los destinos más tranquilos para trabajar, era de escoger entre Ámsterdam, Frankfurt o Dusseldorf, cualquiera que fuera, mi trabajo era esperar al pasajero, desde lejos observar que saliera a la calle solo, tomara un taxi dirección a un hotel, si todo estaba normal, llegaba a recoger el "trabajo", lo comercializaba para finalmente enviar el dinero de vuelta. Prácticamente era hacer lo mismo que años anteriores, me daba una comisión por hacer parte de su grupo, también me daba margen en la ganancia de venta.

Me pareció algo bueno, una manera de ganar dinero que bastante falta me hacía, era cuestión de esperar que los KAMIKAZE llegaran bien, como en los últimos años habían sido más los fracasos que los éxitos, estaba un poco incrédulo, pero igual listo para trabajar.

El Dulce había decidido empezar el nuevo proyecto en Ámsterdam, aprovechando estaba allá, me sabia mover y comercializar las cosas rápido. El primer pasajero que envió era un señor de unos 60 años de edad con buena presencia, salió ciudad de México-Ámsterdam con equipaje de mano, gracias a DIOS llegó bien, el africano me ayudó a la venta del trabajo con su gente. Me presentó un señor dueño de casa de cambio quien me cobraba el 3% por cambiar los euros de baja denominación a billetes de 500, así era más fácil enviar el dinero a México. Después El Dulce envió una pareja, después otra, así trabajamos varios meses, por fin volví a ver ganancias a disfrutar de lo obtenido con tanto riesgo y trabajo.

Entre los innumerables clientes que hay en Holanda y Europa, conocí un holandés quien hizo el compromiso de comprarme todo lo que llegara a un precio un poco bajo en referencia a como estaba en el mercado, pero me daba la tranquilidad de no tener que salir a buscar clientes cada vez que llegara un pasajero. Lo conocí a través de una amiga holandesa, su familia son dueños de una cadena de restaurantes en Ámsterdam, a ella por medio de Armin el holandés Surinam, con esta referencia hice amistad con el holandés. Siempre que llegaba un trabajo estaba listo con el dinero para comprar, al principio seguía viviendo en el apartamento del africano Zebra, pero como sus clientes eran minoristas duraban demasiado en resolver el trabajo.

Comenzamos con 5 kilos a los 6 meses estaban enviando desde México 10 kilos por pasajero, cuando el trabajo estaba aumentando, decidí buscar a mi amiga Vicky, así se llama la holandesa. Me dijo que estaba radicada en Londres, pero su amigo era de su entera confianza, se hacía cargo, después recibiría su comisión.

Así fue que conocí a Stevenson, el buen cliente holandés, estaba satisfecho de tratar y hacer negocios con él, por su seriedad y honestidad, aunque sea una paradoja, encontrar gente honesta dentro de un negocio ilegal no es imposible.

Después de trabajar varios meses, estaba ganando bien, no sé qué mosca le picó, quién le comenzó a meter ideas en la cabeza, es algo parte de este sucio negocio, siempre hay un envidioso detrás, sembrando espinas, El Dulce se le ocurrió decirme que ganaba demasiado, un punto y medio, o sea, mil quinientos euros por unidad que llegaba, tenía que recoger el trabajo en el hotel, venderlo, cambiar el dinero, después enviarlo a México de vuelta. Para El Dulce es mucha ganancia, no sabe el riesgo que corro al recoger el trabajo en manos de los pasajeros al hotel, guardarlo hasta que el cliente este con el dinero listo, arreglar el dinero en un empaque especial para que lo lleve de vuelta el pasajero, después acompañar a los pasajeros hasta el aeropuerto y supervisarlos que salgan bien hacia México. Como es parte de su personalidad desconfiar y estar en desacuerdo en todo, me insinuó que no estaba siendo sincero con el precio de venta, hasta el punto que consiguió un cliente a través de un amigo antillano de Bonaire, otra de las islas colonias de Holanda. Lo primero que le dije era que los negocios con los antillanos no terminaban bien, se acordara lo que pasó con Benito en Curazao, es bien cabeza dura y terco, en un trabajo donde vinieron varios pasajeros se vino el mismo a supervisar y venderle directo a la gente del antillano, prácticamente me redujo mi utilidad, aunque con esto también me quitó mucha responsabilidad.

Me había salido del apartamento de Zebra, al ver que aumentaba el trabajo, me exigió que le diera una comisión por usar su vivienda para hacer las ventas, le dije que le daba algo, el pidió 50 centavos por cada gramo que llegara, me pareció demasiado. Es algo que sale de lo normal, prácticamente quería ganar más que yo, debido a esto me mudé a un hotel, cada semana me cambiaba a uno nuevo, aunque es bastante incómodo, es mejor para mi seguridad.

Cuando llegó El Dulce a Holanda se entrevistó con su gente, el antillano y un nuevo holandés quien se haría cargo de la comercialización a partir de ese momento. Mi cliente Stevenson quedó por fuera y bastante molesto, le expliqué que los dueños de las cosas habían tomado esa decisión, era solo un comisionista, no tenía por qué molestarse conmigo, con la esperanza que iba a conseguir otro proveedor, logré tranquilizarlo un poco.

Desde que El Dulce decidió trabajar con su amigo antillano las cosas cambiaron, se regresó a México para seguir mandando trabajo, ahora su gente se hacía cargo, quedaba un poco fuera del grupo, no soy de protestar ni armar líos en estos casos. Estando de regreso en México organizó un nuevo envío, hizo todos los arreglos como indica el manual, esta vez, era un joven mexicano nacido en Tonalá Jalisco, despachó al pasajero, afortunadamente llegó todo bien.

El antillano en compañía de su cliente resolvió todo, incluye vender, después cambiar la denominación de los billetes, el tiempo que duró ese proceso esperé pacientemente, sin ayudar en nada, simplemente me entregaron el dinero para que lo enviara de vuelta. Se completó el ciclo satisfactoriamente.

El Dulce tiene en México un encargado de reclutar pasajeros con las agallas de trabajar al estilo japonés, el siguiente turno le tocó a otro joven, esta vez originario de la ciudad de México, un "chilango" así les dicen a los nacidos ahí, su homólogo en Bogotá sería un "cachaco". Lamentablemente la suerte no corrió de la mano con este pasajero, cuando salió del túnel, la policía tenía desplegado un puesto de control, fue capturado, por la descripción de cómo pasó, llegamos a la conclusión que lo estaban esperando. Con esta mala noticia todo se paró, nadie quería correr riesgos, eso incluye a los de la SSA, no se sabía a ciencia cierta lo que pasó.

Decidimos esperar un tiempo, destino Ámsterdam no se podía enviar más gente. Estar en Holanda sin trabajar, viviendo en hoteles sale muy costoso, decidí regresarme a México para estudiar qué otra ruta podíamos utilizar.

Tomé un vuelo de regreso a CDMX, estando en el aeropuerto, pude conversar con los encargados de enviar los pasajeros, en una corta charla, comentamos el reciente suceso, todos estaban con el ánimo bajo. Me dirigí a un hotel del zócalo capitalino, por alguna razón me gusta alojarme en esa zona, muchas veces antes lo hice, pero su encanto me atrae.

Después de pasado un tiempo El Dulce quiso que abriéramos la ruta de México a Frankfurt en Alemania, consiguió una pareja de jóvenes recién casados, los candidatos son de la ciudad de Monterrey, Nuevo León (regiomontanos) era la oportunidad de pasaran su luna de miel en Europa. Antes de recibir la bendición de parte de mi Señor, no reflexionaba sobre la suerte de los pasajeros, argumentaba el libre albedrío para escoger individualmente la manera de ganarse la vida, ahora siento un gran pesar, en particular por los jóvenes que se dejan seducir por el dinero fácil, sin saber que puede ser el inicio de un cambio radical en sus vidas.

Organizó todo, como muchas veces antes, como es de esperar, mi labor es de supervisor, de incógnito, la pareja no me conocía, así era mejor para mi seguridad. El día del trabajo los pasajeros llegaron solos al aeropuerto de CDMX con su equipaje de mano siguieron el protocolo de siempre, entrar sin nada, en la sala de espera les hacían el cambio de sus equipajes por maletas con drogas.

Todo salió como de costumbre, estaba cerca supervisando, pendiente que los novios no se salieran del libreto, abordamos el avión casi a las 6pm, nuevamente a cruzar el "charco" esta vez destino Frankfurt, después de casi 11 horas llegamos en la mañana del día siguiente. Salimos del avión, afortunadamente no había operativo al final del túnel, todo estaba normal, caminé dirección al puesto de control migratorio para registrar la entrada a Europa, seguí a los novios a prudente distancia, suficiente para ver sus reacciones al llegar su turno.

Hicimos la fila correspondiente, era mi turno, saludé al oficial amablemente entregué mi pasaporte, lo pasó por la maquina lectora, como estaba atento a un costado del oficial, noté que apenas lo pasó salió un aviso en letras rojas que indicaban algo, como era en alemán no pude entender que decía.

El oficial de inmigración me miró directo a la cara, me dijo que había un problema con el chip de mi pasaporte. Todos los pasaportes nuevos en la gran mayoría de países tienen un chip que contiene la información del pasajero.

En tono serio me pidió, me sentara un momento en una pequeña sala con varias sillas enfrente de las casillas de inmigración. Por instinto o reflejo natural de inmediato levanté la cabeza para ver en dirección donde estaban los recién casados, me di cuenta que a ellos también les estaban dando las mismas indicaciones, que esperaran en la misma sala. Me dije a mi mismo mentalmente, está muy raro, no me huele bien creo que nos estaban esperando, con la mayor naturalidad posible caminé a las sillas, me senté tranquilamente. Detrás mío llegaron los recién casados, tenían una cara de susto imposible de disimular, también se sentaron a esperar.

No tardaron más de 10 minutos, llegaron varios agentes de la aduana a la sala, 8 exactamente, lo primero que nos preguntan en inglés sin ni siquiera saludar, si veníamos juntos, automáticamente les dije que venía solo, se dirigieron a la pareja, les preguntaron lo mismo, pero ellos no hablaban inglés, no entendieron. Uno de los policías me dijo que les tradujera la pregunta, si venimos juntos les están preguntando les dije; ellos contestaron que no, eso les respondí a los policías, estaban atentos a cualquier expresión que nos delatara o nos relacionara.

Acompáñenos a una revisión de control, me señalaron el camino, empecé a caminar, les dije a la pareja que nos siguieran, pasamos una puerta, entramos a una zona donde revisan los equipajes. La mitad del grupo de policías se quedó con la pareja, me llevaron a la mesa siguiente, me pidieron mi pasaporte, nuevamente me preguntaron si venía con ellos.

Con una seca respuesta les repetí que no, uno empezó hacerme preguntas, cuál era el motivo de mi viaje, a que me dedicaba, cuanto tiempo iba a estar en Frankfurt, otro empezó abrir mi maleta, comenzó a revisarla, lo mismo sucedió con la pareja.

Cuando les abrieron las maletas alcance a oír que la mujer dio un pequeño grito de dolor ¡AY DIOS MIO! apenas los oficiales encontraron la droga, trajeron un traductor seguidamente leyeron sus derechos, automáticamente quedaron detenidos y los llevaron a otra parte.

Los que se quedaron conmigo prácticamente me desarmaron mi maleta, sacaron todo hasta lo más mínimo que había, después de convencerse que no había nada ilegal, me pidieron que los acompañara a otro lugar.

Me llevaron a un cuarto especial de revisión me pidieron que me quitara toda la ropa, haciéndome el extrañado me desnude completamente, después de darse cuenta que no tenía nada ni pegado ni adherido a mi cuerpo ni nada parecido, me dijeron que me vistiera.

No sé con qué intenciones, uno le dijo a otro en inglés, tal vez era para estudiar mi reacción ¡este no lleva nada, está limpio! haciéndome el molesto y ofendido le pregunte: ¿cómo así que no lleva nada? ¿Usted qué piensa? ¿Qué soy mula o tengo cara? ¿Qué les pasa?

Usted tranquilo que estamos haciendo el protocolo normal de seguridad este es nuestro trabajo me respondieron, siguieron haciéndome preguntas, así me tuvieron por horas, haciéndome las mismas preguntas, pero al derecho y al revés, unos salían, otros nuevos llegaban, cada grupo nuevo que llegaba me hacia las mismas preguntas, pero de diferente manera.

Después de casi 4 horas y darme cuenta que no tenían nada en mi contra, tampoco nos podían relacionar, empecé a cambiar el tono de mis respuestas, para hacer bien mi papel víctima de abuso de autoridad, me puse un poco agresivo al punto que les dije: Vea oficial aquí solo hay 3 opciones porque no entiendo que es lo que está pasando, me arrestan no sé porque motivo, me devuelve a México, si no quiere que entre en su país o me deja entrar y empiezo mis vacaciones.

Volvieron a salir, al rato llegó uno nuevo, me dijo que tomara mi equipaje y lo acompañara, me llevó a otro cuarto donde había otros pasajeros, también una máquina de refrescos y agua, ahí estaba una mujer oficial de edad mayor, en tono más amable me dijo que podía tomar de comer y beber lo que quisiera, por favor tuviera un poco de paciencia.

Comí bebí y seguí esperando, al cabo de otra hora más llegó un oficial diferente, había perdido la cuenta, también con tono amable que me llevó a su oficina, me pidió que me sentara.

Volviendo a mostrar aquella cara de tonto ingenuo, me senté, el oficial se acomoda, viéndome a los ojos directamente me dice: Señor le voy hablar directo para que entienda lo que está pasando, recibimos una comunicación de las autoridades del aeropuerto de México informándonos que venían tres pasajeros con droga, nos dieron nombres y datos exactos.

Si estuviera haciendo un casting para una novela de drama, seguro me daban el papel ¿qué tengo que ver con eso? ¿Acaso ustedes me encontraron algo ilegal?

Me dijo: no señor, pero nos dieron su nombre, eso fue una equivocación respondí, alguien en México quiso dañar mi reputación, ni tengo droga ni se nada de drogas ni de cosas ilegales, soy un honesto comerciante que vino de paseo vea todo el mal rato que estoy sufriendo, estaba a punto de empezar a llorar de lo conmovido.

Si señor no se preocupe, cálmese por favor ¿cuándo se regresa a México? Le dije: en 8 días es mi vuelo de regreso. Por favor me acompaña, me llevó a la puerta de salida, me devolvió mi pasaporte sellado con entrada y me deseó felices vacaciones, dio media vuelta, entró de nuevo, no podía creer de lo que me salvé.

En el aeropuerto de Frankfurt, igual a la mayoría de aeropuertos de Europa, en el subterráneo hay estación de trenes, bajé las escaleras, fui a la ventanilla, compré un boleto para Ámsterdam. Quería salir lo antes posible de Alemania, no quería pasar otro rato amargo ni que tampoco los pasajeros me pudieran relacionar de alguna manera. "No apto para cardiacos".

Me dio pesar por la pareja de jóvenes, pensando en ganarse un dinero y poder celebrar con lujo su luna de miel, vean el final de su historia, sé que en la juventud cometemos múltiples errores, por favor, entiendan esta lección de experiencia ajena, no propia, entrar a una prisión no es un juego.

Estaba desesperado por llegar a Holanda, después de unas cuantas horas, un par de cambios de tren por fin llegué al centro de Ámsterdam.

Crucé en dirección al hotel victoria situado casi enfrente de la central estación, en la parte de atrás, esta una calle estrecha, fui directo donde unos marroquíes que muchas veces les compré teléfonos y accesorios, ahora únicamente necesitaba un sim card, para llamar al Dulce, relatar el nuevo episodio.

Le conté todo con lujo de detalles, dijo que sospechaba algo parecido al ver que pasaban las horas y yo no me comunicaba.

Tienes "**UNA RATA EN EL NIDO**" le dije, pero él no lo creía, llevaba muchos años trabajando con la "SSA" nunca antes había tenido este tipo de problemas, pues siempre hay una primera vez le dije.

Déjame investigar aquí a ver qué fue lo que pasó me contestó, vete a Rotterdam a la casa de un amigo antillano, allá estas más tranquilo y seguro, no tienes que pagar hotel. Qué ironía, sabiendo que todo lo relacionado con los antillanos era dolor de cabeza y problemas, me mandan a quedarme donde uno, al que le dicen "El Panda".

Me regresé a la central estación, compré un boleto para Rotterdam, esta es una de las muchas cosas que admiro de este país, la facilidad de moverse de un lado a otro en este medio de transporte. El Panda me esperó en la estación central de Rotterdam, 55 minutos aproximadamente dura el trayecto en tren, me llevó a su casa, es un apartamento pequeño de una habitación, los que entrega el gobierno de ayuda, me instalé en el sofá-cama de la sala.

Era la primera vez que lo veía, no tenemos que ser amigos cercanos para darnos cuenta de lo que estaba pasando dentro de la organización de El Dulce en México, repasamos lo de Frankfurt, llegamos a la conclusión, El Dulce había sido traicionado por alguien de la "SSA" en México. Estuve en la casa del Panda varios días pensando ¿y ahora que iba hacer? Era la segunda vez que esperaban a los pasajeros, estaba seguro que toda venía de la misma fuente, la misma **rata.**

Pasaban los días, las semanas, rompiéndome la cabeza pensando que iba hacer, no era seguro trabajar en México, no se podía confiar en la gente de la salida, ¿en qué iba a trabajar? ¿Cómo iba a ganar dinero? Sabía muy bien que vivir en Europa sin trabajar es casi imposible, aunque estuviera quedándome con El Panda, tenía que pagar mi comida y gastos, sin trabajar no se puede.

Uno de esos días fui hasta Ámsterdam, me reuní con Stevenson mi cliente holandés, le conté lo que paso en Alemania, lo primero que me dijo fue: eso les paso por haberme abandonado y quitarme el trabajo de la venta, muy bien que estábamos ahora mira.

Acuérdate que soy una ficha intermedia en este juego le dije; no te molestes conmigo, confió en ti 100% si por mi fuera, todavía estaríamos trabajando, pero donde manda capitán no manda marinero, más bien busquemos alguna forma de trabajar que necesito ganar dinero.

Vamos a vernos en unos días, te contaré algo en lo que llevo tiempo planeando, pero no se ha hecho realidad, me dijo. Me regresé a Rotterdam donde El Panda, seguí en la espera que desespera.

# CAPÍTULO XXI
# INVENTOS DE LABORATORIO

A los pocos días me avisó Stevenson que fuera a verlo, me cito en un café restaurante en las afueras de la arena de Ámsterdam, llegué como siempre, puntual a mis citas.

Me contó que estaba trabajando con un amigo de Londres pero que vive en las afueras de Ámsterdam, este amigo estaba recibiendo directo de Perú droga en sistema, eso quiere decir: camuflada dentro de algún producto de importación regular, pero llegaba sin terminar el proceso completo.

Necesitaba alguien que supiera del tema, prácticamente necesitaba un químico, quería montar un laboratorio ahí en Ámsterdam, para sacar la droga del producto en que venía, terminar el proceso y dejarla como a todos les gusta, en cuadro original, en Holanda le dicen FLEX.

Me pidió la mayor discreción posible, porque montar un laboratorio en Holanda es delicado, le dije: déjame hablar con la gente, no creo que sea muy difícil buscar un químico, en Colombia hay por miles, lo difícil es conseguir que sea honrado, me habían pasado varias malas experiencias por trabajar con químicos que no son de fiar.

Tampoco quería preguntarle a ninguno de los tantos conocidos que tenía, había hecho un balance de los éxitos y los fracasos obtenidos, eran más los fracasos, era hora de hacer borrón y cuenta nueva, estaba aburrido, cansado, lo peor de todo, se están acabando los años, había gastado parte de mi juventud corriendo detrás de la gran **mentira,** a esta edad todavía estaba **atrapado.**

No podía contar a Stevenson nada de eso, había que tener la frente en alto, demostrar que todo está bajo control, menos con lo que pasó, no quisieron darle más venta; tenía que agradecer a Stevenson porque confiaba en mí, me estaba pidiendo un químico, me dio esa confianza, la oportunidad de trabajar con él en este nuevo proyecto. Tranquilo me encargo de eso no te preocupes, consigo el adecuado le dije.

Estuve varios días meditando, pensando con cabeza fría a quien buscar para este trabajo, se me estaban acabando las oportunidades, no podía darme el lujo de traer alguien que me hiciera quedar mal con Stevenson.

Me acordé de un señor de Bogotá que había conocido en Perú, le dicen "El Mono", fue hacer un trabajo parecido. Perú exporta "Guano" son las heces de aves marinas que se utiliza como abono fertilizante, lo llamaron para hacer ese trabajo, meter la droga en sistema. Tenía su dirección de correo electrónico así lo contacté. Me envió un número de teléfono de Colombia, estuvimos conversando un rato, me dijo que estaba en Bogotá, andaba ocupado con unos compromisos, no podía dejar las cosas sin terminar pero tenía un buen amigo que era del sur de Colombia, de Pasto frontera con Ecuador, era muy bueno, de toda su confianza, lo recomendaba con los ojos cerrados, le iba hablar para saber si le interesaba. El amigo hacia años se fue a Ecuador a trabajar a un laboratorio, allá conoció una mujer ecuatoriana, se enamoró, se quedó viviendo con su familia, El Mono sabía que en estos momentos su amigo estaba sin trabajo.

Después de hablar, explicarle la propuesta, a "Pistón", como le dicen al amigo, me avisó que iría con todas las ganas del mundo, aparte de estar sin trabajo, nunca había ido a Europa. Para trabajar cómodamente, necesitaba un ayudante, sugirió llevar a su cuñado ecuatoriano, hermano de su esposa. El Mono estuvo de acuerdo, no conocía al cuñado, sabía que Pistón era un químico con muchos años de experiencia, eso es suficiente para confiar en su criterio y aprobar el ayudante.

Le avisé a Stevenson que tenía al químico, estuvo de acuerdo que fuera con su ayudante, era muy importante que Stevenson lo aprobara, iba a pagar todos los gastos que generara montar el laboratorio, eso incluía el traslado de los operarios. Lo primero fue enviarles dinero para que sacaran los pasaportes, a pesar de ser colombiano, Pistón era ciudadano ecuatoriano, por su esposa e hijos, con esta nacionalidad viajaría al momento de tener todos los documentos listos.

Solucionado los pasaportes, les compraron un paquete vacacional, no podíamos correr el riesgo de que los detuvieran, aparte que ninguno de los dos sabía inglés, el cuñado de Pistón se llama Facundo, es bajito no tiene el prototipo perfil de turista. El paquete vacacional era: Quito-Madrid-Ámsterdam, incluía excursiones, paseos en atracciones en Madrid, desde paseo por la gran vía, la plaza Cibeles, muchas más, prácticamente estaban gozando sin trabajar, de esta manera sabíamos que podían entrar a Europa sin problemas.

Después de un par de días por fin llegaron los químicos-turistas a la ciudad de Ámsterdam, el hotel estaba incluído en el paquete vacacional, decidimos dejarlos ahí unos días. Stevenson estaba buscando una casa cómoda y discreta donde se quedarán viviendo mientras iban a trabajar.

Tenía el lugar para montar el laboratorio, al norte de Holanda en una zona rural, alejada de todo, solo estaba esperando los utensilios para trabajar, los había mandado a comprar en Londres, no quería llamar la atención comprando los artefactos en Holanda.

Cuando le conté al Mono que Stevenson quería trabajar a lo grande, equipando el laboratorio para una gran producción, se entusiasmó, dejó lo que estaba haciendo en Bogotá, se vino a Holanda, no quería perder detalles de las ganancias, habíamos acordado que el pago era proporcional a lo producido.

Stevenson tenía que conseguir una casa donde pudiéramos estar confortables en bajo perfil, aparte de los químicos-turistas, venia en camino El Mono, obviamente los iba acompañar. Cuando estábamos todos en Ámsterdam, nos entregó una casa en las afueras de la ciudad en un lugar perfecto donde podíamos pasar como turistas, aparte de estar cómodos. Desde el primer día que llegaron los dos químicos-turistas mostraron su fuerte inclinación, para no decirle adicción al trago, de igual manera cuando conocí a la fashion en Guatemala, me dejó ver su gusto por fumar marihuana, así de obvios fueron los nuevos integrantes, les encantaba tomar lo que sea, cerveza, whisky cualquier cosa que contuviera alcohol.

Los llevamos a conocer el centro de Ámsterdam, la zona roja donde están las vitrinas de mujeres, parecían dos niños en Disneylandia, como diría un turista de mentalidad abierta, venir Ámsterdam, no entrar a las vitrinas, no fumar marihuana, no estuviste en la ciudad. Mientras esperábamos que Stevenson terminara de equipar el laboratorio, los dos personajes se dedicaron a consumir alcohol hasta ponerse al máximo de embriaguez.

Hacía varios años decidí no consumir alcohol, tampoco podía dejar solos a los químicos, aparte que no hablaban inglés, siempre terminaban ebrios hasta la chancla, me preocupaba que fueran indiscretos en ese estado. No tuve más remedio que lidiar a los borrachos para tenerlos contentos, llegado el momento empezaran a trabajar.

Había empezado el invierno, el paisaje de Ámsterdam en esta época es muy bello, la casa que nos consiguió Stevenson es cerca de un parque, se podía ver las copas de los arboles cubiertas de nieve, ofrecen una vista única. Donde vivíamos tenían varias bicicletas, incluida una de carga, con un cajón de madera adelante, verlas cubiertas de nieve desde la venta de la habitación, era suficiente para mí, no me acostumbro al frío invernal de Holanda, sinceramente prefiero el calor, sol, la brisa que ofrece el Caribe.

Cuando por fin Stevenson terminó de equipar el laboratorio me avisó para que los químicos estuvieran listos, ya había pasado casi un mes, se había gastado más de 30 mil euros, consiguiendo los utensilios y los insumos, realmente no era nada en comparación de las ganancias que iban a producir cuándo empezarán a trabajar Pistón y Facundo. Stevenson me avisó que a la mañana siguiente el chofer los iba a recoger para empezar a trabajar, los 2 personajes estaban consumiendo alcohol desde tempranas horas como de costumbre. Les pedí el favor pararan, había llegado el esperado momento por todos, su respuesta fue, tenían todo **bajo control**, solo era para quitarse un poco el estrés de tanto esperar.

A las 6 am del día siguiente los recogía el chofer, me acosté a las 12 de la media noche, pero antes les volví a repetir, acuéstense a descansar un rato, estaban en estado de embriaguez, su estado natural, únicamente decían "Tranquilo compa es el último traguito y nos vamos a dormir". El Mono que también estaba tomando con ellos, sabiendo la responsabilidad que había, paró y se fue a dormir, pero estos 2 personajes hicieron caso omiso, siguieron tomando hasta las 4 am.

Dos horas después llego el chofer por ellos, como tengo el sueño ligero, me levanté, los acompañé hasta el estacionamiento donde esperaba el chofer de Stevenson. Por fin salieron rumbo al laboratorio, son 2 horas de distancia desde Ámsterdam, les dije que por favor me avisaran de los avances que tuvieran en la producción para que El Mono y mi persona estuviéramos al tanto de todo.

Me volví a dormir, a medio día me levanté, como de costumbre con hambre, preparé algo de comer, al poco rato se levantó El Mono. Pasamos el día entre hablando y viendo televisión, en horas de la tarde de ese mismo día, como a las 5 pm, me avisa Stevenson que hubo una explosión en el laboratorio, había una columna alta de humo negro, le dio indicaciones al chofer que fuera a recoger de inmediato a los dos químicos. Quedé en shock, no entendía que pasaba era el primer día de trabajo y había explotado el laboratorio, dije: DIOS mío no puede ser tanta mi mala suerte.

En esos momentos de mi vida no entendía cuál era la voluntad de mi Padre Celestial ni tenía la menor idea de que todo estaba en sus perfectos planes. Enseguida me comunique con Pistón y Facundo, les pregunte qué había pasado, Pistón contestó que cometió un pequeño error en las medidas de los líquidos y habían reaccionado, explotó una de las ollas que estaba utilizando para procesar la base. Le dije: ¿Un pequeño error? No me jodas, Stevenson me avisó que salió una columna de humo negro de no sé cuántos metros de altura, va el chofer en camino por ustedes, en cualquier momento llegan los bomberos y se acaba la fiesta.

Simplemente volvió a responder: casi me quemo la cara, ya no está la columna de humo, limpié aquí el desastre, tranquilo que voy a seguir trabajando. Estás loco, le volví a decir, ni siquiera esperen ahí en la finca, vayan caminando que el chofer los recoge en la vía.

De manera testaruda repitió no se quería ir, llegó de tan lejos fue a trabajar, un poco de humo no lo iba a desanimar.

Vea amigo, aquí no es Colombia ni Ecuador, ustedes están en Holanda le dije; si no se van ahora mismo, te vas a caer preso, te lo estoy avisando, pero su respuesta fue: Tranquilo si me agarra la policía es mi problema, pero no me voy a mover, seguimos hablando después que voy a trabajar.

¿Se acuerdan lo que les comenté, la ves que Benito me dijo que le iba a soltar los 10 kilos a Carlos? No entendía a los seres humanos...que no hacen caso, ni cuando su vida o su libertad corren riesgo. Al ver esta actitud, le dije de una vez al Mono, recoge tus cosas y vámonos que el laboratorio explotó y eso es un lío grande.

Para confirmar su estupidez, Stevenson me aviso que los dos irresponsables le dijeron al chofer que se regresara, no se iban a mover del lugar, querían seguir trabajando. Empaqué mi maleta, recogimos todo, sacamos las cosas que tuvieran relación con el laboratorio, llamé a un amigo, le pedí el favor de urgencia que nos recogiera, al poco tiempo llegó, nos llevó a un hotel al lado opuesto de la ciudad.

Un poco más calmado en el hotel le avisé a Stevenson donde nos estábamos quedando, para que fuera y discutiéramos lo que paso, ahí lo esperemos, ni salir del hotel queríamos, cenamos, como no apareció, era muy tarde en la noche nos fuimos a dormir.

Al medio día siguiente Stevenson se comunicó, dándome la noticia que era de suponer. A las 6 am de ese día, entró a la finca, la policía, los bomberos, la prensa local, noticiero en vivo el alcalde de la población dando declaraciones, habían capturado a una organización de ecuatorianos con un laboratorio de drogas en esa zona del país. En esa área nunca pasa nada, era el acontecimiento del momento, la noticia más sensacionalista.

El Mono y mi persona sabíamos que eso iba a pasar, únicamente esos dos irresponsables se dieron por desentendidos, no me hicieron caso, sabía que tarde o temprano llegaría la policía, ahora afrontar las consecuencias.

Hasta el día siguiente llegó Stevenson al hotel, nos explicó que el chofer le dijo, el día del trabajo cuando fue por los dos a la casa, olían a puro alcohol, según declaraciones, todo el camino estuvo durmiendo hasta llegar a la finca, cuando llegaron, el propietario confirmó que los dos habían llegado ebrios, por esa causa cometieron un error, la explosión fue el resultado. Prácticamente se había perdido todo, hasta la libertad por una de sus tantas tontas borracheras.

Di gracias a DIOS por haberme ayudado a tomar la decisión tiempo atrás de no volver ni por error a consumir alcohol, que problema nuevamente se había armado.

Stevenson me mostró en su computadora el arresto, noticiero nacional en vivo todo lo que había pasado, el problema no era solo los 2 químicos-turistas.

Obviamente el dueño de la finca y amigo de Stevenson que es holandés también fue arrestado, todos estábamos en riesgo de ser relacionados con el problema a causa de la irresponsabilidad de Pistón y Facundo.

Con cabeza fría discutimos que íbamos hacer, no sabíamos las consecuencias o hasta donde podía llegar este problema, Stevenson era quien había conseguido la casa donde estábamos viviendo también la finca donde se montó el laboratorio, estaba preocupado porque lo podían relacionar y culpar pero también está el asunto que El Mono fue quien los invitó a trabajar, los trajo de Ecuador, pagó los paquetes vacacionales con su tarjeta de crédito, algo fácil de rastrear, era culpable tanto como yo por hacer parte de esto, nos podían acusar de organización, prácticamente todos estábamos embarrados.

Acordamos que Stevenson se hacía cargo de pagarles un abogado a los dos inteligentes químicos y que El Mono se haría cargo de ayudar a las familias en Ecuador. Convenido esto, después que Stevenson se fue, le dije al Mono que mejor empacáramos, salirnos de la ciudad porque no sabíamos que podían hablar, declarar, contar o decir los dos personajes. Estuvo de acuerdo, pedimos un taxi hasta la estación central de Ámsterdam, tomamos el primer tren que salía dirección a París, de ahí nos iríamos en avión hasta Madrid.

Como teníamos el susto todavía no quisimos viajar a Madrid a través del aeropuerto Charles de Gaulle, que es el principal y más grande de Francia, queríamos pasar desapercibidos, relajados, decidimos viajar desde otro aeropuerto llamado Orly, que también es importante pero un poco más discreto.

Llegamos al aeropuerto, confiados era un vuelo local, como todos saben, después de entrar a cualquier país de la comunidad europea, pasar el control migratorio, moverse de un país a otro sea en avión, tren, automóvil, no hay controles migratorios.

Nos acercamos al mostrador de información del aeropuerto para que nos guiara, no conocíamos las aerolíneas simplemente preguntamos por el próximo vuelo a Madrid, seguimos las indicaciones compramos los boletos, cuando nos dirigíamos a la sala de espera, en los controles de seguridad que todo el mundo tiene que pasar, había unas casetas como las de inmigración, veníamos corriendo desde Holanda, por lo que pasó, el enfrentar a un policía cara a cara por el mismo peso de conciencia uno entra en pánico. En ese instante me dije ¿si los químicos hablaron en Holanda y nos delataron? ¿si nos están esperando con los nombres y nos arrestan? En ese momento se imagina, se crea cualquier historia cualquier posibilidad.

El Mono iba en una fila, yo en la otra, haciéndonos como que ni nos conocemos, decidimos separarnos por si algún problema, por lo menos uno de los dos que logre salvarse. Cuando llegó mi turno, como desconozco a las autoridades en Francia, no sabía si ese uniforme era de inmigración o policía o cualquier cosa.

Le pasé mi pasaporte al oficial, lo tomó, lo pasó por un escáner que tenía enfrente, mira la foto, me mira a la cara, empieza hablar en francés a un compañero que tenía al lado. ¿Que más me podía pasar a mí? Después de vivir una vida de sobresaltos, miedos, sustos, presiones, situaciones en diferentes países del mundo, con todo tipo de autoridades, mi corazón en ese momento estaba bombeando al cerebro el doble de sangre de lo normal, tratando de interpretar la conversación de los dos policías, hasta me imaginé que decían, "mira este es el que buscan en Holanda, hasta nuestras manos llegó".

Me preparé para que me dijeron: "queda usted detenido", tenía una cara de susto que hasta el color de la piel se me fue. El oficial me devolvió el pasaporte, me hizo señas que siguiera adelante, continúo hablando con su compañero. Cuando pasé los controles, me di cuenta que es una inspección de identificaciones normal que les hacen a todos los pasajeros, debido que Francia es uno de los destinos preferidos, por los terroristas para hacer sus fechorías.

Cuando El Mono se me acercó, muerto de la risa me dijo, Fruta quisiera haber tenido una cámara y tomarte una foto, en los años que tengo de conocerte, nunca te vi con esa cara de asustado hasta el color de la cara te cambio. Si El Mono fuera de la costa colombiana, mínimo me hubiera dicho, "marica tenías culo de cara de cagao", igual estaría muerto de la risa.

Dentro del avión más relajados, El Mono me contó que su hijo mayor estaba de excursión con su colegio unos días en Madrid, quería aprovechar verlo. En Madrid calmados buscamos un hotel económico, nos instalamos a descansar y liberar el estrés, hicimos un recuento de todo, no podíamos creer, por causa del alcohol todo terminó de esa manera.

El Mono dijo: al mal tiempo hay que ponerle buena cara, si supiera la historia del difunto Muñeco conmigo en la discoteca de Ámsterdam, ni hubiera pronunciado esas palabras.

Me confesó, desde hacía años, con su hijo mayor son fanáticos del Real Madrid, quería cumplir un sueño de asistir a un partido de su amado equipo, aprovechar que por coincidencia estaban juntos en esa ciudad.

Era viernes, ese fin de semana el real Madrid le tocaba jugar de visitante en Bilbao con el Atlético, aunque nos queríamos ir de Europa lo antes posible, me preguntó si lo acompañaba en auto hasta Bilbao, son 6 horas de carretera, le respondí: si le eché ganas para participar en los **"inventos de laboratorio"** con mucho gusto te voy acompañar a cumplir un sueño.

Al día siguiente salimos a dar el paseo por la ciudad y encontrarnos con su hijo que se llama Miguel, pidió permiso para independizarse de la excursión y terminar su recorrido con su padre.

Como era de suponer, nos fuimos a conocer el tan famoso estadio del Real Madrid, dimos el paseo excursión en "El Santiago Bernabéu", la verdad, mis respetos a ese estadio y su equipo, es un museo lleno de maravillas y triunfos, quedamos muy satisfechos. Habíamos rentado un automóvil, salimos en dirección a Bilbao a cumplir su sueño. En el camino, compramos las entradas por internet, iniciamos la travesía de alrededor 6 horas, cuando por fin llegamos, nos instalamos en un hotel cerca del estadio San Mamés de Bilbao.

Esas experiencias son las que se guardan para siempre, igual que ellos, nunca había asistido a un estadio de futbol en España, mezclarse con la gente, las barras de ambos equipos, a pesar que estaba cayendo una pequeña llovizna, para ellos es normal, no apagaba la pasión futbolera. Disfrutamos del partido, aunque no sea muy fanático del futbol, disfruté esa experiencia, las entradas que compramos eran de las caras, buena vida no quería escatimar en costos, en esos asientos estábamos tan cerca que sentía poder tocar a los futbolistas con la mano, tener enfrente a las grandes estrellas del real Madrid en vivo, es una bonita experiencia que muchos quisieran, fotografiamos todo el equipo, buena vida con toda tranquilidad podía decir: sueño cumplido.

Al día siguiente de regreso a Madrid, de vuelta a la realidad. Había que salir de Europa, compramos boletos Madrid-Bogotá directo, Miguel se regresó con sus compañeros de colegio, no pudimos coincidir en el vuelo. Por fin camino a Sur América, esperar noticias de Stevenson quien también se fue de Holanda rumbo a Ibiza en España donde tiene una casa de verano, a estar lejos del lío.

Aterrizamos sin novedad, nos despedimos a reanudar cada uno su vida, El Mono a continuar el trabajo que había abandonado, por mi parte me fui a Barranquilla, estaba otra vez como muchas veces, demasiadas, pensando que hacer sin dinero, pensando que consecuencias podría tener el arresto de Pistón y Facundo.

Al cabo de unos días Stevenson se comunicó para decirme que tenía que pagarles dos abogados, las leyes holandesas no permiten que el mismo abogado defienda a los dos sospechosos en un mismo caso. Me aviso que Pistón había aceptado al abogado sin problemas, pero su cuñado Facundo no quería aceptar al otro abogado enviado por Stevenson, no era la rabieta de no aceptarlo, en su primera declaración le había dicho a la policía una historia totalmente alejada de la realidad.

Desconozco si la causa es el resultado de tantos años de consumir alcohol en su rutina diaria o simplemente a su pequeño, poco creativo cerebro se le ocurrió contar una de sus tontas historias.

Pistón recurrió a su derecho de guardar silencio, pero su cuñado Facundo le dijo a la policía que lo habían traído con engaños de Ecuador, que le ofrecieron trabajo en el campo, que no tenía nada que ver con drogas, pero cuando estuvo en la finca, el holandés dueño, lo obligó a trabajar en el laboratorio, no lo dejaba salir, de noche soltaba a unos perros Rottweiler para que no se escapara, prácticamente lo tenían secuestrado y obligado a trabajar.

¿De dónde había sacado tanta estúpida idea ese Facundo?

Stevenson me dijo que hablara con El Mono, le mandara un mensaje a la hermana de Facundo, esposa de Pistón, le diga a Facundo, primero que acepte el abogado privado que le mandó, después que cambiara esa tonta historia, lo único que iba a conseguir diciendo eso, era que culparan al holandés dueño de la finca, por secuestro le podían dar 15 años de sentencia.

El dueño de la finca le sabía unos cuantos pecados a Stevenson, varias veces usó esa misma finca para fabricar pastillas éxtasis XTC en cantidades industriales, si lo acusaban de secuestro, lo más probable era que lo delatara, en pocas palabras, si antes había un lío ahora había un súper mega problema, Santo Padre celestial, las consecuencias que trae el NO parar de tomar alcohol a tiempo. Si contó esa historia, seguro iba a decir quien le ofreció ese trabajo, probablemente hablaría del Mono.

Será que después de tantos años, tantas cosas que me habían pasado en mi vida, con este nuevo problema, todavía tenía ganas de seguir en esta, más que **equivocada** era una **maldita profesión,** lejos de darme dinero me daba problemas y dolores de cabeza. El Mono le mandó un mensaje a la hermana de Facundo, por el bien de todos, acepte el abogado y cambie esa tonta historia.

Al cabo de varios días, gracias a la presión del Mono sobre la mujer de Pistón, por fin Facundo entró en razón, aceptó el abogado pagado por Stevenson, cambió la historia. Quedé un poco más tranquilo, con cabeza fría empecé a meditar qué iba hacer con mi vida, era hora de parar, dejar de nadar en contra de la corriente. Estaba en Barranquilla, lo normal y lógico era tratar de recuperar todo el tiempo perdido, los años que pasé lejos de mi familia, tantas fechas importantes tantos momentos para compartir, son los que realmente te quieren de verdad sin importar si eres rico o pobre, el amor de una madre de una hermana, hermano es para toda la vida, no es condicionado a tu situación económica. Muchas personas a través de los años han estado conmigo en las buenas, en las malas se desaparecen.

Que otra nueva historia, que otro negocio que otra súper vuelta tenía que pasar, si prácticamente durante tantos años tantos lugares, con tantas personas, había oído, pasado y vivido de todo, lo más normal y sensato es que busque algo honrado, legal en que ganarme la vida con tantos amigos de diferentes clases, condiciones sociales, sería el colmo que no encuentre algo que hacer.

Salirme de esa vida que a mi edad no me ha dejado nada, es lo normal, empecé a tocar puertas a buscar amigos a buscar negocios, cosas que hacer legalmente.

Así estuve varios días, en ese proceso, me encontré a Yinchuan un amigo de Venezuela, descendiente de familia asiática, tiene mucho dinero conseguido con negocios de narcotráfico, por la situación insostenible que hay en Venezuela se pasó a Colombia, rentó una casa cerca a Cartagena a orillas del mar, con piscina.

Al saber que estaba de vuelta me invitó a pasar unos días, sabia de todos mis triunfos y fracasos, de todo lo vivido, de mi situación económica, sin ningún interés, sin pedirme nada a cambio, me invitó a pasar vacaciones con su familia.

Sin dudarlo me fui de inmediato, me parecía mentira estar a orillas del mar, con esa vista que siempre ha sido mi debilidad, como decía el cantante Carlos Argentino en una de sus famosas canciones "en el mar la vida es más sabrosa".

Estuve varias semanas disfrutando de ese regalo, mi cabeza mi cuerpo mi presión arterial necesitaba vacaciones. Cuando me disponía regresar a Barranquilla, me contactó un señor que había conocido hacia años en Ciudad de México, le dicen "EL COMANDANTE" nunca había trabajado para él, pero si con varios de sus socios y personas cercanas.

De lo único que me puedo sentir orgulloso, tal vez gracias a eso estoy vivo, he podido sobrevivir en este medio tan peligroso y riesgoso, me he ganado la fama de ser honrado y responsable en todos los trabajos en los que he participado.

El Comandante me explicó que tenía un trabajo en Holanda, le habían robado una parte, no se atrevía a confiar en nadie, por eso me localizó, sabía que podía confiar en mí para resolver el resto del trabajo, comercializar el resto de droga que había "Coronado".

¿Pero que era esto? ¿Porque me perseguían estos trabajos? Qué casualidad que casi siempre en los últimos años eran en Holanda, ¿qué tenía este país que me atraía? ¿Porque no me encontraba alguien, un amigo empresario de los muchos que conozco, que necesitara alguien serio y honrado? ¿será que solo sirvo para los negocios de narcotráfico? ¿Será un KARMA que llevo conmigo?

El Comandante no tiene ni la menor idea de todo lo que les he contado, no sabe por todo lo que he pasado, pensará que estoy disponible 100% para salir corriendo a cumplir su misión. Me imagino que ustedes que están leyendo mi historia, están de acuerdo conmigo, ni loco debía aceptar; debía aprovechar que estoy cerca de mi familia.

Ustedes no saben que "El Comandante" es muy estricto, ha logrado una posición y renombre en ciudad de México a base de tener una línea de trabajo sin desviarse. Quien soy para decirle: "No gracias No estoy interesado", sé lo implacable y duro puede ser, si le molesta mi negativa.

Lo lamentable de todo esto es mi situación económica, no me encuentro en posición de desperdiciar ninguna oportunidad que me den, hasta afortunado debería sentirme que alguien como "El Comandante" me haya tomado en cuenta.

# CAPÍTULO XXII
# 5 HORAS EN EL APARTAMENTO

Después de hablarme por teléfono, tener una corta y directa conversación, me envió dinero para los viáticos, tiquetes de avión y algo más.

Salí rumbo a ciudad de México CDMX hablar personalmente, me diera los detalles, pormenores del trabajo, necesitaba saber todo, ni por casualidad El Comandante se podía enterar de los **"inventos de laboratorio".** Tampoco podía poner en riesgo su trabajo porque sería mi final, tenía que hacer las cosas con pulso de Cirujano, que ironía, así se ganó el apodo mi difunto amigo (q.p.d).

Cuando iba camino a CDMX lo primero que hice fue comunicarme con Stevenson, preparando el terreno, llegado el caso, venderle las cosas del Comandante, también le pregunté cómo iban los presos, por casualidad se parecen a dos personajes de la televisión mexicana, Botijas y Chompiras. Después de cambiar la versión Facundo, los dos aceptaron los cargos, se declararon culpables, ahora esperar pacientemente su sentencia, no quise avisarle que pronto regresaría nuevamente, en contra de todo pronóstico, iría a trabajar.

Por lo general cuando viajo a CDMX, lo hago vía Bogotá, esta vez elegí Barranquilla-Panamá-CDMX. Llegué sin novedad, me instalé en un hotel de la colonia Roma, siguiendo instrucciones del Comandante. Al día siguiente nos reunimos en un restaurante de la zona, me contó que la persona que tenía a cargo del proyecto, aparentemente era de su confianza, llevaban muchos años trabajando no entiende porque razón o motivo se le dañó la cabeza, se hizo un auto robo de casi medio millón de euros, pero todavía tenía el resto de trabajo, la persona que guardaba el **producto** ahora mismo, no le inspiraba confianza. Si alguien que tenía muchos años de conocerlo, que le debía innumerables favores, lo robó sin contemplación, esta nueva persona había que quitarle las cosas lo antes posible.

Después de darme toda la información, salí por milésima, ni me acordaba que numero era esta ves que viajaba rumbo Ámsterdam. Viajé en el vuelo de KLM por alguna razón me gustaba la aerolínea, esa ruta la cubren otras incluyendo, Aeroméxico.

Como la persona que se auto robó, insistía que lo robaron, después de llegar e instalarme en un hotel del centro de Ámsterdam, salí en NS Nederlandse Spoorwegen, en español seria Ferrocarriles Neerlandeses, la maravillosa empresa de trenes, rumbo a den Haag, donde ésta persona, que es nativo de la República Dominicana vive. Ni El Comandante ni el dominicano saben que he pasado años viviendo en esa ciudad, la conozco bastante bien.

Me recibió en la estación Den Haag HS, en automóvil, me llevó a su casa para mostrarme por donde habían entrado los ladrones, después de escucharlo y ver la supuesta ventana, me despedí sin hablar mucho, me fui rumbo a Rotterdam, donde estaba guardada el resto del trabajo del comandante.

Cuando estaba en camino, aunque todavía era temprano en México, llamé al comandante, lo primero que le dije; por esa ventana solo entra un niño de 5 años, su certeza que se había auto robado el dominicano, era cierta, pero fui a trabajar, no a perder tiempo. En Rotterdam me recibió la persona que El Comandante había asignado guardar el resto del trabajo que faltaba vender, era un mexicano de Michoacán, pero tenía años viviendo en España, desde allá se había movilizado hasta Rotterdam a hacerse cargo.

Este michoacano le dicen "Muelas", se estaba quedando en el apartamento donde una familiar, de toda su confianza, es madre soltera, vive sola en Rotterdam con sus hijos, una nena de 15 años, otra de 9. Ahora "Muelas" estaba viviendo con ellas, ahí estaba guardando la droga del comandante también.

Cuando me llevó al apartamento de su amiga, ver todo eso, al principio pensé que era una locura, pero me explicó, con esa señora, que se llama "Guadalupe" estaba más seguro que en un hotel, la verdad tenía razón, porque las dos niñas no tenían ni idea que el equipaje que Muelas había llevado contenía droga. No solo droga, El Comandante había comprado una pistola 9mm con unos holandeses de su confianza, se la habían llevado a Muelas, aparte de la droga también un arma de fuego en el apartamento de la señora Guadalupe. Imagínense quien será más loco ¿Muelas o la señora?

Es una persona amable y gentil, me inspiró confianza, el apartamento estaba en una zona muy tranquila y segura, los vecinos sabían que vivía sola con sus hijas, prácticamente el lugar era perfecto. Había una habitación disponible, la señora y Muelas me dijeron que me podía quedar ahí hasta que consiguiera un lugar tranquilo y seguro para realizar el trabajo que El Comandante me había asignado.

Después de consultar, hablar bien con El Comandante, llegamos a la conclusión que estar ahí cerca del trabajo sería lo más sensato, no podíamos correr riesgo ni perder nada por hacer las cosas a la carrera.

Me instalé en la habitación que me ofreció la Sra. Guadalupe, El Comandante me dijo que buscara un apartamento para mudarme solo, que nadie supiera la localización, después que vendiera lo que había, me mandaba más trabajo. Según me dijo; tenía una ruta que varias veces había "Coronado", en la venta es donde había tenido problemas, ahora estando presente, quería reorganizar todo.

En pocos días de haber llegado, había visto y oído tantas cosas que todavía no las asimilaba, acuérdense que, hacia menos de un año, había estado ahí en Holanda con mi amigo buena vida haciendo unos **"inventos de laboratorio"** saben cuál fue el final, tiempo más atrás había tenido el grandísimo problema de **"El robo de siglo".**

Prácticamente la suerte y los éxitos que había tenido muchos años atrás, en la época dorada de Cancún, eran recuerdos de un pasado, diferente a la realidad de mis últimos intentos de recuperar la estabilidad de antes, cuando todo salía bien y tenía final feliz.

Ha transcurrido más de medio siglo, se dice fácil, vivirlo y contarlo son dos cosas diferentes, la tontería más grande del mundo era que volviera a Holanda hacer cualquier trabajo, pero increíblemente ahí estaba, en contra de todo pronóstico, iniciando otra de mis extrañas travesías, el medio siglo de vida no me servía de escarmiento. Había arreglado con El Comandante cual sería mi ganancia, lo único que no encajaba, más bien me inquietaba, para qué era la pistola que El Comandante había mandado comprar.

Lo primero que le dije, cuando la vi junto a la droga, en todos los años que llevaba trabajando en Holanda, eran muchos, tal vez demasiados, jamás usé para mi seguridad o protección, porque sabía que en Holanda es completamente ilegal portar armas, únicamente las autoridades tienen permiso.

El comandante me dijo que la guardara solamente, iba a mandar desde México a una persona específicamente para "matar" al dominicano que le había robado, no quería que le pagara, como había ofrecido el ladrón; quería simplemente "Liquidarlo" era más la ofensa por defraudarlo, que la pérdida del dinero.

Después que lo había ayudado, inclusive en CDMX lo había tenido viviendo bajo su protección, ayudó económicamente hasta cuando el dominicano tuvo un problema grave de salud. Por todas esas razones había que dar un ejemplo, para los que de una u otra forma trabajan o se benefician, supieran que, del comandante nadie se burla y vive para contarlo.

Al saber la explicación del arma, sentí un escalofrío que me recorrió desde la parte baja de la espalda hasta el cuello, pensar cual hubiera sido la reacción del comandante cuando me localizó en Colombia me ofreció este trabajo, hubiera rechazado con cualquier argumento.

Por lo menos me quedó la tranquilidad, que no me iba a pedir, hacer el trabajo de "sicario".

En mis 53 años de vida he trabajado, realizado muchas cosas ilegales, prohibidas, en contra de la ley de las cuales me siento avergonzado. En ese proceso también hay momentos en los que, con lo beneficiado, también he disfrutado, como dice el famoso dicho: "lo bailado y lo gozado no me lo quita nadie". Pero si me hubiera gustado tener otro tipo de vida, el precio que pagué, que estoy pagando por haber tomado malas decisiones, es muy alto, vuelvo y les repito, mucha gente es la que hice sufrir por ser egoísta, no pensar que una madre sufre, un hermano sufre, una buena esposa sufre, pagan las consecuencias de lo que arrastra escoger esta vida. Pero a pesar de todos mis errores, jamás "Ejecuté" ni siquiera participé en algo que tuviera que ver con "Matar" o quitarle la vida alguien. Aunque parezca increíble, difícil de imaginar, creo en DIOS, no como debería, con la intensidad que ÉL merece, estoy convencido de que MI SEÑOR es el único que nos da la vida, tiene potestad y autoridad de quitárnosla. Tomar su lugar para decidir es algo que realmente temo, eso sería cruzar un puente donde no hay retorno, gracias a DIOS nunca me ha puesto en una situación donde por defender alguien de mi familia tenga la obligación de matar para proteger.

Mi trabajo era buscar un lugar seguro para vivir y trabajar, mientras tanto, con Muelas y Guadalupe, estaba tranquilo para poder tomar las decisiones acertadas.

Al primero que llamé para vender las cosas fue a Stevenson a pesar del problema que tuvimos, es un cliente de confiar, lo más importante, tiene la solvencia para pagar de contado. Se me ocurrió que le podía vender la droga, con el dinero podría buscar con calma un buen apartamento, es mejor cuidar dinero que guardar droga.

Contacté a Stevenson para avisarle que tenía trabajo de una oficina nueva, quería hacerlo con él, porque juntos hemos pasado buenas y malas, sentía que era justo buscarlo primero que a cualquier otro. Todo el mundo sabe que Holanda es la despensa que abastece a Europa de diferentes drogas, inclusive a Inglaterra, teniendo un buen producto es fácil de vender.

Su respuesta fue, estaba listo y organizado para irse de vacaciones de verano a Barcelona-España, con su familia, tengo conocimiento de la casa en Ibiza, ahora son otros planes. Estaba interesado en comprar, lastimosamente le avisé el día anterior que salía.

Los holandeses son estrictos en el tema de programar sus vacaciones, regresaba en 12 días exactamente, que lo esperara, regresando tenía el dinero listo, como muchas veces antes habíamos hecho. Quedé aburrido con su respuesta, pero no podía hacer nada, era mejor esperar por lo seguro que aventurar por lo incierto.

Los últimos inventos en Holanda me habían producido un gran dolor de cabeza, preferí esperar, cuando le di la noticia al comandante que mi mejor cliente salía de vacaciones, tenía que esperar que regresara, no le gustó mucho esa noticia, de inmediato me preguntó si tenía más clientes.

Le dije que sí que tenía otros, pero con ése, estando en calidad de invitado en casa ajena donde no dominaba las circunstancias, era mejor esperar, hacer las cosas con tranquilidad, buscar alguien diferente y llevarlo a la casa de la Sra. Guadalupe, me parecía un riesgo innecesario, podíamos perder todo. Con este argumento logré tranquilizarlo, estaba más relajado, me quitaba la presión.

Pero mi tranquilidad duró poco, el lunes siguiente desde las primeras horas, El Comandante comenzó a decirme que buscara un apartamento, así poder buscar otra gente y no tener que esperar. Tenía compromisos de dinero que cumplir, necesitaba que le mandara efectivo lo antes posible.

No tuve más opción que salir a buscar apartamento, le pregunté a varios conocidos que sabía conseguían lugares, lo más bueno era que no pedían muchos requisitos.

Estaba preocupado no me quedaba dinero, necesitaba vender el "trabajo" pronto, tenía estricto para alquilar un apartamento.

Uno de los conocidos a quien le pregunté por apartamentos es un marroquí, desde hace años manteníamos contacto, me recomendó alguien de confianza que se dedicaba alquilar casas, locales, apartamentos, también hacia negocios de narcotráfico, no me extrañaba, mucha gente en diferentes ramas de la economía, tienen que ver con esta profesión. Me dio la dirección de su oficina y su número de teléfono, de inmediato llamé, hice una cita para que me mostrara lo que tenía disponible. La oficina de arriendo quedaba en ZUIDPLEIN de Rotterdam, una zona que conocía muy bien, donde vivían varios conocidos, el dueño de la oficina era también marroquí, de nombre ISAAC, me atendió me mostró varios disponibles, le dije que el presupuesto que tenía era de 1.500 euros mensuales por favor me ayudara con los requisitos.

Me dio 3 direcciones y las llaves de los apartamentos para que fuera a verlos, como quería mantener todo lo más discreto, fui a verlos solo, ni siquiera invite a "Muelas".

Tracé la ruta para visitarlos en tram, (tranvía) es el medio de transporte público más usado en Nederland, podría decir en Europa, la manera rápida y económica de cruzar la ciudad para poder inspeccionar los apartamentos disponibles de Isaac. Encontré uno adecuado, me gustó y se ajustaba a mi presupuesto; le tomé varias fotos, se las mandé al Comandante, también le gustó porque era un 5to piso en un edificio prácticamente nuevo, lo más importante, tenía sistema de cámaras de seguridad en la entrada.

Con la presión del Comandante le dije a "Isaac" que me diera ese apartamento lo antes posible; me dijo que necesitaba un par de días para limpiarlo; sabiendo gracias a mi amigo, que hacía negocios ilegales, me **advirtió** que ese apartamento estaba a nombre de su novia, que por favor NO hiciera nada que pudiera perjudicarla; respondí; tranquilo, lo quiero para vivir, no trabajar.

Cuando volví a la oficina de Isaac para arreglar los detalles del contrato me dijo, a todo el mundo se le cobra: un mes adelantado, un mes de depósito y un mes de comisión, ese costaba 1,500 euros mensuales, normalmente serian 4,500 euros, como llegué recomendado por su paisano y amigo marroquí, aparte era de su novia, de la comisión me iba a cobrar 700 euros, en total tenía que pagar 1,500 del mes 1,500 del depósito 700 de comisión, 3.700 en total, únicamente iba a pedir la fotocopia del pasaporte. Me pareció bien, aunque quedaría sin dinero, era todo el capital que tenía, pero así podía comenzar a trabajar y calmar al Comandante. Pagué el dinero, me dio un recibo, en dos días me entregaba la llave y una copia del contrato de arrendamiento.

Le avise a "Muelas" había conseguido lugar, ahora tenía que discutir con El Comandante, como iba hacer para mudarme con las cosas, aunque realmente no era mucho problema, Muelas había comprado una maleta grande para la droga, eran varios kilos, ahí mismo tenía la famosa pistola.

Esperé tranquilo en casa de la Sra. Guadalupe hasta que me avisara Isaac para mudarme. Aunque había conseguido el apartamento empujado y presionado por la urgencia del Comandante, esperar en una habitación durmiendo con una maleta llena de droga, una pistola calibre 9 mm no me hacía tan feliz, no quería salir del apartamento de Guadalupe, el verano estaba en todo su apogeo, en esta época los días son más largos, mucha gente sale de paseo a los parques, lagos de los alrededores, en esos momentos prefería quedarme a cuidar la valiosa maleta.

Por fin estuvo listo, me llamó Isaac para que fuera a su oficina a recoger la llave, también la copia del contrato de arriendo a 12 meses, con la opción de entregarlo antes, un mínimo de 30 días de anticipación. Por un momento quede aturdido pensando cómo iba a proceder pues la oficina de Isaac estaba a 30 minutos del apartamento de Guadalupe, tenía primero que recoger la llave, después ir por las maletas, para finalmente volver al apartamento, demasiadas idas y venidas si no contabas con un automóvil.

Aunque "Muelas" había conseguido un carro prestado, no quería que supiera la ubicación exacta del apartamento, no sabía qué hacer, consulté con "El Comandante"; me dijo que Muelas era de la suficiente confianza como para que me llevara hasta el edificio nuevo. Quien entiende a este señor, me hace venir de Colombia porque no confía en nadie, ni siquiera en Muelas que tiene la droga guardada, ahora me dice que sí es de confiar, ni modo, con esa respuesta ya me quitaba un poco la responsabilidad de mantener la privacidad del nuevo lugar, además no sabía cómo cruzar media ciudad con una maleta con droga, aunque ya muchas veces antes en diferentes lugares del mundo y en circunstancias parecidas, había hecho estos movimientos, prefiero los haga Muelas en automóvil.

Hacer estos malabares de noche en las calles de Rotterdam me causaba un poco de estrés, no sé si atribuírselo a las últimas malas experiencias de Holanda o simplemente era que a mi edad me sentía cansado agotado un poco viejo para estar generando tanta adrenalina.

Isaac me pidió por favor fuera antes de las 5:30 pm porque a las 6 estaba cerrada su oficina, con esta nueva presión le pedí a Muelas me llevara lo antes posible a recoger la llave.

A las 5 pm en punto estaba recogiendo la llave y el contrato. Como la oficina de Isaac quedaba cerca de Zuidplein, la plaza comercial que está en la parada del metro del mismo nombre, después de recoger la llave le pedí a Muelas que me llevara a comprar algo de comida, todavía faltaban 10 días para que regresara Stevenson de sus vacaciones. Hicimos unas cuantas compras, lo básico porque estaba sin efectivo, inclusive Muelas tuvo que prestarme, ni para eso me alcanzó.

De Zuidplein nos regresamos al apartamento de Guadalupe, recogí las maletas y todo lo mío, salimos de vuelta por fin al nuevo apartamento.

Parecía increíble, no había pasado ni siquiera una semana desde que llegué a Holanda, me estaba mudando a un apartamento a mi nombre con solo la fotocopia del pasaporte. Entre el susto también había un poco de orgullo por haberlo conseguido en tiempo récord.

Antes de salir le di las gracias a la señora Guadalupe por la atención y todas las molestias que le había causado porque hasta ese momento ni ella ni Muelas habían pedido ni cobrado por haber guardado la maleta ni por darme alojamiento. Anticipadamente les dije que apenas resolviera el trabajo les iba a reconocer su esfuerzo.

Llegamos al edificio, como algo normal en Rotterdam y en cualquier ciudad de Holanda, no había estacionamiento disponible cerca del edificio, dejamos el auto a una calle y caminamos con las maletas.

Habían pasado unas 2 horas desde que recogí las llaves, una abría abajo la entrada del edificio la otra abría la puerta principal del apartamento. Al entrar al edificio en la puerta del elevador(ascensor) había una señora holandesa de más o menos 75 años, aparte de las 2 maletas tenía las bolsas de la compra de comida y unos utensilios. El Comandante me había autorizado a llevar a Muelas hasta el nuevo apartamento, me ayudó a cargar con todo.

No sé si por tanto equipaje o por la cara de latinos que teníamos, la señora que subió al ascensor nos miraba de pies a cabeza de una manera tan extraña que inclusive molestaba. ¿Se acuerdan cuando les narré la historia de mi amigo dominicano Camilo, por culpa de una vecina de esas especiales que en todo barrio hay, termino con un ojo dañado? Pues esta señora era la misma vecina, pero versión holandesa, está pendiente de todo lo que pasa en el vecindario.

Ella pulsó el botón del piso 4to nosotros del 5to, prácticamente tenía a la señora de vecina abajo, después que salió seguimos al de nosotros, apenas salimos del elevador, le dije a Muelas: como nos miró de feo esa señora, nos comió con la mirada, se río, caminamos hasta la puerta del apartamento.

Entramos, acomodé las maletas en el closet-armario del único cuarto habitación que tenía. Se me había olvidado contarles que por 1.500 euros solo pude conseguir un apartamento pequeño con una sola habitación, aunque la sala, el comedor y la cocina era un solo salón espacioso. Saqué la maleta con mi ropa, casi toda estaba sucia, lo primero que quería hacer era lavarla.

Muelas después de entrar, dar un recorrido por el apartamento, me dijo: compa este apartamento es el típico para hacer negocios, desde la decoración hasta los muebles, enseguida fue al televisor y lo encendió, el canal de televisión que estaba programado era de la televisión de Lituania.

Con una pequeña risa, Muelas me dijo: ¿ya vio? Canal de lituanos, este lugar parece que el gato estuviera esperando a que llegue un ratón para atraparlo. Déjese de inventos le dije, compa vea la vista del balcón hay un canal ahí, para mí solo está más que bueno.

Agarré toda la ropa sucia la metí a lavar, es costumbre en Holanda incluir lavadora y TV cable en el precio de la renta, puedes disfrutar de muchos canales internacionales.

Al cabo de un rato Muelas me dijo, tenía que hacer una vuelta pendiente con Guadalupe; le di las gracias y se fue.

Quedé organizando la comida que compré, eran casi las 9 de la noche, todavía estaba claro, pero el hambre no sabe de colores, pide cenar.

Antes de empezar a cocinar algo, sonó el teléfono celular, era El Comandante; quería saber cómo fue la mudada y como estaba el nuevo lugar, antes le había mandado fotos, igual quería que le diera detalles.

Después de conversar un buen rato, más de media hora, dándole vueltas al asunto me tocó el tema que suponía, tenía un apartamento cómodo, para qué tenía que esperar por Stevenson, 10 días es mucho tiempo, me moviera y saliera de eso rápido, iba a mandar más trabajo, pero vendiera eso lo antes posible.

Volví a repetirle por milésima ves los beneficios que eran el esperar por Stevenson, iniciamos una amistosa controversia, no quería hacerlo enfadar, necesitaba entendiera que no me podía poner a inventar, habían pasado casi 45 minutos desde que me llamó El Comandante, en medio de la insistente conversación, tocaron el timbre de la entrada del apartamento.

Lo primero que pensé, Muelas se había regresado por algo, cuando me acerqué a la puerta pregunté ¿quién es? Oí del otro lado en tono seco respondieron: POLICE... ¿Queeeeeé???? No jodas muela no juegues así... ¿quién es?? Volví a preguntar.

Con el teléfono en la mano, El Comandante me preguntó ¿Qué pasa Fruta? Quedé congelado en shock por unos 30 segundos sin pestañear

Del otro lado de la puerta volvieron a decir: **open the door is a police control**.... **abran la puerta es un control de la policía**.

Que rayos pasaba, sentí como si hubiera tocado un alambre de corriente 220 amperios, El Comandante alcanzó a oír que decían, POLICE me volvió a preguntar ¿Fruta que es lo que pasa? No sabía que decir, no sabía si era una broma de Muelas o de verdad era la policía, le dije al comandante: Señor es la policía está tocando la puerta.

¿No manches Fruta que pasó? (traducción de **no manches**: no jodas-no juegues)

No sé comandante espere un momento no sé qué es lo que pasa.

Le pregunté en ingles al policía: ¿qué quiere? Me respondió: abra la puerta es un control policial.

Santo Padre Celestial ¿ahora qué hago?

Le pregunté ¿Tienen orden para entrar? Me contestó: con orden o sin orden voy a entrar.

Me regresé a la sala, me senté en el sofá porque las piernas me empezaron a temblar.

Señor no sé qué paso, pero la policía está tocando la puerta, El Comandante más incrédulo que yo me preguntó ¿qué hiciste Fruta como así que la policía?

No sé señor tengo apenas "**5 horas en el apartamento**" estos hijos de su madre están tocando la puerta ¿no será que Muelas nos delato? No tiene ni una hora que se fue ¿ahora qué hago?

De pronto se escuchó un ruido fuerte, los policías estaban tumbando la puerta.

Señor se van a meter le dije, no te creo Fruta, como así que van a entrar ¿dónde carajo te metiste?

No alcancé a contestarle, escuché como un fuerte rayo o impacto, los policías tumbaron la puerta, entraron unos 10 caminando rápido con las armas en las manos siguieron hasta la sala apuntándome.

Sentado con el teléfono en la oreja sin saber qué hacer, uno de los policías me dijo: suelta el teléfono, tírate al piso.

Con la madurez de todo lo vivido, pasado y soportado a través de toda mi vida, me dio la fuerza de levantar la mano derecha, con un gesto le dije: espera (wait), se me ocurrió decirle al Comandante: señor tengo que colgar en mi cara están los policías apuntándome.

Corté la llamada, coloqué el teléfono en la mesa centro de sala, con la mayor tranquilidad que me pudo salir me tiré boca abajo en el piso. Enseguida uno se acercó, sacó las esposas, me las puso, me tomó del brazo, decentemente me sentó en el sofá.

Le pregunté ¿qué es lo que pasa, porque entran de esa manera? El que parecía jefe del operativo me dijo; habían recibido información que ahí se realizaban actividades ilícitas.

Pero que actividades, acabo de entrar a este lugar, han pasado 5 horas que recibí este apartamento no he terminado de desempacar y ustedes tumbaron la puerta.

No se preocupe, vamos a revisar, si todo está en orden nos vamos, haga lo que quiera le dije, me hice el desentendido.

Unos empezaron a revisar en la sala y la cocina otros fueron al cuarto, alcancé a oír cuando abrieron las puertas del closet-armario donde estaba la maleta con la droga, uno de ellos casi con grito de gloria dijo: BINGO BINGO, la mayoría se fueron a la habitación.

Continué con mi cara de **yo no fui**, haciéndome el tonto, cuando regresó el jefe a la sala me dijo: queda usted arrestado, lo vamos a llevar a la estación.

Desde ese momento, el sentido común me dijo que no pronunciara ni una palabra más, vi cuando tomaron mi teléfono la maleta con la droga y el arma. Me sacaron hasta la calle. Pasó alrededor de una hora aproximadamente desde que llegaron, afuera había como 5 patrullas.

Me montaron en una camioneta tipo Van y me llevaron a la estación de policía más cerca, que ironía, estaba enfrente de la plaza comercial ZUIDPLEIN, donde pocas horas antes había comprado la comida con Muelas.

Estaba en chancletas camiseta y shorts cuando entraron al apartamento, con esa vestimenta estaba entrando a la estación de policía. Era fin de semana estuve en una celda solo dos días, dormía cuando podía, de resto solo pensar; no era la primera vez que pasaba por esto, ni la segunda, ni la tercera, ya varias veces en diferentes países había pasado por esto. ¿Hasta cuándo iba a seguir haciéndolo, cometiendo estupideces?

El lunes siguiente me hicieron el trámite normal, foto huellas ficharme y buscar en su base de datos a ver si tenía alguna cuenta pendiente. Gracias a DIOS no había récord, ese mismo día vinieron dos funcionarios, pienso era la parte acusadora, me hacía cargo por posesión de drogas ilícitas y tenencia ilegal de un arma de fuego, me dijeron que si no tenía un abogado particular el gobierno me iba a suministrar uno de oficio.

Me preguntaron si quería contestar unas preguntas o esperar a mi abogado, obviamente les dije que sin mi abogado no podía decir nada, en ese momento se acabó la entrevista.

Me regresaron a la celda inmediatamente, al día siguiente llegó una mujer abogada joven, me dio su tarjeta me dijo que había sido asignada como mi abogada, podía explicarle con toda sinceridad que fue lo que pasó.

Todavía no reaccionaba, ni sabía ni tenía idea cómo llegó la policía con solo **5 horas en el apartamento**, simplemente le dije que no sabía de donde salió esa droga ni de donde salió la policía, inclusive le dije a ella que averiguara.

Todavía no recibía copia de los papeles de mi caso, sabía lo que le estaba contando. Me dije, esta abogada la mandaron a ver si le cuento toda la historia y me incrimino, le dije que no sabía nada de la droga.

Para no hacerme pasar tan inocente, le dije, vine a Holanda hacer un trabajo ilegal, todavía no sabía nada, volví a repetir, tenía 5 horas en el apartamento esperando las instrucciones cuando llegó la policía, no entendía nada.

Dijo iba a pedir todos los documentos para saber que había en mi contra, investigaría cómo llegó la policía al apartamento, se despidió y se fue.

Al tercer día llegó un policía que se identificó como el detective a cargo del caso, me llevó a un cuarto de interrogaciones, colocó un folder con varias fotografías de la droga, la pistola y mi pasaporte, no sé si lo hizo a propósito, pero dejo abierto el folder para que pudiera ver las fotos.

Empezó diciendo: voy hacerle unas preguntas, está en su derecho de contestar o permanecer en silencio, si prefiere que esté su abogada presente me deja saber. Como todavía no asimilaba lo que había pasado, ése es el síndrome de los primeros días cuando caes preso. Esa sensación la conocía, se me ocurrió decirle: escuche señor detective, no tengo idea de nada, esa maleta con droga no es mía, tampoco esa arma, desconozco las leyes de este país prefiero no contestar.

El detective era un policía como de 2 metros de alto o más, me miro a la cara como queriendo ver dentro de mí, cerró el folder con las fotocopias, simplemente me dijo: ok señor usted está en su derecho. Voy a hacer una prueba de ADN a la droga y a todo, cuando tenga el resultado vemos si usted tiene o no algo que ver con lo confiscado en el apartamento.

Seguía con mi cara de tonto, no le contesté nada, de vuelta a mi celda, como era una estación de policía, había cuatro paredes una cama un lavabo con toilette metálicos.

Me acosté en la cama mirando el techo de la celda me dije: ahora si estoy jodido, van hacer una prueba de ADN a las cosas, de inmediato me acordé que antes de salir de la casa de Guadalupe, abrí la maleta, hice un inventario de la droga para verificar que todo estaba en orden.

Soy un poco desconfiado había salido y regresado a esa casa, cualquier pudo sacar algo, si no revisaba, me iba de la casa ¿cómo iba a reclamar?

Antes de salir quise verificar, saqué, toqué, manoseé los paquetes y los volví a guardar, por confiado o por tonto por no pensar bien las cosas, ni me tomé la molestia de ponerme guantes, es la confianza no va a pasar nada, lo hice a mano pelada.

Para rematar mi estupidez, cuando llegué al apartamento volví abrir la maleta, tomé la pistola, le saqué la bala que tenía en la recamara después le saqué el proveedor-magazín donde tenía 9 balas más.

Prácticamente había dejado mi ADN regado y esparcido por todos lados. Si seré tonto, estaba más que jodido e inculpado ¿ahora que iba hacer?

Desde el día de mi arresto, contando sábado y domingo habían pasado 5 días, el día 6 me levantaron temprano, me dieron desayuno, me dijeron que me alistara que iba a la corte. No tenía ni idea a donde iba o qué iba hacer en la corte.

Acordándome de mis anteriores historias cuando estuve preso, me imaginé o asumí que iba a ver al juez de primera instancia, decide si continúo detenido e inicia el proceso en mi contra o me da la libertad.

Efectivamente, me llevaron a la corte sur de Rotterdam, esta al pasar un puente que comunica con el centro. Paradójicamente había pasado por ahí muchas veces, inclusive estuve viviendo en un edificio enfrente de la estación del metro wilhelminaplein, en la planta baja, hay un restaurante subway, era mi comida diaria, está a pocas calles del edificio de la corte donde ahora entraba como acusado, que vueltas da la vida.

Llegué en una camioneta van tipo jaula de la policía, me subieron a un cuarto grande donde están todos esperando su turno de ver al juez, para cada uno de sus casos. Éramos como 30 personas en un cuarto amplio sin nada solo una banca de cemento, cuando te dan ganas de ir al baño avisas por un intercomunicador, te lleva uno de los oficiales de la corte. Nos dieron café, té, pan con queso de comer. Estuve alrededor de 4 horas esperando hasta que por fin llegó mi turno, antes de llevarme a donde el juez, me llevaron a un salón donde estaba mi abogada, todavía no sabía mucho del caso, me preguntó si seguía con mi respuesta de declararme inocente o como me iba a declarar. Le dije: abogada voy a cambiar mi declaración, me voy a declarar culpable, espero que usted me ayude y consiga la sentencia más corta que pueda. Quedó sorprendida y me pregunto ¿Esta seguro?

No le iba a contar, menos en ese lugar, mi estupidez que rocié mi ADN por todos lados de la maleta, como si fuera un macho dejando su aroma para que los otros machos en la selva supieran que yo había estado ahí. Por mis experiencias carcelarias pasadas sabía, si me declaraba culpable antes que los investigadores encontraran las pruebas en mi contra, podía obtener la sentencia mínima, pero si les peleaba mi inocencia y encontraban mi ADN, me iban a dar la máxima sentencia posible. Sabía que ni poniendo mi mejor cara de tonto podía refutar una prueba de ADN.

Me tocó el turno, junto con mi abogada pasamos a una sala donde había una traductora de español, una secretaria y una señora que se identificó como la jueza de primera instancia, como me lo suponía.

Se presentó, me explico el proceso que había en mi contra, me dijo los cargos de que se me acusaba, me preguntó cómo me declaraba.

CULPABLE señora juez.

Me dijo ¿puede usted darme una declaración de cómo fueron las cosas? Si señoría le voy a dar una declaración de lo que paso.

Me dije a mi mismo: AY DIOS ayúdame a no decir una bestialidad, se me ocurrió solo decirle lo básico que no me perjudicara mucho.

Como no me acuerdo de los detalles o de las palabras que usé, les voy a resumir mi declaración.

Le dije a la juez que mi situación económica era muy mala, estaba sin trabajo, sin dinero, no estaba diciendo ninguna mentira esto era la realidad, debido a mi situación me vi en la necesidad de aceptar este trabajo, consistía en rentar un apartamento, donde guardaría unos productos ilegales. Si sabía de la existencia de la droga, pero no tenía conocimiento de cuanta droga había, tampoco sabía nada de esa arma, tampoco sabía cuál era el destino de la droga. Mi trabajo era cuidar esa maleta por un tiempo máximo de 30 días, ahí finalizaba mi participación.

La juez me hizo varias preguntas, cuanto me iban a pagar, quien iba a disponer de la droga, le dije que tenía 5 horas en ese apartamento ni siquiera había desempacado, no tuve tiempo que se comunicaran conmigo para recibir instrucciones.

Ella no vio otra opción más que decirme, tenía que continuar detenido hasta el día que otros jueces determinaran cual iba a ser mi castigo por haber violado las leyes de Holanda en la posesión de drogas y armas de fuego.

Me sacaron de esa oficina, de regreso al cuarto de espera, donde estuve casi hasta la noche, cuando por fin llego el transporte, me volvieron a meter en otra jaula-móvil de la policía, no encuentro otra palabra para describir el transporte que utilizan, las ventanas por la parte de afuera, en el interior, la división de los puestos, la manera como los fabricaron, es un laberinto de rejas parecido a las jaulas de aves, esta vez me llevaron a una prisión a esperar el día de mi juicio.

Todo el camino desde el edificio de la corte hasta la prisión que estaba en el lado oeste de Rotterdam, me lo sabía, venía mirando por la ventana.

Cuando llegamos me di cuenta que esta prisión, no sé si paradójicamente, por cosas del destino o causalidad, digo **causalidad** porque no me gusta decir **casualidad**, para mi esa palabra **no** existe, todavía no sé cómo llamarlo, pero la prisión estaba a 6 calles del apartamento donde vivía Guadalupe con Muelas.

Varias veces pasamos por enfrente de ese edificio, les pregunté que era, respondieron: una de las mejores prisiones de la ciudad, quien iba a pensar que ahora estaba entrando a esa prisión. Que vueltas da la vida, nunca me canso de repetir esa frase.

Aprendí que dan 90 días de prisión preventiva, el abogado defensor prepara tu caso, fiscalía prepara la acusación, reúne todas las pruebas en tu contra, eso incluye el bendito ADN mi lamentable metida de patas.

Pero antes quiero regresar al día que empecé a escribir el libro.

Cuando ocurrió el acontecimiento que fue el origen de porqué empecé a relatar mi vida, no tenía la madurez espiritual que tengo en este momento, no entendí ese suceso, no podía hablarles de algo que no comprendía, simplemente comencé a escribir guiado por un deseo, siguiendo un instinto, creo que es el momento de que ustedes sepan realmente lo que pasó ese día 24, una noche antes de empezar a escribir.

# CAPÍTULO XXIII
# EL DÍA 24

Perdí el sentido de orientación, tenía presente las fechas para saber cuándo llegaba el momento de pagar el alquiler, únicamente puedo decir que han pasado 24 días desde que comenzó mi pesadilla. La mayoría de personas inician ese proceso cuando van a dormir y caen en un profundo sueño que da origen a un desenlace que puede ser bonito, normal o puede terminar en pesadilla.

La mía inicio con un golpe violento, un sonido que te causa una mezcla de miedo y sorpresa, donde estas acorralado buscando para donde huir, corres hasta el balcón del apartamento, te asomas por la ventana, pero los cinco pisos de altura te hacen reaccionar, aceptar que no tienes escapatoria, decides sentarte pacientemente en el sofá de la sala.

De esta manera fue el comienzo de mi arresto por miembros de la policía de Rotterdam al sur de Holanda.

Estoy tratando de organizar mis ideas, como sucedieron las cosas no tiene sentido para mí, la policía llego hasta la puerta del apto que había rentado, me pidieron que abriera para hacer un control ¿cómo es posible que esto pase con apenas 5 horas de haber entrado por primera vez? Como mandados por alguien, como si estuvieran esperando que entrara para agarrarme con las manos en la masa, diría cualquiera que agarran infraganti.

Esta sensación no es nueva para mí, si hago un recuento de las veces que me han arrestado a través de mi vida, sería la cuarta. A mi edad sentado en la cama de una celda después de vivir tantas cosas, tan diferentes en la vida, siento que soy más que un "perdedor", no necesito ser un genio para entender la diferencia entre un perdedor y una persona que le gusta darse golpes contra la pared. El perdedor simplemente se pasa la vida teniendo éxitos y fracasos, siendo más los fracasos que los éxitos, pero darte contra la pared, varias veces, tendría que ser diagnosticado por un profesional como una conducta masoquista, en la definición de ese término, incluye un propósito sexual, pero no sé cómo definir a las personas que les gustan darse golpes en la vida, sin ningún propósito.

¿Ahora qué voy hacer con mi vida? Es el momento, la situación que no quieres que jamás pase, mucho menos por cuarta vez, pero cuando giras tu cabeza al lado derecho, ves una ventana con barrotes, tienes que aceptar la triste realidad, estas nuevamente preso, perdiste otra vez el regalo más preciado, lo que habías analizado años antes, del cual habías conversado en repetidas ocasiones, una vez más perdiste la libertad.

No es momento de arrepentirse, ni siquiera de lamentar, tantas cosas que has pasado te hicieron entender que hacer alguna de las anteriores no cambia el suceso que estás viviendo, nada de lo que hagas puede modificar el resultado, no tiene sentido gastarse las neuronas en un problema sin solución inmediata.

Como que no te lo crees, no logras asimilar el grado de estupidez que has obtenido viviendo de la manera que pensaste era la correcta o la más normal. Doy un profundo suspiro, salido de lo más adentro de mis pulmones, me repito en voz con un tono medio ¿ahora qué voy hacer?

Sin ganas de moverme de la cama, es un camarote doble, una cama encima de la otra, estaba sentado en la parte de abajo, por la manera tal vez el sistema carcelario de esa prisión, dejan solamente un preso por celda, gracias a Dios porque en ese momento no me encontraba con ganas de socializar con otro recluso.

En la experiencia pasada, donde inicié mis conocimientos carcelarios, en el sistema penitenciario de USA, BOP siglas en inglés (Bureau of Prisons) Buró de prisiones, esa fue la primera vez que me agarraron preso por la misma causa, por la misma razón, la que hace ganarse el adjetivo derivado de esa palabra, posesión de drogas ilegales, por eso te ganas el calificativo de traficante.

De las muchas cosas que aprendí, las cuales no todas fueron de beneficio, entendí que dormido se pasa el tiempo más rápido, de esa manera no pierdes las horas pensando, es lo que más hacemos los privados de libertad, de los años que estuve dentro de las diferentes cárceles donde me fueron trasladando en el país, si mal no recuerdo, fueron 3 diferentes instituciones en un lapso de casi 3 años más o menos, estuve preso en los Estados Unidos de Norte América, me pasé la mitad de ese tiempo durmiendo, si alguna vez en mi vida dormí demasiado, fue en esa época.

Me habían dejado la comida diaria, la caja negra, como le llamábamos, comida congelada, un yogurt, una fruta, sobres de azúcar, café y té si lo pides, todavía estaban encima del mueble que tienen las celdas a manera de escritorio, por lo general apenas te la entregan la metes en el pequeño refrigerador que tiene cada celda, también tenemos un horno microondas, con el cual descongelamos la comida y calentamos el agua, sea para café o té.

Todavía después de varios días, andaba como en estado catatónico, sin aceptar y entender la realidad, dejé la comida encima del mueble, eran casi las 6 pm, la ración de comida que nos entregan tenemos que dividirla en tres, desayuno almuerzo y comida. En mis viajes por el mundo conociendo diferentes culturas, no todos los países tienen el mismo habito de nosotros los colombianos, fuimos educados o acostumbrados a comer 3 veces al día, por la manera como nos alimentaban en la prisión, da entender que Holanda tiene un sistema diferente, como fuera, había que hacerla rendir.

Sin muchas ganas haciéndolo más bien por el instinto de sobrevivencia, me levanté a comer algo, aunque también teníamos televisor, no es gratis, semanalmente cobran 3 euros de la cuenta que nos dan para recibir el sueldo de trabajar y los envíos de dinero que te hagan desde la calle.

No tenía ganas de ver ninguna película, estaba prendido en un canal cualquiera de deportes, comí un poco de la caja negra, no recuerdo cual fue el menú, todos los días nos dan una caja diferente, en la refrigeradora grande de la cocina, guardan varias cajas negras por si quieres cambiar la que te dieron por otra diferente.

Hay varios tipos de comida, normal para la población general, especial para los judíos, desconozco el menú de ellos, nunca se me dio por preguntar, los musulmanes también tienen menú especial, no comen todo tipo de carne.

Como muchos no les gusta esa comida de caja negra, la dejan dentro del refrigerador para que cualquier la tome, ellos cocinan sus propios alimentos que compran en la lista semanal del shopping, es bastante variada por la diversidad de nacionalidades de los reclusos.

Después de comer algo, me hice té caliente para tratar de dormir, en esa época del año los días son más largos, es verano. Mas sin embargo quería dormir temprano para olvidar donde estaba, queriendo escapar de la realidad, que pasaran los días rápido.

Igual que me pasa en libertad, cuando empiezo a ver televisión, sea cual sea la película o programa, el resultado es el mismo, quedo dormido a la mitad.

Después de comer algo, me acosté pasando los canales del televisor, que son unos cuantos, en diferentes idiomas, olvidé decirles que el televisor tiene control remoto, no tenía ni ganas ni disposición de analizar los beneficios que tienen las cárceles de Holanda, simplemente quería dormir hasta el día siguiente para poder decir, un día más que pasó.

Me quedé profundamente dormido, no sé a qué horas, el sentido de tiempo no lo tienes en cuenta, da igual si es la una o las mil horas, no va a cambiar nada la situación.

En medio del sueño, pasó algo que, hasta la fecha, marcó mi vida, pero en esa época, simplemente no comprendía. Me vi sentado en esa misma cama, mirando la pared perdidamente, sentí que a mi lado derecho había alguien, sentí una presencia de un ser grande, no puedo describir el tamaño ni la forma, para usar una descripción dentro del raciocinio que alcanza mi conocimiento diaria que es alguien de contextura grande, en tono suave empezó hablarme, al mismo tiempo que me hablaba sentí su brazo en mi hombro izquierdo, como un abrazo real, como el de un padre a su hijo, no sé si era por temor a voltear a verlo o simplemente quedé hipnotizado con la vista hacia la pared de enfrente. La sensación de que está a tu lado, pero no puedes describir como es, ni siquiera su cara puedes ver o imaginar.

"Hijo mira tú pasado, mira hacia atrás" ¿te das cuenta que el camino por donde andas, el final es volver a llegar aquí donde estás? En ese instante pasó por mi cabeza mi vida, como si fuera una película en alta revolución, desde mi primer accidente, las discusiones con mi mama y mis hermanos por culpa de mi proceder, el accidente de mi cuñado de 15 años, igual al momento cuando estaba parado en las puertas de la prisión de ecuador, toda mi vida me estaba pasando por mi cabeza a una velocidad increíble.

¿Entiendes que ese camino no es el correcto? "Ahora vas a seguir el camino que te voy a revelar, te voy a mostrar el verdadero camino, empieza a escribir el libro que hace años tienes en tu cabeza, narra tu vida para que des testimonio de todo lo visto y vivido, es ahora el momento, describe todas las veces que he estado contigo y no te diste cuenta".

De manera imprevista me levanté, quedé sentado en el borde de la cama, por unos segundos quedé pensando si fue algo real o fue un sueño, si la situación donde estaba, había dado rienda suelta a mi imaginación, todavía sentía el brazo en mi hombro.

Era una sensación extraña, confundirse entre lo real o lo imaginario, me dije a mi mismo en voz baja, hablándome, pidiéndome una explicación de lo que pasó ¿será que lo soñé o pasó de verdad?

Como eran tantas cosas las que pasaban por mi cabeza, el hecho de volver a caer preso por el mismo motivo, ahora con una experiencia que no sabía si era realidad o mi subconsciente se lo imaginó para tratar de tranquilizarme.

Por cualquiera que fueran las razones, simplemente vino a mi cabeza un deseo fuerte e inmediato de escribir. Me había levantado de madrugada, eran alrededor de las 5 am, volví a la cama, pero simplemente para tratar de ver algún noticiero en ingles por lo menos.

Al cabo de unas horas, apenas abrieron la puerta de la celda, fui a la oficina de los guardias, les pedí un block o algo donde escribir, gentilmente me dieron uno de rayas con un bolígrafo, en esos días como estaba recién llegado no había mucho por hacer, simplemente regresé a mi celda a esperar la comida, antes di una vuelta por la cocina para buscar alguna caja negra que fuera diferente a la anterior.

Transcurrió mi día, varias entradas y salidas de la celda, solamente medio día nos dejaban la puerta abierta, en horas de la tarde nos encerraban hasta cumplir las primeras 4 semanas, algo así como una cuarentena regulatoria.

Me dieron mi nuevo kit alimenticio del día, posteriormente cerraron la puerta de mi celda como de costumbre, me comí un banano que venía parte de la comida, me preparé un café, me senté en la silla que tiene la celda, usando el mueble escritorio.

Prácticamente empezaba el atardecer del día 25 de mi arresto, siguiendo el instinto, el fuerte deseo, de escribir, sin saber si la presencia, la persona, el Ser que se manifestó en mis sueños, me hubiera dado el mandato, la orden, simplemente, tomando como referencia la Prisión de Rotterdam, inicié el manuscrito de mi vida, empecé a relatar los largos, agitados, muchas veces tristes, sucesos de mi vida.

# CAPÍTULO XXIV
# PRISIÓN DE ROTTERDAM

Volviendo a la actualidad de mi relato, al pasar los primeros días me llevo la sorpresa que aquí en esta PRISIÓN DE ROTTERDAM empieza otro capítulo de mi vida.

Hoy es sábado 10 de agosto de 2019 ha pasado más de un año desde que me arrestaron, faltan 10 días para cumplir un año que comencé a escribir las historias de mi vida. Les hice un resumen cronológico, han leído y conocido como fue mi vida desde la juventud hasta el momento que entré a la prisión en el oeste de Rotterdam.

He durado un año escribiendo, no por lo largo de mis historias, a pesar de haber estado en prisión antes, esta vez ha marcado mi vida, estoy preso en Holanda, un país que me dio mucho, ahora marcó el final de mi carrera en la **equivocada profesión**.

Aprendí más que antes, a pesar de haber vivido, de conocer la crueldad de países como Colombia Ecuador, Perú México, aquí descubrí el lado europeo de la maldad, el lado corrupto de un país ejemplar ante los ojos del mundo, han sido tantas cosas, por esta razón he durado tanto en escribirlo.

Aquí recordé cosas que había olvidado, más bien entendí cosas que siempre estuvieron delante de mí, pero por estar ciego buscando la felicidad en el lugar equivocado, por creer que el famoso "dinero fácil" era lo ideal para ser feliz. Se han dado cuenta que de fácil y feliz no tiene nada, por eso voy a contarles como ha sido mi evolución, mi vida en las diferentes prisiones de Holanda. Voy a seguir contándoles cómo fueron mis primeros 90 días de prisión preventiva, tiempo en que duraron en darme mi sentencia.

Al pasar los primeros días, me llevo la sorpresa que soy el único hispano latino, la población carcelaria aquí es variada, africanos, polacos, rusos, turcos y varias otras nacionalidades, los que más hay son antillanos y marroquíes, entre este último grupo hay varios que hablan un poco de español, les informo a los que no saben, marruecos está enfrente de España, los divide el estrecho de Gibraltar que tiene 14.4 kilómetros de ancho en su parte más angosta, en España punta de oliveros, en marrueco en punta Cires. Los marroquíes que quieren venir a Europa lo más fácil es cruzar a España y aprender un español básico. Los antillanos, desde épocas de la colonia pertenecen a Holanda, aquí llegan a esta prisión la mayoría por robo, asalto, porte de armas, aunque también hay narcotraficantes, como uno en especial que conocí se llama Juan, del cual más adelante les voy hablar.

Me asignaron una celda para mí solo, llegué igual como me sacaron hacia una semana del apartamento de las 5 horas, en camiseta shorts y chancletas, me colocaron en un pabellón donde todos están esperando el trámite de su caso que es lo mismo que decir, están en prisión preventiva.

Les conté que estuve preso en USA, Perú, Ecuador y la verdad me sorprendí al ver como es la prisión aquí en Holanda. Voy a darles los detalles porque es lo normal en el proceso donde estoy contando mi vida, no quiero que se hagan una idea equivocada, pensar aquí sí vale la pena caer preso, sea como sea, prisión es prisión, sea normal como en USA, mala como en Perú ,un infierno como en Ecuador.

Perder la libertad es lo más triste y denigrante que le puede pasar a un ser humano, aquí en Holanda el gobierno es muy práctico, da las comodidades para que tengamos tiempo de meditar sobre las cosas que estamos haciendo mal con nuestras vidas, si aquí en Holanda no cambiamos y corregimos, en ningún otro lado del mundo va a ser posible.

En los otros países donde estuve preso, se te pasa el tiempo entre tratando de sobrevivir, buscando comer algo decente y cuidar tu espalda. Aquí es totalmente diferente, llegué como todos, desubicado aturdido, todavía sin tomar conciencia que realmente estaba preso, me parecía increíble, pero ahí estaba, para colmo sin poder llamar a nadie.

Me dieron una tarjeta para hacer llamadas con dos euros de saldo, suficientes para llamar y avisar que estaba preso ¿pero avisar a quién? ¿Mi familia? ¿Al comandante? ¿Muelas o la Sra. Guadalupe?

El pequeño problema es que no me sé ningún número de memoria, nos acostumbramos a tener una agenda en el menú del teléfono, buscando el nombre de la persona, le damos llamar, pero nunca memorizamos los números, soy más despistado que Tin Tan en la Habana ¿y ahora que voy hacer?

Con esta incertidumbre fueron pasando los días, los guardias de esa cárcel se portaron de maravillas, hasta me sorprendió su gentileza, nada que ver con los guardias de USA.

Uno de los guardias, a los pocos días de haber llegado, sacó una ropa que habían dejado los que se van en libertad, usada pero lavada y limpia, solo tenía lo puesto, esa ropa fue una bendición del cielo, me dieron dos camisetas un pantalón Jean, con eso podía sobrevivir. Había maquina lavadora y secadora de ropa, cada uno por el número de su celda le toca lavandería un día a la semana. Fueron pasando los días y las semanas, todavía no reaccionaba porque no había podido hablar con nadie.

Entre los presos que conocí, había un marroquí que hablaba español hizo su ingreso a Europa por España, obtuvo la residencia europea ahí mismo, después se mudó a Holanda, hicimos buena amistad, suficiente para contarme su caso, lo arrestaron en su casa con 80 kilos de heroína y 150 mil euros en efectivo, estaba esperando el desenlace de su juicio.

También conocí a Juan el antillano, habla español, como muchos antillanos por la cercanía a Venezuela, geográficamente las Antillas holandesas están prácticamente enfrente a Venezuela.

Esto me recuerda la vez que el expresidente Hugo Chávez estaba vivo, en uno de sus múltiples ataques de locura, dijo en televisión nacional que iba a hablar con la reina de Holanda de esa época, para que le devolviera las Antillas porque eso era parte de Venezuela, que Dios lo tenga donde sea su voluntad.

Para serles sincero, en Holanda, en la calle, todas mis experiencias con los antillanos no han sido muy buenas, pero con Juan pareció ser un poco diferente. A Juan lo estaban relacionando con un caso de 100 kilos de droga que llegó de Brasil, lo capturaron a 3 calles del lugar donde la policía había confiscado la droga, también estaba esperando el desenlace de su juicio.

Otra persona que conocí fue a un turco, pero este si es original de Turquía, nacido en una ciudad llamada Samsun al norte del país, su nombre es Alí. Lo acusaban de participar en una importación de droga que llegó de Ecuador, la única prueba en su contra era que en los documentos de importación estaba su nombre como agente aduanero, la droga que incauto la policía que fueron 20 kilos, no estaba cerca, lo fueron a buscar a su casa, igual estaba en espera del desenlace de su juicio. Lo particular de este turco es que después de hacer amistad tuvo la confianza de contarme datos personales de su vida, tenemos muchas cosas en común, aparte de que tenemos casi la misma edad, soy mayor creo por meses, tampoco es su primera vez que lo arrestan por drogas, pero en lo que más coincidimos es que, aceptamos entendimos y comprendimos que estamos nadando en contra de la corriente y trabajando en la "equivocada profesión", parece demasiada casualidad conocernos en estas circunstancias.

Estar solo en la celda, es una bendición, en USA son 2 por celda, en Perú el tiempo que estuve que gracias a DIOS no fue mucho, éramos 7 viviendo en condiciones lamentables, en Ecuador éramos 12 les conté las condiciones lamentables como se paga la condena. Aquí aparte de lo básico que es un baño, la cama y un closet-armario para guardar la ropa, cuando la tenga porque ahora mismo nada.

Aquí no dan comida caliente, todo lo que dan es congelado, una bandeja de comida donde va separado sea arroz o carne o pollo, pero congelado, dentro de la celda tenemos un microondas para descongelar la bandeja, aparte dan leche, pan jamón, queso y una vez a la semana podemos hacer compras de la lista de productos que están autorizados, pero cuando tenga dinero, porque cuando me arrestaron tenía solo 50 euros en la cartera, esos igual que mi teléfono iPhone 7, se desaparecieron por arte de magia, de ese tema más adelante les contaré, porque aquí en Holanda donde supuestamente los policías son profesionales y rectos, también roban.

En la celda aparte del horno microonda también hay un mini refrigerador, nevera tipo oficina de las pequeñas, suficiente para guardar la comida, lo que realmente me sorprendió y por lo que le doy gracias a DIOS todos los días y gracias al gobierno de Holanda, es que tenemos un televisor de 21 pulgadas con control remoto, wow eso es una grandísima bendición, aunque nos cobren 3 euros semanales por usarlo, con todo eso, para muchos no es gran cosa, pero para mí, que se el valor que tiene, es mucho. En USA cada unidad o pabellón había tres televisores, uno para la gente de color, uno para los blancos americanos, uno para los latinos, están separados y cada salón tiene 50 sillas, el primero que entraba al salón colocaba lo que quería ver los otros 49 que llegaban después teníamos que ver lo mismo. En Ecuador había un televisor pequeño para toda la prisión. Aquí tengo mi propio televisor con TV cable, 3 canales deportivos, es lo único que ayuda a no volverme loco.

Después de 2 semanas, el marroquí que había conocido, de nombre Hasim, le dijo a su esposa que comprara 2 camisetas 2 sudaderas 2 pares de media 2 interiores, cuando la esposa se los llevo en los días de visita, fue a mi celda y me entrego una bolsa con todo, me dijo: Colombia creo que soy de tu misma talla, los compré a mi número, toma para ti.

Sin entender le pregunte ¿amigo y esto? ¿Cómo te voy a pagar?

Hey tranquilo te lo estoy regalando, tú no eres de aquí, no tienes familia ni siquiera tienes visita, no te preocupes que estamos para ayudarnos, le estreché su mano y le di las gracias.

Cuando se fue de mi celda entendí lo que es la misericordia de Dios y su grandeza, creo en Dios, soy cristiano de corazón a pesar que lo he olvidado, nunca se olvidó de mí, lo bello que hace mi Señor es que utiliza ángeles de cualquier religión, mi amigo Hasim es musulmán, nada que ver con evangélicos ni cristianos, su Dios es Ala, pero ese Dios que en el fondo es el mismo Dios creador de todo, movió su corazón y tuvo un gesto conmigo. Con este regalo y la ropa usada que me dio el guardia, por lo menos tenía para cambiarme, porque a pesar que me bañaba todos los días, lavaba el interior cada 4, llevaba semanas con lo mismo.

Después de 3 semanas vino la abogada de oficio a visitarme, me dijo lo mismo que antes, que estaba esperando a ver que tenía el fiscal en mi contra, por aceptar la culpabilidad, en el código penal que tiene el gobierno, la cantidad más el arma, la mínima que me darían era de 4 años, tenía que estar preso 2/3 partes de la condena, por buen comportamiento me regalaban una tercera parte, en números reales tenía que estar 2 años 6 meses, después me deportaban a Colombia. Según sus palabras, iba a tratar que fuera menos de 4 años, pues era la primera vez que estaba preso en Holanda, eso me podía ayudar.

Que consuelo triste me estaba dando esta abogada, como es joven no le vi ni le sentí fuerza como para pelar algo menos para mí sentencia. Después de darme esa desagradable noticia, me dijo que la llamó una persona que se identificó como mi hermano, le dio un número para que lo llamara.

Mi aturdida cabeza no podía asimilar o entender, lo primero que pensé era que Muelas se había hecho pasar por mi hermano o alguien del Comandante, la abogada también estaba extrañada no sabía cómo habían conseguido su número, pero igual me lo dio.

Cuando regresé a mi celda me di cuenta que el número empezaba por 57, ese es el código telefónico de Colombia, ¿quién en Colombia había localizado a la abogada? ¿Y cómo?

Como les explique antes, al llegar a la prisión me dieron una tarjeta para hacer llamadas, pero solo tenía 2 euros, sabía que llamar a Colombia eso es lo que vale un minuto, pero se puede recargar con el dinero que tenga o con lo que le pagan por trabajar.

Se me ocurrió llamar al número que mi supuesto hermano le dio a la abogada, por la diferencia de horas, llamé de tarde de Holanda, era la mañana en Colombia, recibo la grata sorpresa, ese número si era de mi hermano mayor, preguntó cómo estaba, después de responder, darle una corta explicación de los hechos, estaba intrigado en saber cómo desde Colombia logró contactar a la abogada.

Fue asignada por el gobierno, casi al azar, en este país, como en la mayoría alrededor del mundo, todos los abogados titulados tienen que trabajar defendiendo a los encarcelados que no tengan dinero para pagar un particular.

Al ver que habían pasado varios días y no me comunicaba, lo hacía regularmente para que no se preocuparan, se imaginó lo peor, Dios Bendito es tan bueno grande y bondadoso, todo lo que hace es perfecto, cuando estaba en Colombia, la vez que El Comandante me contactó para ofrecerme el trabajo, por alguna razón que ahora entiendo, le dejé a mi hermano el número del Comandante, llamó preguntando que sabía de mí, de esta manera se enteró que estaba preso.

¿Cómo se enteró El Comandante? estábamos hablando cuándo entró la policía al apartamento de las 5 horas, pensaba que estaba bromeando, no asimilaba que en tan poco tiempo había llegado la policía, pero el desenlace de ese día lo convenció.

Muelas salió del apartamento alrededor de las 9 pm al rato llegó la policía, estuvimos hablando inclusive después que tumbaron la puerta y entraron, después que corté, todavía incrédulo, llamó a Muelas para darle la orden se devolviera, mi historia era inverosímil, cosa natural en él. Mucha gente, lo han robado y engañado, aplica el refrán: "Justos pagan por pecadores".

Había llegado al apartamento de Guadalupe, cruzar la ciudad de Rotterdam de noche no es cosa fácil, El Comandante lo hizo salir de vuelta.

Cuando llegó nuevamente al edificio se encontró con 5 patrullas de la policía estacionadas, de inmediato tomó su teléfono celular, empezó a tomar fotos, hacer un video para que El Comandante lo viera.

Todavía estaba sorprendido hablando con El Comandante por video conferencia cuando ve que los policías salían conmigo del edificio, me vio esposado montándome a una de las camionetas patrullas.

El Comandante tenía desconfianza, al verme por video cámara ¿qué más prueba quería? Muelas tenía el video, si hubiera querido, los noticieros locales le hubieran pagado por la primicia.

Debido a los cambios estructurales que había hecho El Comandante, estaba en conversaciones con aquel joven holandés conocido por medio del antillano de bonaire, el Macambo, como la mayoría, para no decir todos los que se dedican a esta "equivocada profesión", había estado preso, en su caso consiguió un buen abogado holandés especialista en criminología, había conseguido una reducción sustancial de su sentencia, cuando El Comandante le avisó que estaba preso, le ofreció los servicios de su abogado y amigo.

El Comandante no quería figurar mucho en esta historia por riesgo a que se perjudicara, aun así, desde el principio asumió la responsabilidad de ayudarme. Le dio mi nombre completo al Macambo, este a su amigo abogado, como es obvio, con una llamada telefónica averiguo en qué prisión estaba y quien era mi abogado de oficio. Con esta información El Comandante se la pasó a mi hermano, quien enseguida llamó a la abogada, por eso estaba intrigada como era posible que tan rápido lo hubieran llamado de Colombia.

Pasaban los días, estaba tratando de asimilar esta nueva historia para no decir, nueva estupidez, a estas alturas de la vida no se cometen errores, se hacen estupideces, mi buen amigo (q.p.d) El Cirujano me lo había dicho, muchos años atrás. Ahora acoplarme en mi nueva vida en una prisión de Holanda, en pocas semanas había conocido muchos de los presos que compartían la prisión, había 4 pabellones o unidades A. B.C.D.

A y B están las personas que esperan su juicio, C y D los sentenciados, cada pabellón tiene 4 niveles, me llamó la atención el pabellón A1 es la parte de abajo, todos los que están en ese pabellón, son violadores, acosadores o pedófilos, personas con problemas mentales, con un seguimiento especial incluyendo medicamentos. Aparte de eso, les tienen una jaula con pájaros, peceras plantas, para recrearles un ambiente que apacigüe sus problemas, en términos reales los tienen con trato especial.

A través de mi hermano conseguí el numero de Muelas, como les dije antes, estaba viviendo cerca a la cárcel, no podía creer su buena suerte, tratando de hablar con sinónimos para no comprometerlo, sabíamos que todas las llamadas que se hagan en los teléfonos, son analizadas, se libró del arresto en el apartamento, no queríamos que lo buscaran por una imprudencia telefónica.

Después de 2 semanas empecé a trabajar, el sistema penitenciario te obliga a trabajar, con ciertas excepciones, para poder pagar el tv, de esta forma mantenía un saldo en la tarjeta para llamar a mi hermano. Cuando iba a cumplir un mes de estar preso, mi hermano mantenía conversaciones con el abogado que me había localizado, gracias al comandante. Le dio instrucciones para que lo llamara, lo contratara como mi abogado particular, estaban pagos los honorarios, aunque debía oficialmente solicitar el cambio de abogado, para hacer el trámite como exige las leyes de Holanda.

Por lo menos El Comandante se estaba comportando con responsabilidad, todavía no sabíamos cómo y porque apareció la policía, pero ahora con el nuevo abogado, pronto lo sabríamos.

Inmediatamente llamé al abogado nuevo, su nombre GENK, me explicó que tenía que llamar a la abogada del gobierno que me fue asignada, dejara saber quería cambiar de abogado, dijera que el nuevo se iba a comunicar con ella para pedirle todos los papeles que tuviera del caso.

Después que fuera oficial, que el fiscal supiera del cambio de abogado, ahí entonces me venía a visitar, me explicaba de que manera me podía defender, así fue, llamé a la abogada al día siguiente, expliqué mi deseo de cambiar de abogado. Me sorprendió su reacción, empezó a preguntarme porque había tomado esa decisión inclusive me preguntó si alguien me había forzado u obligado o amenazado para que cambiara de abogado, le dije que NO a todas sus preguntas, simplemente era mi deseo y voluntad. Al final me deseó suerte en mi juicio y se despidió.

A partir de ahora esperar que míster Genk recogiera los papeles, leyera lo que realmente pasó, para buscar la forma como me podía defenderme.

Seguí con mi rutina en la **prisión de Rotterdam**, tratando de sobre llevar mi castigo, guardando una esperanza en mi corazón que el nuevo abogado pudiera conseguir la sentencia mínima.

Cuando llegó mi tiempo de trabajar, me enviaron a uno de los varios salones especiales para realizar diferentes labores, cada zona hace su propio oficio, a mí me pusieron a empacar esponjas que se utilizan para lavar los platos, que paradoja, muchas veces renegué porque tenía que lavar platos, aquí tenía enfrente de mí miles, consistía despegar de una lámina donde vienen troqueladas, juntarlas de 3 en 3 meterlas en una caja de cartón grande donde caben 300 o 400, ni recuerdo. Fueron tantas las que empaqué, cuando vuelva a lavar platos usaré otra cosa diferente a una bendita esponja.

El contrato que tenía el gobierno de Holanda era con una empresa en España, la caja por la parte de afuera tenía las indicaciones en español, hay un solo país en Europa que se habla este idioma.

También ahí trabajaba Ali el turco, el pago que nos daban, considero es una bendición, en mis experiencias carcelarias anteriores, en Sur América, no existía la posibilidad de trabajar, por lo menos en las que estuve, aquí nos pagaban 3,5 euros por día a la semana sumaba 17 euros.

Se oye una cantidad ridícula si escuchas el testimonio de muchos compañeros que han estado en otros países de Europa en la misma condición de convicto, dicen que el país de Europa que paga el sueldo más bajo a los presos es Holanda.

Pero de que me voy a quejar si entré a la cárcel de Rotterdam sin ni un centavo encima, al cabo de una semana de trabajo casi 4 euros al día, por 20 horas a la semana, recibía 17 euros.

Para la mayoría de los compañeros de prisión, que son traficantes, ladrones o cualquier otro tipo de profesión criminal, esa cantidad es irrisoria, muchos tienen el cupo al que tenemos derecho de tener en la cuenta es de 500 euros, lo tienen al tope, para mi sencillamente era una bendición, pues me alcanzaba para pagar los 3 euros semanales del televisor, gastarme 3 euros en llamadas telefónica y con el resto, suficiente para comprar algo de frutas, atún o cualquier cosa de la lista de compras que nos daban una vez a la semana.

Se me olvidaba contarles, hay una cocina disponible, tiene todos los sartenes y utensilios de cualquier cocina de casa, nada que ver con las otras prisiones donde estuve, ni siquiera en USA que aparentemente es una prisión bastante cómoda y aceptable. Aquí, tú cocinas a tu antojo, más tiene el hombre araña de cocinero que este servidor, aunque se lo básico, en este momento de mi vida, a mi edad no tengo paciencia para cocinar y lidiar con los otros presos que también cocinan a la misma hora, en pocos días fui testigo de unas cuantas discusiones, pequeñas riñas por el uso de las instalaciones, prefiero seguir con la caja negra, así le decíamos a la bandeja de comida congelada, color negro, de plástico especial para resistir el horno microondas. Si supiera el cantante Juanes como nos gozábamos en la otra prisión más adelante, cantando los colombianos "quiero la cajita negra".

Con el paso de los días fui conociendo a otros compañeros que estaban en diferentes pabellones, coincidíamos en el área de trabajo, también en el patio de recreación, es la zona donde van los que quieren respirar aire fresco, muchos salen a fumar cigarrillos, algunos a escondidas fumaban hachís, comprado en el mercado negro que circula en las prisiones.

Con todo lo vivido, les dije antes, pocas cosas con las que me asombran, pero aquí conocí y vi cosas, aunque lo asimilé, no dejan de sorprenderme.

Me imagino en Colombia existirán casos iguales, hasta peores, únicamente puedo describir lo presenciado no lo imaginado, compartía el pabellón con un holandés, aparentemente normal, un día de esos que nadie quisiera que pasara, estando bajo los efectos de las drogas, algo que pasa tan común que nos acostumbramos, lo vemos como una estadística más, pero no reaccionamos, no decidimos hacer algo para cambiarlo, el holandés en una de sus tantas acaloradas peleas con su esposa, según cuentan, su hijo de 10 años no era de él sino fruto de una infidelidad, ese día se le metió el diablo en su cabeza y corazón, tomo al niño por el cuello lo apretó hasta que lo estranguló y mató.

Santo Dios celestial, matar a tu hijo después de estar 10 años criándolo, amándolo, por culpa de estar drogado ¿lo asesinas? Que Dios y la Nederlandse justitie sean quien lo juzguen.

Había de todo, desde un señor que tenía en una caja de seguridad en el banco, con un millón de euros en efectivo sin documentos que lo justificaran, la policía se los confiscó le dijeron que firmara un documento donde se los entregaba al gobierno, no quiso, dijo que su abogado iba a traer los documentos que demostraban su origen, pero mientras lo dejaron preso. El trato era, los entregas, quedas libre, los peleas, vas preso.

Se siente raro escuchar estas historias en un país como Holanda, quien va a pensar, por estar haciendo su trabajo, un empleado de seguridad de un centro nocturno, una noche cualquiera llegan esos clientes pasados de trago que quieren entrar a pesar de su estado, se encuentran con un seguridad que mide como 2 metros o más, se enfrascan en una discusión que termina en golpes, el vigilante que es un ex peleador de UFC le da una golpiza al más agresivo de los borrachos, se le va la mano, termina en el hospital, allá muere, mientras los jueces determinan si fue homicidio involuntario, tiene que esperar detenido por ser un delito violento.

Conocí un vigilante de un banco, en su turno de noche, se desaparecen misteriosamente 3 millones de euros, aunque el vigilante, nacido en Europa del este, le mantengan detenido, el dinero no aparece, el gobierno tiene 2 años para encontrarlo culpable, de otra manera pasado ese tiempo, automáticamente por ley queda en libertad, confiemos el dinero lo espere bien guardado.

Estas historias son normales escucharlas en cualquier país de Latinoamérica, pero aquí, uno de los más desarrollados, no deja de sorprender. En otro pabellón de los sentenciados, estaba un ex alto oficial de la aduana portuaria, sé que está ahí porque sus compañeros de unidad lo cuentan, nunca sale ni siquiera al patio a tomar aire fresco, es alguien importante, tenía años trabajando con narcotraficantes de alto calibre, según dicen las noticias de su caso, alcanzó a salir en televisión nacional, fueron muchas las toneladas de droga que dejó entrar a Holanda por el puerto de Rotterdam, uno de los más grandes de Europa. Cuando lo capturaron tenía en su poder una cantidad elevada de millones de euros, desde el comienzo de su caso empezó a colaborar con la justicia, entregó varias empresas y dio información de sus contactos, entre esos había un grupo fuerte de Colombia, quienes le hicieron un atentado en su casa a la familia. A raíz de eso, le paga sueldo a varios presos para que sean sus escoltas, no va ni al baño solo, se escucha el rumor que están pagando un millón de euros a quien se atreva asesinarlo dentro de la prisión.

Como era el único colombiano en esa institución, no faltó el desubicado, un ves se me acercó un antillano que se identificó mostrándome varios tatuajes, como miembro de la más peligrosa banda de asesinos a sueldo de toda Nederland, se quería ganar ese dinero, que les avisara a los patrones, ignorantes los hay en todos lados del mundo, quisiera hacerle pasar unas cortas vacaciones en la zona de Tumaco, el bajo cauca antioqueño, Arauca, que conociera el lado violento de Colombia, para saber si realmente tiene madera de asesino despiadado como se quiere vender.

No sobra decirles que cada uno se forja su propio destino, se oye cómico que lo diga, sobre todo sabiendo todas las tonterías que hecho a través de mi vida. Si por lo menos, hicieramos el trabajo de pensar que consecuencias pueden tener nuestros actos.

Aquí conocí a un dominicano que fue una noche a un bar de música latina en el sur de Rotterdam, conocía ese bar, un par de veces fui a reuniones de negocios, inclusive unos meses antes de caer preso estuve en una fiesta que me invitó mi amigo El baterista, aquel que me presentó a Batman y Robin años atrás, su orquesta tuvo una presentación, disfrutamos bueno.

Este dominicano no fue a una reunión de negocios, fue a divertirse como todos, sabía muy bien, consumir alcohol de una manera exagerada tiene consecuencias, pregúnteme a mí.

Emborracharse por culpa de los celos mesclado con la prepotencia que nos da estar borracho, armar una pelea, salir del bar con la cabeza caliente ir a tu carro, sacar un cuchillo tipo daga, regresar a esperar a tu contrincante, cuando lo ves te le vas encima, le propinas 5 puñaladas lo matas, ¿consecuencia de una borrachera? ¿Será que entenderemos así no se vive? no es la forma sana de divertirnos.

Gracias a Dios esto pasó en Holanda, un país que, a pesar de las múltiples veces que vine, hasta viví afuera, estoy conociéndolo por dentro, cada día más sorprendiendo, los jueces le dieron 5 años de cárcel por ser un homicidio sin premeditación, con 2 años salió con supervisión controlada por 3 años más. ¿Valió la pena la borrachera? Espero haya aprendido bien la lección.

No todos entendemos a la primera, un africano que 5 veces seguidas le encontraron en su celda un celular tipo androide con redes sociales, no fue una ni dos, fueron 5 veces, sabrá su motivo, después de tantas veces, varios días en la celda de castigo, lo trasladaron a una prisión de máxima seguridad.

Toda variedad de personas había, los días pasaban hasta que por fin mi nuevo abogado fue a visitarme, muy formal, muy alegre, claro todavía no me había defendido, pero había cobrado sus honorarios. Me dijo sabía los detalles de mi arresto, por fin iba a resolver la gran duda que atormentaba mi cabeza y no me dejaba dormir.

Desesperado por oír la explicación, el muy astuto abogado Genk antes de nada me mostró una fotocopia del código penal donde está la guía de penalización delitos por droga, donde especifica las cantidades con sus respectivos castigos. Le di una hojeada, aunque estaba en holandés, los números son internacionales, de 5 a 500 gr...de 500 a 3 kilos...así sucesivamente.

Con un tono entre resignado y no muy optimista, me dijo que por la cantidad de droga que me encontraron más la pistola, más el silenciador ¿les había contado del silenciador? Con el susto del arresto se me olvido, pues tiene premio extra en la lista de castigos…. la sentencia que me toca por el código penal era de 4.5 a 6 años.

Rayos y centellas, me estaba dando la misma explicación que la abogada de oficio que pagaba el gobierno, había cobrado sus honorarios ¿me decía lo mismo? No te preocupes me dijo, que pelearé para que sea menos de 4 años, en ese momento me dije a mi mismo: ¿qué iba a pelear si me agarraron sentado en el mismo apartamento que la maleta con las cosas? Después del mal rato dice que el fiscal le mostró la acusación.

El desenlace de esta trama, el marroquí Isaac, dueño de la inmobiliaria que me había rentado el apartamento, supuestamente era de su novia, antes que a mí se lo había rentado a unos lituanos, estaban usando el apartamento para hacer sus negocios. Según aviso de los vecinos, eran negocios de droga, no creo que Isaac, que también es traficante, sea tan tonto de no saber a quién le renta el apartamento.

Una vecina, casualmente es la misma señora se nos quedó viendo el día que subimos las maletas, había llamado a la policía denunciando a los lituanos, pero cuando la policía llegó al apartamento, se habían ido. Le dijeron a la señora que apenas regresaran los llamara ¿qué creen? Llega el tonto de La Fruta junto Muelas, con varias maletas y bolsas, hablando español, a lo mejor pensó que era el mismo idioma raro que hablaban los lituanos.

¿Será casualidad o será que los planes de Dios son perfectos?

Estaba subiendo en el ascensor junto con la mirona, fue nada más verme entrar, corrió a llamar la policía, les avisa que volvieron. La policía arma su operativo para agarrar a la gran banda de lituanos, por suerte que Muelas se había ido antes que llegaran sino seria mi compañero de celda.

En vez de los lituanos encuentran a la Fruta lavando ropa, el resto del desenlace se lo saben.

El abogado me dice, como no había investigación previa ni seguimiento ni nada, fue solo un golpe de suerte de la policía, únicamente me estaban acusando de posesión, era mi primera vez, iba a pedir una sentencia corta.

Me explicó que según su experiencia los jueces me van a preguntar; porque razón cometí ese delito, en Holanda son 3 jueces a los que se enfrentan los acusados, uno es el juez principal, los otros 2 son los auxiliares, imagínense con uno estoy asustado ¿con 3 como les voy a contestar o explicar el motivo por el que hice eso?

Tenemos que pensar en una respuesta que te ayude, los jueces te van a escuchar y analizar cuidadosamente lo que digas, finalizó el abogado.

Puedes decir que tu situación económica en Colombia está un poco dura, por necesidad accediste a venir a Holanda hacer esto.

Después de oírlo no sabía si reírme o llorar, pero le dije a Genk: abogado, aunque usted no lo crea y no tiene por qué saberlo, por diferentes circunstancias de la vida, estoy en banca rota, fruto de mis errores y malas decisiones, de lo que sea, pero estoy sin trabajo sin dinero con mi vida hecha un nudo aparte, tratando de ayudar a un familiar que nació con una condición especial, requiere de ayuda profesional, ese apoyo no es nada barato.

La verdad le digo a usted que es mi abogado y está bajo secreto de confesión profesional, vine a Holanda a tratar de ganarme algo de dinero.

Genk me quedo mirando a los ojos como tratando de saber si mi historia era real o era una más de los miles que había escuchado en su vida como abogado, igual me dijo: esa respuesta es creíble.

Me sentí como si me confesara con un sacerdote y él se burlará de mis pecados, con un poco de coraje y rabia le dije: si quiere le mando a pedir a Colombia el certificado médico de mi familiar para que vea que no estoy diciendo ninguna mentira.

Al ver mi reacción me dijo: tranquilo estoy buscando la manera de ayudarte, sería bueno me consigas esa certificación. Finalizó diciendo lo llamara cuando tuviera alguna duda, me avisaba apenas supiera la fecha del juicio, se fue.

Quedé meditando sobre el motivo o la razón por la que vine a Holanda, por primera vez en mi vida entendí acepte y me convencí, lo que varias personas me habían dicho antes, como mi amigo El Cirujano, estoy en el negocio equivocado, en una **equivocada profesión**.

Muchas cosas en mi vida pasaron, no las aprendí ni entendí por consejo de otro, tuve que entenderlo dándome golpes, es la única forma que aprendo. Mi vida hubiera sido más fácil si escuchara, abriendo los ojos, ver las cosas como son, no como pienso que sean.

Siguieron pasando los días, igual mi convivencia con los otros presos que esperaban su juicio, cuando ni lo esperaba me avisaron que fuera al BAD, que es el lugar donde guardan las pertenencias de todos los presos de la prisión, está cerca a la entrada de la cárcel.

Cuando llegué me dijeron, me habían traído ropa, El Comandante le dio instrucciones a su amigo holandés, el mismo que le recomendó al abogado Genk, le dio dinero, me compró una chaqueta-chamarra para invierno, estaba empezando el frío, un par de jeans, suéteres de invierno, ropa interior, zapatos para diario y tenis para deportes. Con esto más lo que me había regalado el marroquí Hasim, quedé equipado para esperar mi sentencia.

Hice conciencia, todo lo que uno hace en la vida trae consecuencias, me preparé para recibir mi castigo. Cuando hacemos cosas erradas que sabemos que no están bien, en el fondo conocemos puede tener un mal final, somos tan inconscientes, tan egoístas con nuestras familias, seguimos adelante y cuando estamos metidos en este lío, es que recapacitamos. Entendemos que los golpes enseñan.

Por lo menos de ropa estaba listo para soportar el invierno, ahora tenía que prepararme psicológicamente para esperar mi castigo.

Un día me llamaron al salón de visitas, fui lo más pronto posible pensando que Genk había encontrado una solución, un artículo de ley, algo que me sirviera de ayuda, al entrar al sitio, no era mi abogado, vino un oficial de inmigración, a explicarme, después que cumpla mi sentencia, sería expulsado de Holanda, que novedad, si supiera que había tomado la decisión de cerrar el capítulo de Holanda, demasiados errores en mi vida desde que empecé a venir.

Comenzó a explicarme, si me sentenciaban a 4 años tenía que hacer 2/3 partes, pero si me sentencia a 3 años o menos, tenía que hacer la mitad, el gobierno nos regalaba el 50%, por un momento wow eso si me emocionó, por lo menos era una esperanza.

Pero me acordé de la señora “MIRONA” del ascensor y su denuncia, eso me volvió los pies a la tierra.

Tenía que esperar, no perdía la fe que Genk tuviera algún as debajo de la manga, saber si era tan bueno como decía el joven Macambo que lo recomendó.

# CAPÍTULO XXV
# MI SENTENCIA "UN MILAGRO DE DIOS"

Cuando se iban a cumplir los tres meses de la prisión preventiva, me avisó el abogado que tenía fecha mi juicio, desde ese momento empezó mi ansiedad con todos sus efectos, en la mañana de ese día me llevaron a la corte, le había pedido a mi hermano mayor, días antes, que le enviara al abogado Genk, vía e-mail, fax, como le pareciera mejor, una copia del certificado médico donde está el diagnóstico de la condición con que nació mi familiar, a lo mejor me podía servir en algo.

Me llevaron al mismo edificio de la corte donde vi a la juez de primera instancia, pero ahora tenía que ver a 3 jueces que iban a decidor mi castigo y mi futuro.

Santo Dios dame fuerzas para decir lo correcto.

Aunque bien merecido lo tenía por cabeza dura por no oír consejos, ser tan ciego. Dios me ha estado dando señales, que estaba por el camino equivocado, ahora me tocaba asumir las consecuencias, como antes lo hice.

En el edificio de la corte me llevaron al salón donde todos esperan su turno de ver a los jueces y esperar el desenlace de sus casos, lo llamaría "El Cuarto de Pánico", ahora que pasé ese proceso le puedo poner un poco de humor, pero ese día, todos los que estaban ahí, me incluyo, teníamos cara de susto mezclado con ansiedad.

Dieron el acostumbrado café con pan y queso, esperé varias horas hasta que por fin llegó mi turno, bajé al salón de la corte que estaba 2 niveles, cuando entré había un silencio absoluto, como si todos estuvieran esperando por mí, claro que esperaban por mí, era mi juicio.

Estaba mi abogado Genk, una señora que iba hacer de traductora español-holandés, un policía que custodia la puerta dentro del salón, a la izquierda sentado a lo alto un fiscal que representa la parte acusadora del gobierno, enfrente también en un nivel más alto 3 jueces, 2 hombres y una mujer, pero el hombre que estaba en medio era el juez principal, a un lado de los jueces estaba la secretaria del tribunal.

Me dieron indicaciones que me sentara enfrente de los jueces, al lado de la traductora, una señora holandesa que habla perfecto español.

Empezó mi agonía, el juez principal comenzó a leer el manuscrito del proceso, después de leer la primera parte hace un resumen, me repite las acusaciones, posesión de drogas ilegales, posesión de un arma de fuego, me recuerda, en mi manifiesto anterior, me declaré culpable, le pregunta a mi abogado si tiene algo que decir.

Genk empieza diciendo palabras técnicas que al traducirlas al español se oyen raras, pero en resumen dice que acepté mi culpabilidad, era la primera vez que cometía un crimen o infringía las leyes en Holanda, aunque no es justificación, por la necesidad económica termine haciendo esto.

Pidió a los jueces que tuvieran consideración conmigo, el tiempo pasado en prisión, era más que suficiente castigo, estar lejos de mi país, lejos de mi familia era suficiente condena.

Después que el abogado terminó, el juez principal se dirigió a mí con cara de querer ver que había dentro de mi cabeza, con un tono entre, interrogatorio y curioso me pide que le explique con mis propias palabras, cual fue el motivo o razón que me llevó a cometer ese delito, como el abogado me lo había advertido.

Sentí encima de mí, todas las miradas de los que estaban en el salón de la corte, hasta del policía que estaba cuidando la puerta.

Me puse de pie, aunque mis piernas parecían de gelatina, empecé pidiendo perdón a los jueces, al gobierno de Holanda por venir a este país a cometer un delito, les dije: vine a sabiendas que era algo en contra de la ley, sé que nada de lo que diga va a cambiar lo hecho, pero mi situación económica es bastante lamentable, la economía de mi país en estos momentos no da muchas opciones a la gente de poder sobrevivir y salir adelante. Durante años traté de muchas maneras legales, busqué en diferentes tipos de negocios honrados y actividades comerciales, toqué muchas puertas, pero no hubo manera posible de pagar todas mis deudas, aparte de todo eso, estaba ayudando a un familiar muy cercano, que nació con una condición especial y requiere de ayuda profesional particular, porque el sistema de salud de Colombia no es ni siquiera parecido al que tienen ustedes aquí en Holanda.

Tuve que hacer varios descansos y paradas para que la traductora les explicara a los jueces con la mayor exactitud y no distorsionar el sentido de mis palabras. Lo que estaba diciéndoles a los jueces, a todos en la corte, es la triste y sincera realidad de mi vida, no tenía que agregarle o cambiarle nada.

Después que terminé de hablar, el juez le pregunto al señor fiscal si tenía algo que decir.

Se pone de pie con cara de "inquisidor", también empieza su acusación con términos legales y códigos de ley, al final era la misma acusación dicha en otras palabras. Después que leyó su acusación, deja sus apuntes sobre el escritorio, me lanza una mirada y se dirige a los tres jueces diciendo: Sus señorías este señor vino a Holanda a traficar con drogas ilícitas, también consiguió un arma de fuego, adquirió el arma porque le gustan, es entendible, pero señores jueces, nadie tiene un silenciador con una pistola por simple hobby, algo total y radicalmente prohibido en este país, es de nacionalidad colombiana, el estereotipo de criminal al cual están acostumbrados ver en nuestras cortes, por eso pido la sentencia máxima que aplica el código penal donde por la cantidad de droga más el arma de fuego, está estipulada en 48 meses de prisión. Termina su acusación, se sienta con una medio sonrisa en la cara, desde el principio proyectó una energía que, traducida a términos reales, quería comerme vivo.

El juez le volvió a preguntar a mi abogado si tenía algo más que agregar. Genk se levanta, dirigiéndose a los jueces: según las leyes que se aplican en este momento, si la sentencia de mi defendido es mayor de 3 años, estará privado de la libertad 2/3 partes de ese tiempo, pero si la sentencia emitida por esta corte es 3 años o menos, tendría que estar el 50% del tiempo solamente, esta información fue suministrada por el oficial de migración que lleva el caso de mi defendido.

Termina de hablar, toma de su escritorio varias hojas de papel, le entrega a cada uno de los jueces, una al fiscal, una a la secretaria y otra a la traductora. Hasta ese momento ni yo sabía que eran esas hojas.

Genk se dirige a los jueces y les explica que ese es el diagnóstico oficial emitido por un profesional de la salud certificado, que explica con detalles la condición con que nació mi familiar. Les dice a los jueces que el "Autismo" no es una enfermedad que se cura con tratamiento, es una "condición" con que se nace, mientras más tiempo de sentencia le den a mi cliente, más tiempo queda esa persona desamparada.

Después que la traductora explico lo que decía el diagnóstico médico, no sé si fueron ideas mías o me deje llevar por la emoción, pero al terminar la traductora, todos y cada uno de los que tenían una hoja en la mano, quedaron en silencio, mirando el papel, aunque estaba en español clavaron sus ojos con las cabezas bajas.

Si en ese momento tuviera el conocimiento de Dios que tengo ahora, después de más de un año preso, donde ÉL se me ha manifestado, abrió mis ojos, mi entendimiento, diría que en ese momento mi Señor tomó posesión de la sala, tocó sus corazones, en ese mismo instante a todos les cambio el semblante, el fiscal cambio su cara de "inquisidor" por una de sorpresa, los tres jueces se miraron entre sí, durante unos dos minutos aproximadamente se hizo un silencio absoluto, en ese momento no lo entendía, pero mi DIOS estaba ahí presente.

El juez principal se dirigió a mí me dijo: regrese a la sala de espera que vamos a deliberar, el policía de la puerta se acercó a mí, me pidió que lo acompañara al "Cuarto de Pánico", mire a Genk a los ojos, hizo un gesto con la cabeza, salí de la sala del tribunal.

Me había enterado por los comentarios de los demás presos que los jueces demoran un promedio de dos semanas, 15 días hábiles en dar la sentencia oficial, le hacen llegar una copia del veredicto a los abogados. Mientras subía camino al cuarto de pánico iba pensando ¡ay Dios mío! estos 15 días de espera van a ser los más largos de mi vida.

Cuando entré a la sala de espera, como es costumbre, todos los que estaban esperando su turno, aunque no nos conocíamos entre sí, siempre preguntan ¿amigo cómo te fue? Tengo que esperar mi sentencia el juicio terminó. Uno de ellos, siempre está el sabelotodo, me dijo: en 15 días le llega a tu abogado el papel, así funciona esto. Pregunté si habían traído comida, no era del hambre era de la ansiedad.

Cuando pasaron alrededor de 10 minutos abrió la puerta uno de los policías guardias, me llamó por mi apellido, quedé asombrado ¿tan rápido llegó mi transporte para llevarme de vuelta a la prisión de Rotterdam? Cuando salí me indico que volviera a la sala del tribunal, con susto y sorpresa bajé rápido.

Todos estaban en los mismo puestos como si nadie se hubiera movido, excepto yo, me senté, el juez principal tomo la palabra, se dirigió a mí.

Después de deliberar llegamos al acuerdo con su sentencia, no lo podemos liberar como pide su abogado, porque se le encontró drogas ilegales y un arma, pero tampoco lo vamos a sentenciar a los 48 meses que pide el señor fiscal, teniendo en consideración su caso lo sentencio a 32 meses de prisión para que permanezca 16 se regrese a su país a continuar el cuidado de su familiar que lo necesita. No podía creerlo.

Un juez de Holanda, donde tienen fama, por ser gente que no cree en Dios, viven la vida de una manera práctica, fieles seguidores de la teoría científica del origen de la humanidad, decirme esas palabras de manera directa y personal, solamente lo puedo llamar "**un milagro de Dios**".

El juez se dirigió al fiscal y le pregunto: ¿está usted de acuerdo? Los fiscales si no están de acuerdo con la sentencia emitida, le dicen al juez que van apelar, pero este fiscal como manso corderito dijo: Si señoría estoy de acuerdo.

Quedé asombrado y sorprendido, en vez de esperar los 15 días hábiles, pasaron 10 minutos, esto si es un "milagro". Únicamente se me ocurrió decir: Gracias su señoría, muchas gracias, no sabía que más decir, estaba tratando de asimilar lo que estaba pasando, el policía nuevamente se acercó mostrándome la salida, miré a Genk, con cara de felicidad me dijo: llámame después.

Me subieron de nueva a la sala de espera, no cabía de la felicidad, Dios había hecho nuevamente un milagro conmigo, ustedes que han leído mis historias, todas las veces que me salvé de la muerte fueron milagros de Dios y ahora éste ¿qué más razón o motivo necesito para cambiar mi vida? Además de aceptar la misericordia que Dios ha tenido conmigo, es algo que le debo a mi madre, murió con la esperanza en su corazón que algún día dejara este estilo de vida y regresara al buen camino que desde joven me enseñó.

Cuando entré en la sala de espera y les conté a los que estaban en el cuarto, quedaron sorprendidos como es de esperar lo único que me dijeron fue: amigo usted si es de suerte, ellos lo llaman suerte, yo lo llamo un "Milagro".

Tuve que esperar varias horas, en la noche como a las 10 pm, por fin llegó mi transporte de vuelta a la prisión. La felicidad era tan grande que aguanté con gusto las horas de espera, el hambre, hasta que por fin llegué a mi celda.

A la mañana siguiente estaba ansioso por contarle a mis amigos, aunque se oiga extraño aquí hice unos cuantos, busqué a Hasim el marroquí, fui a contarle al turco Ali. Estaba ansioso por contarles la misericordia que tuvo Dios y me hizo un milagro en mi sentencia, muchos trataran de buscar una explicación de porqué me dieron tan poco tiempo de castigo, pero ninguno sabe cómo ha sido mi vida, todas las veces donde Dios me ha salvado.

Le conté a mi familia al comandante, Muelas, todos se alegraron, ahora a prepararme y esperar a donde me llevarán a cumplir mi condena.

Pasaron varios días, Hasim también fue a recibir su sentencia, igual lo acusaron de posesión de drogas ilícitas, le dieron 4 años, realmente es poco tiempo por la cantidad que tenía, con 2 años y 6 meses recobra su libertad, su esposa es marroquí holandesa, sus 2 hijos nacieron en Holanda, pero igual tiene que esperar a ver qué hace o cómo le va con inmigración porque tiene residencia de España.

Cuando habían pasado 15 días me buscó la case manager, en español es la consejera de la unidad o del pabellón, una señora holandesa de unos 40 y tantos años muy agradable, me dio una circular donde se me notificaba mi traslado a la prisión de Ter Apel, que está más al nororiente de Holanda cerca de la frontera con Alemania, ahí reúnen a todos los sentenciados que no tienen residencia legal, los extranjeros después de terminar su sentencia son deportados a sus países de origen. Un día sin aviso se llevaron a Hasim, alcanzó a despedirse, salía destino Ter Apel, en esa prisión volveríamos a encontrarnos, estaba molesto, a partir de ahora no vería a su esposa e hijos con tanta frecuencia, la nueva prisión es lejos de Rotterdam donde vive su familia.

El sistema penitenciario se mueve rápido, estaban sentenciado y trasladando a los condenados, estaba preparado para irme en cualquier momento, por eso al turco Ali, a Juan el antillano les pedí donde contactarlos cuando me trasladaran.

# CAPÍTULO XXVI
# TER APEL, EL FINAL DE UN CICLO

Una semana había pasado desde que recibí la notificación de mi traslado a Ter Apel, estaba ansioso, por referencia de unos argelinos, ciudadanos de Argelia, habían estado allá, me dieron buenas noticias, decían que es mejor que donde estábamos, en la tarde me avisaron que recogiera todas mis pertenencias, en la mañana siguiente salía rumbo a la nueva prisión donde tenía que hacer el resto de mi sentencia.

Me despedí de los compañeros, quedó la incertidumbre si los volvería a ver, de madrugada me sacaron a tomar mi transporte, las conocidas camionetas tipo van jaulas del ministerio de justicia.

Después de recoger a otros presos en otras prisiones de Holanda y viajar como unas tres horas aproximadamente llegamos a Ámsterdam, sabía que estaba en Ámsterdam, conocía muy bien la zona del centro, en un edificio de la corte, se quedó uno, los otros tres que veníamos nos cambiaron a otro vehículo y continuamos camino a Ter Apel. Al cabo de otras 3 horas más por fin llegamos, estaba ansioso por conocer el lugar donde tenía que pasar el resto de mi sentencia. Después de hacer todo el trámite normal de ingreso a una nueva institución, por fin me llevaron a la Unidad B, en esta prisión hay 6 unidades, desde la A hasta la F, me instalaron en una celda doble, aunque no había nadie, la mayoría son celdas de una persona, pero estaban todas ocupadas, las disponibles eran dobles. Me había acostumbrado a estar solo, esperar a convivir con alguien que no conoces, ni sabes que delito cometió, da un poco de preocupación.

No sobra recordarles que muchos años antes en Ecuador éramos 12 en una celda, pero ahora estoy más viejo, es más duro, no tengo la fuerza de que da la juventud, la adrenalina que te hace aguantar calamidades, ahora quería terminar mi condena, empezar un nuevo capítulo en mi vida.

Como en todas las prisiones cuando llega gente nueva, los antiguos quieren saber de donde es el que llegó, para mi tranquilidad, había bastantes colombianos de diferentes zonas del país, la mayoría como es de suponer están por droga, otros por robo en bandas organizadas, por lo menos tenia consuelo de que no había colombianos violadores ni asesinos en serie, que de estos hay muchos en esta prisión.

El reiniger o encargado de la limpieza del pabellón es un colombiano llamado Alberto, con quien desde el principio entable una cordial amistad, el llevaba casi 4 años preso, pronto terminaba su condena.

Fue de mucha ayuda y orientación, estoy muy agradecido, desde ayudarme a pedir una dieta especial, hasta asesorarme para cambiarme a una celda individual, desde el principio cuando llegué a Ter Apel hasta la fecha sigo en la misma.

Al día de hoy, ha pasado más de un año que llegué a esta prisión, varias cosas he aprendido, lo más importante es que muchas he entendido. Aparte de entender que estoy en la **profesión equivocada**, aquí en este tiempo me pasó algo que no sé cómo explicarlo, una persona que tiene una relación cercana con Dios lo entendería.

Aquí en este lugar alejado de todo, casi en medio del campo, recibí un entendimiento, un cambio que tanto pedía en mi vida. Se oye exagerado o dramático, puedo declararlo con toda convicción, Dios en este tiempo tocó, cambio mi corazón, abrió mis ojos, me mostró con claridad cuál es mi propósito, que necesito para tener una vida en agrado a ÉL.

Pero eso no pasó en una noche sin antes avisar, para llegar a este punto pasé por un proceso de aprendizaje, ni siquiera busqué ayuda o consejos en la iglesia de la prisión, tenía que ver primero las cosas que pasaron aquí en Ter Apel.

Como les dije antes, pensaba que después de viajar, pasar tantas cosas, lo había visto todo, que equivocado estoy. Aquí he aprendido, conocido historias, casos que pensé solo se veían en películas, por eso quiero empezar a contarles desde mi llegada hace un año hasta el día de hoy.

Si estaba agradecido por las instalaciones de la prisión en Rotterdam, aquí mucho más, se nota que el país no tiene problemas económicos, invierte buenos fondos al sistema penitenciario, la gente que lleva tiempo aquí me dice que fue construida hace 15 años, pero solo hace cinco fue destinada a convictos extranjeros.

Cuando estaba instalado en una celda individual, después de 15 días me avisaron que en cualquier momento empezaba a trabajar, desde la primera semana que llegué, cuando me preguntaron el tipo de comida que quería, con la ayuda de Alberto, escogí vegana, también me dieron a escoger el tipo de pan, blanco o integral.

Aparte de trabajar te dan tres días de deportes entre tres opciones: un día de ir al gimnasio, que está mejor y más grande que en Rotterdam, no tiene que envidiarle a ningún gym de afuera, un día para futbol, un día para jugar voleibol. Ni siquiera cuando era joven en la escuela, practiqué futbol, mucho menos aquí con más de 50 años de edad lo voy hacer, voleibol menos.

Recuerden que después de mi gran estupidez en Ecuador cuando quise acabar con mi vida, lo que logré fue tener 3 dedos de la mano izquierda al 50% de su utilidad más otro de la mano derecha, recuerdo de mi accidente en la juventud donde perdió la vida, mi amigo Andrés (q.p.d) prácticamente de voleibol nada que ver.

Tome los 3 días para ir al gym, cuando me dieron el horario, el primer día que voy no se imaginan a quien encuentro haciendo ejercicios, nada más ni nada menos que a Facundo, uno de los dos súper expertos químicos, se quedó de una sola pieza. Con cara entre susto y sorpresa me pregunta ¿qué me paso? ¿Porque estaba preso?

Como sabía por el holandés Stevenson todas las tonterías que este había dicho a la policía, solo le conté lo básico no confiaba en él. Después de una corta conversación se fue, vive en otra unidad, solo nos dan 45 minutos para entrenar en el gym, hay que aprovechar al máximo ese tiempo.

Empecé a trabajar en una de las varias zonas de trabajo, están separadas en diferentes labores, hay desde la zona de costura con máquinas digitales industriales, área de ensamble de filtros desechables para pistolas de pintura, área de carpintería y otras más.

Me mandaron a una que el trabajo era cortar y empacar alfombras de un material parecido a la hierba sintética de las canchas de futbol, pero estas sueltan un residuo sintético parecido a las esponjas que estuve empacando en la prisión de Rotterdam.

Después de dos horas de trabajo y meditar cual sería la consecuencia de respirar esas partículas por el resto de mi condena, fui donde el jefe de esa área, le expliqué qué venia de Rotterdam, tuve problemas de alergia con ese material, de inmediato me cambió al área de ensamblar y empacar filtros de pintura.

Estaba organizado mi rutina para sobrellevar mi condena, antes les hice la aclaración y se los vuelvo a repetir. Muy bonita la prisión, muy llevadera, muy práctica, pero sigue siendo una prisión, el hecho de que se adorne, no cambia el significado de lo que es perder la libertad.

Como dice la famosa canción "Let her go" en español traduce: "solo necesitas la luz cuando se está oscureciendo, solo extrañas el sol cuando empieza a nevar, solo sabes que la amas cuando la dejaste ir", le agregaría: "solo aprendes el valor de la libertad cuando la pierdes". Ni perdiéndola varias veces había aprendido, aquí en el proceso y gracias a la sabiduría que recibí de mi Dios, entendí lo bendecido que he sido durante toda mi vida. Él me cuidó todo el tiempo, pero no lo entendía.

A través de mi hermano conseguí el teléfono de un viejo amigo de Barranquilla, lo llamé para saludarlo, su nombre es Antonio José... desde los años 80's lo conozco, inclusive cuando estuve viviendo en USA, allá fue a visitarme. Sabia de este problema, lo primero que me preguntó: ¿no te cansas de perder años de tu vida metido en una prisión? después que hablamos, recapacité, reflexioné, como referencia de la rapidez con que pasan los años, caí en cuenta que habían pasado veinte años del accidente que le causó la muerte a mi excuñado. Santo Dios se dice fácil, pero si, habían pasado veinte años, se me pasaron demasiado rápido.

Entre las facilidades de Ter Apel, algunos presos tienen toca CD´s, cuando salió en libertad Alberto, me dejo el suyo junto a varios CD´s de música variada. Al principio escuchaba todo lo que hubiera y consiguiera: americana, electrónica, sobre todo un CD del grupo "Maná", me traía muchos recuerdos, pero no aliviaba mi alma.

Hasta que un compañero que también comparte la Gracia que nos regaló nuestros Señor Jesús, tiene varios CD´s de música cristiana de cantantes mexicanos, de Puerto Rico, colombianos de muchos otros países, me los fue prestando de poco en poco.

Escuchando esta música aprendí que a nuestro Dios también se le alaba con canciones, desde que escuché el primer CD de mi compañero, únicamente me gusta la música con letras que te dan esa paz que solo viene de Jehová

Dios padre Celestial, regalé todos los CD´s que no fueran de música cristiana, sentí la necesidad de solamente escuchar melodías que me den tranquilidad, no la música que me recuerde los errores pasados en mi época de juventud.

La celda tiene una ventana con vista al patio que se comparte con otro pabellón, puedes ver a los compañeros cuando salen a caminar y hacer actividades al aire libre.

Exactamente enfrente de mi ventana hay un árbol el cual estoy viendo todos los días desde hace un año, viendo el proceso de las 4 estaciones del clima, desde que empiezan a caer las hojas, soporta la nieve, llega la próxima estación, caer la lluvia, crecer las hojas nuevamente.

Me acordé de Ana Frank la niña alemana judía que hizo un diario de su vida escondida en el sótano de su casa durante 2 años y medio, en el centro de Ámsterdam durante la segunda guerra mundial, relató ese mismo proceso, pero ella tenía en su ventana un árbol de castaña.

Los domingos hay servicio de misa en la iglesia de la prisión, un domingo para los católicos, el siguiente para los cristianos, para mí no hace diferencia, escuchar la palabra de Dios de cualquiera es alimento para mi alma. El primer domingo que fui, vaya sorpresa me llevo, uno de los voluntarios que cantan en el coro de la iglesia, es nada más ni nada menos que "Pistón", el otro químico, el cuñado de Facundo.

Con él sí tuve una conversación más amena, también se sorprendió de verme ahí preso, Pistón es otro tipo de persona, mucho más sabio, más agradable que su cuñado. Me contó que, por haber cambiado la versión original, de Facundo haber hablado tantas tonterías, les dieron 30 meses de sentencia, tenían que hacer la mitad, al holandés dueño de la finca donde se quemó el laboratorio, le dieron 6 meses, a los 3 salió en libertad, para la tranquilidad de Stevenson eso es muy bueno.

Seguí en el proceso de acostumbrarme a la rutina de esta prisión, conseguí ir 3 veces por semana al gym, ahí es el único lugar donde puedo olvidar que estoy en una prisión, pero ese momento de felicidad se empaño porque mi horario de ir al gym coincidió con el de Facundo.

Empecé a notar cierto resentimiento y rabia, incluso escuché un rumor que salió de él, diciendo que me había quedado con un dinero que el "Mono" había mandado para ellos, nada más alejado de la realidad.

El Mono desde el principio me contó que antes de salir de Ecuador, les dio un dinero para que dejaran a sus familias, esa cantidad cubría la responsabilidad hacia ellos, pero Facundo no encontraba la forma de desahogar su frustración, hasta que un día no aguanto más y me amenazó diciéndome que tenía en su teléfono una foto mía que había tomado en la casa que nos entregó Stevenson en Ámsterdam, que si él quería podía perjudicarme diciéndole a la policía que hacía parte del grupo que los contrató.

Si será tonto este hombre, se le olvidó que el juez lo sentenció a 30 meses por decir historias fantasiosas, a estas alturas que le faltaban pocos meses para terminar su sentencia, estoy completamente seguro que ni el fiscal ni la policía le iban a creer una nueva imaginaria historia.

Con esta amenaza dejó ver bien claro la calidad de persona que es, quedé un poco molesto, inclusive con la aptitud de Facundo, no sé porque motivo, pero vino a mi memoria un episodio que me había sucedido aquí en Holanda.

Gracias a que me acordé de esa historia, empecé a reflexionar y entender muchas cosas, por mi ignorancia antes no había entendido.

Voy hacer un paréntesis en mi relato de Ter Apel para contarles esa historia de las muchas que me ocurrieron aquí en Holanda.

Todo empezó como un día de los tantos que las personas te llaman o te busca porque necesitan algo, una conexión un servicio, algún negocio. Ese día me contacto un barranquillero que había conocido hacía muchos años a través de mi amigo "El Cirujano" este personaje se llama "Carmelo" eran amigos desde la época de los 80s´s, por circunstancias de la vida, Cirujano estaba muy bien económicamente, Carmelo bastante mal, a pesar de que duró años trabajando en las islas del Caribe desde trinidad y Tobago hasta Puerto Rico, haciendo transportes de droga, desde punto fijo en Venezuela hasta curazao y Aruba.

Carmelo es otro más del gran "cartel del Tuvo", en esa época tampoco tenía, mi amigo El Cirujano lo apoyaba económicamente.

Me contactó para decirme que en Holanda había un buen amigo de él (cuando quieren organizar algo dice "**un buen amigo**" cuando pasa algo malo, era **un conocido**) buscando una recibida para trabajar desde el puerto de Santa Marta con destino a Holanda, su amigo trabajaba con un señor muy fuerte que maneja el puerto en Colombia a su antojo, necesitaba una recibida buena. Ese señor de santa marta, después que pasó el episodio que van a leer, le sé nombre y apellido, por mi seguridad y la de mi familia, únicamente les comparto, el robo que hicieron.

Si contara las veces que he escuchado ese mismo repertorio de oratoria, podría hacer un libro de esas historias de fantasías y ciencia ficción, como les expliqué desde el principio, el único animal que tropieza no una sino 2 y 3 y muchas veces con la misma piedra y no aprende, somos nosotros los seres humanos, tenemos el descaro de ponerle de nombre burro al asno, siendo que nosotros somos más burros que ningún animal.

Carmelo me dio el número de teléfono de la mano derecha del gran señor de Sta. Marta, ni con todo lo pasado y aprendido, esquivo o evito esos súper negocios. Llamé por teléfono al personaje, me reuní con él en Rotterdam, me explicó con lujo de detalles que el puerto de santa marta era prácticamente el patio de su casa, total control al 100%, podíamos trabajar a grandes escalas, su jefe tenía un gran respaldo.

Le dije que iba a investigar a ver si conseguía lo que él necesitaba, me dediqué a la tarea de buscar a la gente de Rotterdam, por cosas del destino, Armin el holandés Surinam y su amigo Macambo, tenían ese servicio, esto sucedió varios años antes del **robo del siglo**.

El personaje que me recomendó Carmelo, le dicen "el Piojo", me habló de una manera sutil para que le presentara a la gente de la recibida, necesitaba saber si la tenían como su jefe pedía.

Para facilidad de todos acordamos vernos en un bar de la zona, cerca del centro comercial y estación zuidplein en Rotterdam, esa zona la conocía demasiado, por ese motivo el día de mi arresto cuando me llevaron ahí, sabía perfectamente donde estaba.

Al momento de llegar a la reunión, noté que entre todos hacíamos un grupo demasiado grande, siempre está el amigo que trajo a un amigo, en estos negocios es difícil conocer directamente al que finalmente, es quien tiene las cosas, sin embargo, ahí estábamos todos.

El Piojo para que la gente se sintiera cómoda les dijo que empezaran desde abajo, con poco para ir ganado confianza, esto emocionó a los holandeses, sugirió para romper el hielo y conocernos, la primera vuelta la hiciéramos de 10 kilos.

Dio detalles exactos, entre costo del producto, metida al puerto, pago de la policía y aduana, se necesitaban unos 50 mil euros, los holandeses pusieran la mitad su patrón en santa marta la otra mitad, al llegar el trabajo a Holanda, partían 5 y 5. Los amigos de Armin junto al Macambo tenían que dar 25 mil euros, querían trabajar, como todos los que quieren ganarse ese **dinero fácil**, sacan su calculadora, multiplican 5 por el precio a como esta en el mercado, se deslumbran, deja un margen de utilidad del 300 % me preguntaron si conocía bien al Piojo.

Como antes he vivido por dentro y por fuera estos líos, desde el principio les dije que **no** lo conocía, un amigo de Colombia lo había recomendado, no sabía su verdadero nombre, mucho menos donde vivía en Santa Marta.

El Piojo como todo ladrón hábil, sabía decir las palabras adecuadas para que la gente se sintiera en confianza, explicó no tenían que dar dinero adelantado, pagarían cuando estuviera el trabajo dentro del contenedor y el contenedor dentro del puerto. El barco desde la ciudad de santa marta al puerto de Rotterdam demora dos semanas en llegar, se iba a reportar todos los días hasta entrara a puerto y sacaran las cosas, eso enamoró más y confió a los holandeses, entre todos reunieron los 25 mil euros, accedieron a esperar que el Piojo entregara los documentos, les dijo que antes de 15 días estaba armada la vuelta.

Nos fuimos a esperar pacientemente que hicieran su trabajo los del puerto en Colombia, pactamos volver al mismo bar porque el dueño era amigo de uno de los holandeses, podíamos utilizarlo de oficina. El habilidoso Piojo les dijo que ese lugar le daba tranquilidad, porque después que estuvieran las cosas montadas en el contenedor, era responsabilidad de los holandeses, el necesitaba una garantía para responderle a su jefe, el dueño del bar era su garantía. Lo más probable es que el dueño simplemente conozca a los holandeses por ser clientes habituales, a lo mejor no sabe, ni entiende de negocios de narcotráfico, gracias a una simple reunión quedo vinculado.

Cuando había pasado una semana me avisó el Piojo que estaba listo, le pidiera a la gente que fueran al bar con el dinero, ese día salía el contenedor, les avisé a todos en especial al Macambo y Armin, en la tarde nos reunimos en el bar. Como son 7 horas de diferencia horaria entre Holanda y Colombia, la tarde de Holanda era la mañana de santa marta.

Todo perfecto, el Piojo estaba cada momento en contacto con su jefe quien le iba avisando los pasos, después de varias horas, por fin el Piojo da la noticia, todo estaba meticulosamente sincronizado y arreglado, estaba listo, me pidió fuéramos a un café internet a buscar los documentos, su jefe los tenía a la mano, se los iba a mandar por e-mail.

Fui con el Piojo, Armin y el Macambo al internet que estaba cerca del bar y cerraba tarde, imprimió los documentos, regresamos al Bar.

Ahí delante de todos entrego copia del BL del contenedor, para los que no saben, BL son las siglas de "Bill of lading" en español se llama "Conocimiento de embarque", manifiesto de carga de lo que lleva el contenedor; donde estaba metida la droga, entregó una foto del sello de seguridad y de los candados, dio el nombre del barco que hacía la ruta directo desde Santa Marta a Rotterdam, demora dos semanas en hacer el trayecto.

Después que todos los holandeses, hasta el dueño del bar, revisaran los papeles, quedaron conformes y accedieron a entregar el dinero, 25 mil euros en billetes de denominación de 500 según indicaciones del Piojo, ahora a esperar los benditos 14 días.

Durante los días siguientes el Piojo estuvo reportándose inclusive reuniéndose conmigo y los holandeses para darles la tranquilidad, decirles que después de este trabajo aumentarían la cantidad progresivamente hasta darle duro y ganarnos un buen dinero, los holandeses no cabían de la felicidad.

Cuando pasaron los 14 días, el jefe del Piojo le avisó que había llegado el barco al puerto de Rotterdam, la aduana de Santa Marta le pasó la información, después de avisarles a todos, nos reunimos nuevamente, los amigos de Armin son los responsables que tienen el contacto directo, iban a monitorear vía mensajes a los empleados de adentro en el puerto de Rotterdam, son los que realmente sacan las cosas, para garantizar que recibieran cada uno su ganancia, lo mejor es que estuviéramos todos juntos. Pasó una hora, dos, tres, después de unas 6 horas, el personal del puerto, avisa que ese contenedor no aparecía, por la numeración no lo encontraban.

Santo Dios que nuevo lío, el Piojo le avisó a su jefe enseguida, al escuchar atentamente la explicación, se puso furioso, activó el modo alta voz de su teléfono, para que escucháramos a su jefe, comenzó a decir casi gritado, había que responderle por su dinero, esa historia que no aparecía el contenedor era puro cuento para robarlo. Es el típico show de histeria que arman los ladrones. El holandés que estaba directo con los trabajadores, les volvió a insistir, buscaran bien porque recibió en sus manos los documentos con la lista de todos los contenedores, el mismo vio esa numeración del escogido donde metieron las cosas.

Esa noche estuvo la situación estresante, nadie sabía qué hacer, como actuar, que solución encontrar, el único que hablaba era el Piojo repitiendo las amenazas de su jefe, preguntando como le iban a pagar. Como muchas veces antes, estaba en el medio del lío, era la conexión entre los holandeses y el Piojo. Carmelo desde Venezuela se comunicó para decirme, le estaban cobrando porque fue quien me recomendó, que por favor le arreglara ese problema, otro nuevo desastre en que me había metido, los holandeses presionaban por su dinero, al saber que el dichoso contenedor no aparecía.

Gracias a Dios tengo amigos en todos lados, a través de mi vida, he dejado buena impresión por mi proceder, se me ocurrió comunicarme con un viejo amigo de la juventud, quien vive en santa marta.

No tiene nada que ver con narcotráfico ni esos negocios, pero es muy conocido porque tiene una empresa de filmaciones de eventos y fiestas, se llama Hugo, le pregunté si conocía alguien en el puerto de santa marta. Por arte de magia, apareció un amigo de Hugo ¿Arte de magia?

No soy fanático de la magia, es un ángel de Dios que llegó para salvarme, ese amigo me consiguió la lista original de la aduana de santa marta, de todos los contenedores que trajo el mencionado barco, obviamente tuve que mandarle el dinero para ese papel.

También me consiguió, copia de todos los BL de la empresa que decía el Piojo habían utilizado para meter la droga, no estaba el BL entregado, tampoco aparecía la numeración que dio del contenedor.

Con las pruebas que nos dieron, los documentos originales recibidos de la Dirección Nacional de Aduanas del puerto de Santa Marta, descubrimos que el famoso jefe del Piojo, falsificó la lista de contenedores, mandó fotos de sellos viejos y falsificó el BL donde supuestamente venia la droga.

Por esa razón los empleados que trabajan dentro del puerto de Rotterdam no encontraban al dichoso contenedor. En medio del lío y la discusión, al ver que mi ángel de la guarda consiguió desenmascarar la trampa, al Piojo únicamente se le ocurrió decir, lo más probable era su jefe se había equivocado, pero respondía por el dinero, iban hacer otra prueba, no se preocuparan, su jefe corría con todos los gastos.

Armin, el Macambo y todos los holandeses sabían que los habían robado, como ellos mismos quisieron entregar el dinero por las ganas desesperadas de trabajar, no me reprocharon ni me cobraron, sabían desde el principio mi responsabilidad estaba fuera, por advertirles que no conocía a ese personaje, mucho menos a su jefe de santa marta.

Todavía estábamos discutiendo el suceso, aprovechando la oscuridad de la noche, sin que nadie se diera cuenta, sigilosamente, el Piojo se desapareció del bar, apagó sus teléfonos y dejó a todos viendo un chispero, con eso di por concluido otro capítulo de robos y engaños en este mal llamado estilo de vida.

Volviendo a mi realidad en Ter Apel, les voy hablar de los otros personajes que encontré aquí, si con lo vivido no me sorprendí, con lo visto, sirvió de inicio al proceso, hasta llegar el momento que Dios cambiara mi corazón, me abriera los ojos.

Viajar por el mundo me ha mostrado el lado bueno de mucha gente, personas que aportan su granito de arena para hacer un mundo mejor, un mundo más justo para todos. Como la capitana alemana que sale al mar mediterráneo a recoger migrantes a la deriva, como el mexicano que entrena a los humanos y educa a los perros, como los deportistas, con su pasión sirven de inspiración a las nuevas generaciones, como mucha gente, a pesar de estar en una situación de discapacitados, dan un ejemplo de superación y fortaleza mayor inclusive que las personas que no tienen discapacidad.

Pero lamentablemente también he visto el lado opuesto de la vida, el de personas que cometen crímenes que hasta a mí me sorprenden.

Aquí está un hombre de oriente medio que llevado por la pasión y extremos de su religión hace lo inimaginable, padre, madre, hijo e hija, vienen de su país huyendo de la violencia, pero venir de esa zona del mundo tan extremista y mudarse a Holanda es como mudarse del desierto al polo norte.

En Holanda a pesar que la comunidad de personas de su misma religión es numerosa también es numerosa la tentación, las fiestas, el libertinaje, su hermana no supo asimilar el cambio, al llegar, como muchas jóvenes, empezó a salir, a disfrutar a gozar en la excéntrica vida de Ámsterdam.

Su padre fue criado al viejo estilo, muy arraigado a su religión, no aceptó ver a su hija en el nuevo mundo, en la nueva era, empezó a sonsacarlo para que matara su hermana.

Parece increíble, que estas cosas pasen dentro de un núcleo familiar, donde debería reinar el amor, la hermandad, todos los sentimientos que dentro de una familia florecen.

Esta era un caso totalmente diferente, su padre tomó la decisión porque estaba avergonzando la familia, tanto insistió y presionó, cuando se dio la ocasión, se le fue encima a su hermana para matarla con un gran cuchillo, pero su madre, como cualquier madre que ama a sus hijos, se interpuso, llevado por la euforia y el fanatismo transmitido por su padre, mató a las dos, que tristeza saber que existen personas que se dejan manipular por una creencia, sin respetar el derecho a la vida que tenemos todos.

Su padre no le iba a reprochar la muerte accidental de la madre, quien lo juzgó fue el tribunal de jueces de Holanda, ahora está pagando una condena de 15 años. Esa es la cantidad de años que dan en las condenas por asesinato premeditado, parece increíble que alguien se atreva a matar a su propia madre, la que te alimentó, te cuidó te protegió cuando eras niño.

Quedé tan sorprendido cuando escuché su historia, que no quise hablarle, hasta el saludo le quité, a pesar que antes de conocer su caso, éramos compañeros de domino, compartíamos campeonatos dentro de la unidad, hay que decir la realidad, juega muy bien.

Mi Dios desde el momento que tuvo misericordia de mí, está en cada paso que doy, el domingo siguiente asistí al servicio religioso que ofrecen aquí en Ter Apel, el mensaje de ése día fue Mateo 7:1-2 "no juzgues para que no seas juzgado". El único que tiene el derecho y la potestad para juzgar es nuestro Dios creador.

Después de oír esto cambié mi actitud hacia esa persona, cada día conocía a más compañeros de la prisión, escuchaba más casos, también aprendía más de la palabra de Dios

No era el único, aquí en esta prisión mi Señor se les ha manifestado a muchos, son pocos los que entienden, aceptan y deciden hacer un cambio para mejorar sus vidas. Como le pasó a un paisano colombiano, el delito que lo trajo a esta prisión es otro de los diferentes, que han leído, donde el final es totalmente diferente al inicio.

Este compañero que aquí todos le dicen "El jaguar" en la calle le dieron la tarea de cobrar un dinero, desconozco los detalles, tampoco tengo conocimiento si se dedicaba a eso como medio de vida, lo único que cuenta, cuando fue a cobrar el dinero producto del narcotráfico, llegó a la casa del deudor, entró, lo amarró, inicio el protocolo que tienen los cobradores, imagino serán amenazas, cualquier cantidad de barbaridades para que la persona pague, presionó tanto sin saber cómo era la condición médica del moroso, sufrió un infarto en el miocardio y falleció. No sé si pueda llamar a eso que pasó, mala suerte, como era de esperar la policía lo capturó, después de una larga investigación y análisis del caso, fue encontrado culpable de asesinato, no recuerdo la cantidad de años que recibió en su sentencia, pero lleva 7 dentro de la institución.

Un trabajo de cobrar tuvo un desenlace diferente al que esperaba, me imagino, cuando aceptó hacer el trabajo, el día que salió a buscar a esa persona, ni en sueños se imaginó el desenlace, lo que sí es seguro, esto le cambió la vida a "El jaguar". Ahora asiste a los servicios religiosos igual si es católico o cristiano, tomó el lugar de Alberto que salió en libertad, como habla inglés, traduce el mensaje del evangelio al español, sea del padre católico o sea del pastor evangélico.

La comunidad latina hispano hablante es grande en la prisión, jaguar no solo traduce el mensaje dominical, según su propio testimonio, también fue tocado y renovado su corazón, ahora quiere vivir bajo el abrigo de nuestro Señor.

Lo primero que dicen las personas, cuando escuchan las historias, de un preso se convirtió al Señor en la cárcel: "vamos a ver cuando salga si todavía sigue pensando en los caminos de Dios".

Para los seres humanos es más fácil criticar, que tratar de copiar el ejemplo, tener al CREADOR como eje de tu vida no es fácil, sé lo que digo, eso también lo viví en USA en la prisión, en Ecuador lo mismo, lo que me pasó esta vez, es tan fuerte y profundo, sin duda cuando esté en libertad, permanecerá intacto.

Las historias que aquí conocemos, no tienen límite de países o fronteras, vienen de todos los puntos cardinales.

Les refiero la de un ciudadano chino, abrió un restaurante en un sector de Ámsterdam con un socio de su mismo país, después de un tiempo por alguna razón que desconozco, tuvieron diferencias y se separaron, el socio montó un restaurante en la calle de enfrente para molestarlo y hacerle la competencia.

De la manera como lo asesinó, nadie sabe los detalles, por delicado del tema, lo que todos comentan es que lo cortó en piezas, cuando la policía por una denuncia del familiar desaparecido fue a buscarlo, llegaron hasta el restaurante, se encontró con la escena del chino guardando los pedazos de su ex socio en el congelador, nadie se imaginaba el resultado de una discusión entre amigos, uno termino congelado en pedacitos, el otro aquí está haciendo su larga condena, lleva 10 años, tiene que hacerla completa sin ningún tipo de beneficios, pidió asilo porque no puede regresar a su país, recibió múltiples amenazas de la familia de la víctima, con suerte en 3 o 4 años recobra su libertad.

Casos asombrosos, dignos del programa, aunque usted no lo crea, un ciudadano de Europa central, drogado en unas circunstancias que ignoro, mata a un taxista aquí en Holanda, se va a su país, al paso de los días le da un ataque culpabilidad y remordimiento de conciencia, va a una estación de policía, se entrega diciendo que mató a un taxista, pero al ver la tranquilidad con que hace el relato no le creen, se va.

Al día siguiente vuelve, repite su historia, pero esta vez les da detalles de cómo lo hizo, la policía llama a la de Holanda, para confirmar la denuncia, estos les dicen que efectivamente había un asesinato sin resolver con esas características, lo arrestan, inician el proceso, finalmente, lo extraditan a Holanda, hago el relato de manera superficial porque no se los detalles pequeños de como sucedió, independiente de que lo llevo a cometer el crimen, me sorprende la tranquilidad con que se desenvuelve en la vida cotidiana de aquí, como un preso cualquiera, es difícil entender la forma como piensa un asesino.

Asombroso pero cierto, un simple crimen puede desencadenar un suceso horripilante, el caso de un ladrón, es otra historia increíble, se metió a robar en la casa de una señora de avanzada edad, entró con la intención de tomar las cosas valiosas, estando dentro al ver a la señora totalmente sola he indefensa, no sabemos bajo que efectos podía estar, podría ser alcoholizado, drogado, o simplemente lleva arrastrando alguna enfermedad mental sin tratar, ataca a la señora, la somete, la viola, la mata, la corto en pedazos, cuando la policía llegó por el aviso de los vecinos, a este señor solo se le ocurrió sacar una de las manos de la señora muerta por la ventana, hacer señas.

Santo Dios que mente tan tenebrosa, nadie pensaría que un simple robo terminaría así, todos los días tengo que ver y compartir el pabellón con este señor, lo observo viviendo con tal naturalidad, que parece increíble que haya cometido ese crimen, igual que el otro, viven su rutina diaria como si nada hubiera pasado. Contando al chino van 2 que encuentran placentero descuartizar a sus víctimas.

Trato de entender el proceso que hizo mi Dios conmigo a través de todo ese tiempo, el que permitiera ver todos estos casos he historias, son con un propósito. Otro caso de un señor que también es de Europa central, no quiero decir sus nacionalidades para no estigmatizar o encasillar, como nos tienen a nosotros los colombianos.

Este señor llevaba 3 días de fiesta en su apartamento en Ámsterdam, consumiendo alcohol y drogas, llevó al límite a su vecina aburrida por el ruido, el error de ella fue ir a tocarle la puerta cansada de los ruidos y el escándalo de los varios días.

Bien drogado abre la puerta la toma por el cuello, la mete dentro del apartamento, aprieta hasta que la asfixia, muere ahorcada en sus manos y sigue su celebración como si nada hubiera pasado, no me imagino la escena, seguir la fiesta y dejas una muerta en el sofá de la sala, sentada como cualquier invitado, ahora este personaje tiene 15 años para que medite sobre el resultado que tuvo su desenfrenada fiesta.

Cuántas veces hemos oído, cuantas veces nuestros padres, familiares, nos regañan, nos reprenden por culpa de las locuras que trae el alcohol, sin embargo, lo hacemos una, otra vez, muchas veces sin meditar las consecuencias. Más bien pensamos que eso no trae consecuencias, que a nosotros nunca nos va a pasar nada de eso.

Que equivocados estamos, me lo digo a mi mismo, ahora que estoy reflexionando de mi vida, veo lo afortunado que soy, entiendo toda la misericordia que mi Padre Celestial tuvo conmigo, porque solo cuando uno escucha estas historias, es cuando recapacita sobre los errores.

Aquí conocí un joven, también del mismo país de Europa central, voy a decir el país, porque recapacitando, me doy cuenta que son varios los nacidos ahí, presentan un común denominador de crímenes con violencia, sumándole los agravantes que les gusta hacer fiestas, drogarse hasta el límite, con un fatídico desenlace.

Este es un joven de 24 años de Polonia, él mismo me contó su caso, como si ese tipo de historias tuvieran un final parecido, llevaba 2 días de fiesta, sabemos que, por desgracia en la mayoría de los casos las fiestas en estos tiempos en este país, por la disponibilidad y facilidad de conseguir, es sinónimo de drogas y alcohol.

Al segundo día de fiesta, llegó otra persona a la reunión, pero los encontró al límite, si estuvieran en México estarían hasta la madre, al poco tiempo de haber llegado a la fiesta, entre varios de los amigos por una sencilla discusión, ataron y amarraron al recién llegado a una silla, así lo tuvieron toda la noche. A la mañana siguiente logró convencerlos que lo soltaran, únicamente quería irse a su casa, no tomaría represarías con ellos. Cuando por fin lo soltaron fue directo a la policía, los llevó hasta el lugar de la fiesta, el resultado fue una sentencia de 4 años por secuestro y maltrato psicológico. Tal vez la sentencia fue un poco exagerada, conociendo estas historias, da la impresión que el gobierno castiga con más firmeza a los extranjeros que violan la ley, que a los nativos holandeses.

Como el alcohol es legal para los de mayores de edad, no le vemos el lado malo, no pensamos ni medimos las consecuencias, en la época precolombina sabemos que existían bebidas fermentadas a base de maíz, uvas o manzanas, la utilizaban mayormente con propósitos curativos, en USA en el año 1920 a ver las consecuencias que deja el consumo incontrolado de alcohol, decretaron ley seca permanente, pero por las presiones del monstruoso negocio que genera, solo duro hasta 1933, en todos los países del mundo, sabemos el resultado de no entender el peligro al que nos lleva el alcohol.

Conocí un africano de Nigeria, también tuvo la confianza y me relató su caso. Un fin de semana invitó a un amigo a su casa a tomarse unos tragos, algo normal que hacemos millones de personas en todo el mundo. Al final del día, bien pasados de alcohol, se enredaron en una acalorada discusión, en medio de esta, toma una lata llena de cerveza, la estrella en la frente de su amigo y le causa una gran herida.

El amigo fue a un hospital a que lo curaran, en países desarrollados como Holanda, los médicos tienen un protocolo que seguir, unos procedimientos establecidos cuando llega un paciente a consecuencia de una agresión, mientras unos lo atendían, llamaron a la policía a reportar el caso, como resultado de esta historia, el africano termina aquí en Ter Apel, con una condena de 20 meses.

Nadie piensa que en un momento de la mal llamada "sana diversión", termine en algo que nos cambie la vida, este señor me dijo que apenas termine su castigo, se va hacer un tatuaje en la mano igual al mío, de "Prohibido Tomar alcohol".

Las consecuencias y los acontecimientos que pasan por culpa del consumo de alcohol, son impredecibles, me puedo pasar el resto de mi manuscrito contando historias consecuencias del consumo de alcohol, pero únicamente contaré, las que considero pueden, por lo menos así sea un momento, detenerse a pensar, a muchos que viven atados a ese demonio, pensando que es un buen amigo.

La historia de otro compañero de la prisión, que también es africano, pero de otro país llamado Ghana, es muy penosa, también él mismo me la relató. Fue a casa de un amigo con su hijo de 3 años, en Ámsterdam a ver un partido de futbol del mundial en Sudáfrica 2010, estaba jugando la selección de su país, iban perdiendo. Se enfadó por verlos perder, tomó unas cuantas cervezas, según dice fueron solo tres, no sabemos qué porcentaje de alcohol tenían, aburrido del resultado, decidió irse a su casa, agarró a su hijo, se lo montó en los hombros, salió de la sala en dirección a la puerta del apartamento.

Los que conocen Holanda en especial Ámsterdam, sabrán que los apartamentos son estrechos, algunos de 2 niveles, donde su amigo había una escalera empinada que daba a la salida, cuando "Elam", así se llama, empezó a bajar las escaleras para irse, la selección de su país hace un gol y empata el partido, todos los amigos empiezan a gritar de felicidad y lo llaman. De la emoción dio un giro repentino y se devolvió, por accidente su hijo se le zafó de los hombros y cae cuesta abajo por las empinadas escaleras, lamentablemente el niño murió del impacto.

Que tragedia tan grande para él, llevará la culpa de su muerte por el resto de sus días. Llamó al número de urgencias, pero ya era tarde. También llegó la policía, le hicieron el reglamentario examen de sangre, como es obvio le salieron las cervezas que se había tomado. Me imagino que millones de personas, viendo un partido de futbol de un mundial, estén donde estén, hacen lo mismo de tomarse unos tragos sociales, nadie les da importancia, nadie se puede imaginar qué consecuencias pueden traer.

A "Elam" lo acusaron de homicidio imprudente, el juez principal le dijo que por haber consumido alcohol no tuvo los reflejos suficientes para agarrar a su hijo y evitar la caída por las escaleras, lo sentenció a 10 años de prisión, él apeló, solo le quitaron un año. Como había solicitado asilo en Holanda, igual que hizo el chino del restaurante, tiene que hacer su sentencia completa, es un requisito que exige el reglamento de inmigración en el tema de conceder asilo a los convictos, en pocos meses termina su condena.

Solo cuando nos ocurren estas cosas es que reaccionamos, nos pasamos la vida escuchándolas y viéndolas, pero nunca pensamos que puede sucedernos a nosotros, tal vez creemos que nunca haríamos cosas tan extremas.

No sé si tiene alguna relación, el hecho de que Dios abriera mis ojos y tocara mi corazón, con el hecho de que muchos compañeros de prisión me contarán sus historias después de conocernos, como sintiendo un desahogo a su culpa al narrármelas, considero es parte de los planes de mi Señor.

Como lo hizo también un compañero nacido en Surinam, pero viene a Holanda por temporadas a buscarse la vida, igual que hice yo, igual que miles de personas de múltiples nacionalidades, venimos a Holanda con el mismo fin, a traficar. Para justificarnos queremos hacer sinónimos esas dos expresiones: traficar=buscarse la vida.

Este joven se llama "Kael" tiene unos 30 años de edad más o menos, después de relatarme circunstancias de su vida, me reflejo en sus errores, igual millones de personas nos justificamos, nos escudamos detrás de un pretexto, sabemos que estamos haciendo mal, pero nos engañamos, pensando es para hacer un bien.

Kael me contó que hizo ese trabajo, intentó hacerlo, porque el resultado fue terminar aquí en Ter Apel después será regresado a Surinam. El motivo que lo obligó, a pesar de tener un trabajo honrado en su país, el dinero que gana no le alcanza a cubrir todas las necesidades de su esposa y sus hijos, hasta ahí es entendible.

Me cuenta que tiene dos mujeres, su esposa y una amante, lleva doble vida paralela, con las dos tiene hijos, ninguna sabe que existe la otra. Santo Jesús, tiene el descaro de decirme: el dinero no le alcanza, por eso vino a traficar, claro que no le alcanza, tiene dos mujeres, dos gastos de hijos, doble problema, doble preocupación. Si teniendo una sola esposa, ya tiene suficientes responsabilidades y problemas normales, con 2 se duplican, eso me lo repito a mí mismo, fui tan ignorante, llevé vidas paralelas, que equivocados estamos.

Kael que también cree en Dios, me dio una razón que hasta risa me causó, no quise dar mi opinión al respecto. Dice que Nuestro Señor a los hombres nos dio 2 ojos, 2 oídos, 2 manos, también necesitamos 2 mujeres, estuve tentado a decirle que también los problemas, los gastos se multiplican por 2, pero ¿quién soy yo para debatir ese tema? ¿Con que autoridad si también lo había hecho?

A pesar, fue quien se buscó su propio problema, después de contarme lo básico de su caso, considero, como sucedieron los hechos, le dieron una sentencia demasiado larga. Al saberla reconfirmo y testifico que la mía fue un "Milagro de Dios", Kael por un caso de 5 kilos de droga, le dieron una sentencia de 48 meses que son 4 años, a mí por más del doble de esa cantidad, me sentenciaron a 32 meses, por esa razón cada minuto que lo recuerdo le doy gracias a Dios por su inmensa misericordia.

El caso de Kael es más sencillo que el mío, simplemente fue al aeropuerto de Ámsterdam a esperar a un pasajero holandés que fue a Surinam de vacaciones supuestamente, de regreso se trajo una maleta con los 5 kilos de droga.

Como es sabido, no me canso de repetirlo, el aeropuerto Schiphol de Ámsterdam, en estos momentos y desde hace años, uno de los más vigilados del mundo.

Apenas el pasajero holandés salió del avión caminando hacer el trámite de inmigración, fue interceptado por oficiales de la aduana, habían encontrado la maleta que venía documentada, inmediatamente se lo llevaron al cuarto de interrogatorios, lo primero que le preguntan es quién lo estaba esperando afuera en la salida. El holandés que es conocido de Kael, sabía su nombre, como en la mayoría de estos casos, el holandés no dudo en delatarlo.

Estaba esperando afuera como cualquiera que espera un conocido, por la descripción del holandés y con la ayuda de los miles de cámaras de seguridad del aeropuerto, fueron directo a donde él, aquí está compartiendo conmigo las bondades de Ter Apel.

Barney se llama un peruano de 44 años, con un problema de sobre peso, que lo tiene con el auto estima bajo, tiene estudios universitarios, nunca pasó por su cabeza hacer, tener algo que ver con el narcotráfico, hasta que conoció una mujer muy atractiva que lo deslumbró, al punto que lo convenció que trajera de Perú a Holanda droga en su estómago comida.

A través de mi vida, he conocido muchos hombres iguales a Barney, hacen cualquier tontería para agradar a una mujer que los deslumbró, ese estilo de mujeres su objetivo es encontrar incautos para diferentes fines, el de Barney, tragar droga aprovechando su gran barriga. Como no tenía experiencia en ingerir drogas vía oral, la encantadora mujer empacó dos kilos de cocaína liquida para que fuera más fácil comérselos.

Se sintió avergonzado de su gran tontería, a los pocos días de estar preso, por alguna razón se le ocurrió inventar una historia bien alejada de la realidad. Otro más igual que Facundo, piensan, contando una historia salida de su cabeza, pueden lograr detener el proceso de vuelta a su país. Les dijo a los encargados de la deportación, que su vida corría peligro, que los policías del aeropuerto de Lima lo habían presionado a que llevara la droga.

Como todo terminó con su arresto, cuando llegue de vuelta su vida no valdrá nada, aquí siguieron el protocolo cuando una persona solicita asilo, para no ser deportado porque su vida corre peligro. Se detuvo su deportación, le hicieron terminar su condena completa, que fue de 7 meses, sino fuera solicitado asilo solo cumpliría 3.5 meses, pero en su condición la terminaría completa. Con la única salvedad de que cuando terminara, tenía que ir antes un juez de inmigración quien después de oír y estudiar su caso, determinaría si le daba el asilo o lo enviaba de vuelta a su país.

La gente cuando planea un negocio de drogas con destino a este país, parece que no tuvieran conocimiento de los miles de casos que aquí llegan. De igual manera nadie le explicó a Barney, de toda Europa, Holanda es el país con las leyes más duras y estrictas de inmigración. Después de verlo y escuchar su caso, el juez de inmigración determinó que su solicitud de asilo no tenía fundamentos ni pruebas, ordenó su envió inmediato de vuelta a Perú.

Antes de irse, Barney le escribió una carta de despedida a la consejera de la unidad, quejándose de los latinos, y en especial de los colombianos. Solo Dios sabe que pasó por su atormentada cabeza y dejó esa carta

Cuando llegó a Perú, se reportó con la mamá de un compañero de Valencia España, avisó que llegó bien, como era de suponer, pues toda esa fantasiosa historia que salió de su cabeza, solo él mismo se la creyó.

Cada uno es libre de hacer y decir lo que le parezca, sabemos cuáles son nuestros problemas y hasta donde podemos llegar.

Como hizo un ciudadano ruso la navidad del año pasado, aquí la celebran el 26 de diciembre, esa mañana nos reunieron a todos, organizaron varias mesas para regalarnos un desayuno tradicional de este país. Cuando estaban todos sentados tomando el desayuno, el ruso fue a su celda del segundo piso, tomó una toalla, de alguna manera que nadie supo, decidió ahorcarse. Cuando terminamos el desayuno, un guardia pasó de celda en celda repartiendo la comida extra que había quedado, se encontró la sorpresa del ruso sin vida.

Soy la persona menos indicada para reprochar lo que hizo el ruso, intenté suicidarme, es algo que uno jamás pensó, es una decisión que uno toma en un segundo sin pensar ni meditar, es el segundo de tu vida que jamás imaginas pasa por tu cabeza. No supe el problema del ruso, pero acabó con su vida. Esa desesperación que lo acorrala a uno hasta llegar a ese límite, también acorraló a un señor de Estonia, después que lo arrestaron, sentenciaron, al terminar su condena que fue de 32 meses, también hizo la mitad, le avisaron que sería deportado a su país. Convivió 16 meses con esa pesadilla, sabía que lo esperaba un caso mucho más grave, una sentencia más larga en unas condiciones de cárceles que le quitan el sueño a cualquiera.

Cuando llegó el día de su deportación, se volvió loco y reusaba a ser devuelto a su país, armó un lío y opuso resistencia, los guardias se vieron obligados a usar una pistola de descargas eléctricas para que se calmara. Después de ser esposado se lo llevaron al "BAD" esperando su transporte, tomó la misma decisión del ruso e intento suicidarse, pero los guardias alcanzaron a darse cuenta, llamaron al servicio de emergencias, llegó un helicóptero ambulancia, se lo llevaron con la mayor medida de seguridad a un hospital.

Que diferente fueran nuestras vidas si hiciéramos lo correcto, lo que rigen las leyes, pensarán que estoy fanatizado si les dijera, con leer la biblia, nuestras vidas serian diferentes, pero somos tan incrédulos que ni por curiosidad nos damos un tiempo y leemos esas maravillosas palabras de Dios escritas.

Hay gente ignorante e insensata, creen las dos palabras absurdas, tontas que dice el presidente de la nación más poderosa del mundo, habla mal de los latinos en especial de los mexicanos, salen a la calle con un arma automática a matar personas inocentes. Solamente escucharon esas palabras 10 minutos en televisión en cambio una verdad que nos hace mejores personas que nos ayuda a llevar una vida de paz, tranquilidad, nos lo están diciendo, escribiendo y enseñando por más de 3 mil años a través de unas palabras inspiradas por Dios, hacemos caso omiso, ni por curiosidad leemos.

No todas las historias que aquí pasan son de final trágico, aquí llegó un brasilero, aunque vive en una favela de Sao Paolo, acude a una escuela de futbol porque es su pasión. Jugando mostró que tiene madera de buen jugador, por oír malos consejos tomó la decisión de cargar una maleta con droga, aquí terminó, vistiendo la camiseta 10 de Ter Apel.

Gracias a Dios su sentencia fue corta, unos compañeros albaneses que le vieron el estilo de buen jugador, lo van ayudar cuando este de vuelta en Brasil, para que viaje a ese país y muestre su calidad futbolística con la posibilidad de que firme un contrato y explote su cualidad. Los caminos de mi Dios son inciertos, le deseo de corazón lo mejor para él.

Quiero aprovechar que estoy contando la historia de un brasilero, para contar otra, con un origen diferente y un final de incertidumbre. Lamentablemente algunos de los que llegan a Ter Apel, es por que trafican o traen drogas. Arrestaron 2 jóvenes que también venían de sao Paolo, como es habitual, lo diferente de esta historia, es que uno de ellos es hijo de un pastor cristiano.

No voy a decirles de que iglesia para no dañarle la imagen, sería injusto condenar a todos por los errores de algunos, también sería deshonesto si solo contara las historias buenas que salen de la casa de Dios y no contara las malas, entre los hijos del Padre Celestial, el enemigo tiene gente infiltrada.

En mis pocos conocimientos del tema, alguna vez escuché que mientras más buscamos a Dios, más fuertes son los ataques del enemigo, entre los feligreses que van a la iglesia del Pastor padre de "Saúl" así se llama este joven, su compañero de hazaña se llama Joao.

Ellos fueron reclutados por un compañero de su congregación, que se da a la tarea de convencer algunos de la iglesia para llevar droga de Brasil a diferentes países de Europa. El día que llegaron Saúl y Joao, venían 3 pasajeros más de la iglesia, pero a otros destinos, solo a estos dos los capturó la policía, los demás llegaron bien.

Voy a decirles la ciudad donde está la iglesia, con la esperan que Saúl, quien ha crecido viendo el arduo trabajo de su padre, recapacite, corrija el mal camino que lo desvió. Su padre fue a Bolivia varios años a estudiar teología, aprendió perfecto español, igual que sus hijos.

Son nacidos en la ciudad de san Luis en el estado de marañón, me apena Saúl, aquí dentro de la prisión probó el hachís que es un derivado de la marihuana. Todos los meses que duró su corta condena, no traían mucha droga, se dedicó casi a diario a fumar, todo el dinero que se ganaba trabajando se lo fumaba, espero que cuando regrese a Brasil, retome su camino bajo la guía de su padre, la experiencia de Holanda, quede como el recuerdo de un tropiezo nada más, no vuelva a caer en la droga, ni de mula tampoco de consumidor.

Dentro de las cárceles de Holanda también como en la mayoría de prisiones del mundo, se mueven los negocios ilegales, venta de droga y otras cosas inclusive de teléfonos celulares, aunque aquí los guardias utilizan una máquina para detectar las señales de los teléfonos, igual los siguen usando a escondidas.

Aparte de Saúl también conocí a un inglés-marroquí que se gasta su dinero fumando hachís, en la calle un gramo vale 5 euros aquí dentro un gramo vale 20, este se llama Farah. Entre los marroquíes es común el hachís, es sabido que allá se cultiva se prepara, se vende todo el que llega a la comunidad europea. Lo particular de Farah no es que fume esa droga, su historia es igual a la de muchos jóvenes que nacen y se crían con un solo de los progenitores. Su padre abandonó a su madre cuando él nació, desde pequeño aprendió la ley de la calle, nació en Londres Inglaterra, sus padres son marroquíes, tenía las 2 nacionalidades, inglesa de nacimiento y marroquí por los padres, el barrio en Londres donde se crio, es una zona donde sobreviven los más fuertes. Desde niño conoció el lado duro de la vida, a pesar de nacer en uno de los países más ricos del mundo.

Trabajé en la misma área que él, aparte de su adicción al hachís, me di cuenta que tiene problemas de conducta y comportamiento, hasta me atrevería a decir que nació con un tipo de autismo. Como nunca fue tratado creció a la deriva, desarrollo un particular gusto por apuñalar a la gente como medio de defensa. Se oye un poco tenebroso decir esto, farah desde niño estuvo entrando y saliendo de los centros para menores violentos en Londres, todas las veces por atacar con arma blanca.

Cuando tenía 17 años en una de sus acostumbradas peleas, las cuales todas eran por narcotráfico, el mismo me contó que desde niño vendía drogas, para sobrevivir en ese medio estando tan joven, tenía que sacar su lado más violento y ganarse el respeto.

La última vez le enterró un cuchillo a un hombre en la cabeza, increíble, cuando me lo contó me burlé, le dije que estaba alardeando de su hazaña, dudaba que fuera verdad.

Al día siguiente llevó a la zona donde trabajábamos, los papeles de ese caso y el recorte del periódico publicando el acontecimiento, en la página principal mostraba la radiografía de la cabeza de la víctima, se veía perfectamente el cuchillo tipo rambo que farah le había enterrado.

A pesar de tener 17 años en esa época, fue sentenciado como adulto por el nivel de peligrosidad que tiene. Le dieron una sentencia de cadena perpetua, estuvo en un centro de menores violentos bajo estricta vigilancia, cuando cumplió los 18 años fue transferido a una cárcel de adultos de máxima seguridad. Ahí estuvo 6 años, después de ese tiempo, su abogado que era pagado por la familia, solicitó un recurso a la corte suprema manifestando que renunciaba a la nacionalidad inglesa, a cambio fuera deportado a marruecos. El gobierno de Inglaterra con tal de librase de este personaje accedió.

Farah fue deportado, perdió la nacionalidad inglesa.

Increíble que alguien por consecuencia de la violencia, las drogas, el mal obrar, pierda una nacionalidad que es deseada por millones de personas alrededor del mundo.

Su historia no termina ahí, estuvo viviendo un tiempo en marrueco, como nació y se crio en Europa, no se acostumbró al tipo de vida de ese país, después de 8 meses, entró ilegalmente a España, de ahí siguió hasta Holanda que es más o menos parecido a Inglaterra en el tema de venta de drogas, lo que farah sabe hacer.

No llevaba ni un año en Holanda cuando volvió hacer lo suyo, apuñalar, acuchilló a otra persona, casi lo mata, fue detenido y sentenciado a 5 años de cárcel.

Por ser un crimen violento tiene que hacer su condena completa, después va a ser deportado a marrueco de vuelta, aquí lo tienen en el pabellón F donde están los condenados que tienen casos que presentan patologías y problemas psiquiátricos, son medicados con calmantes para apaciguar su violencia.

Me contó que los tranquilizantes en pastillas no le caen bien por eso cada mes el día 11 le suministran el calmante vía intravenosa para poder mantenerlo relajado.

También un señor de Somalia, trabaja con nosotros empacando filtros para pistolas de pintura, sirven para usar una sola vez, no quiero salirme del tema, después que participe trabajando, pude apreciar las montañas de recipientes plásticos que utilizan los usuarios finales, posteriormente tiran a la basura, contribuyendo a contaminar el planeta, da que pensar. El compañero somalí igual vive en la unidad F, emigró hace años, se radicó en Holanda sumándose a los muchos procedentes de áfrica, es la segunda vez que cae preso por asesinar a una mujer, el mismo se auto califica como asesino en serie, cuando no le dan su medicación diaria, me contó, que le dan ganas de matar. Que peligro, cuentan sus crímenes como si les gustara hacerlos, gozaran estar presos, como si disfrutaran estar enjaulados, no desearan tener vida normal.

Entre los servicios que tiene esta prisión y todas las de Holanda, contamos con una peluquería, cada 6 semanas viene un barbero de la calle, trabaja medio día en la prisión, el otro medio día se dedica a su propio salón & peluquería, los que quieran disfrutar del servicio, tienen que anotar su nombre en una lista que tienen los guardias, empiezan anotarse una semana antes, cuando llega el día, nos hacen pasar en grupos de 3 en 3 por orden de lista.

Desde que llegué estoy usando el servicio, aproximadamente un año recortándome, por decirlo de alguna manera, hice buena amistad con el peluquero, le conté que estoy escribiendo un libro de mi vida, me manifestó que también le gustaría hacerlo, ha permanecido trabajando aquí en ter Apel, aproximadamente 15 años, así como le conté de mi libro, me dijo que muchos de los presos que se cortan el cabello le cuentan sus historias de vida, las cuales son muy diversas, extrañas, gente de todas partes del mundo.

Con un año aquí, me asombro de todas las historias que he escuchado, imagínense cuantas habrá oído el peluquero en todo ese tiempo, podría hacer un libro, pero de varios tomos.

Me informó que todos los funcionarios de esta prisión y de todas las prisiones de Holanda, cuando les hacen el contrato de trabajo, también firman una cláusula de confiabilidad y privacidad, donde se comprometen a no divulgar, contar, relatar, compartir nada de lo que escuchen, vean, ocurra dentro de la prisión, si la incumplen pueden ser judicializados.

Después de vivir una vida tan agitada y temeraria, por los años que tengo, obvio que estoy cansado, fatigado de permanecer en medio de tantas personas, que corren detrás de lo mismo, sin entender que el propósito de la vida no es solo vivir por y para el dinero.

El disfrutar de todo lo bello que Dios nos da, es una bendición, pero estamos tan ocupados, corriendo detrás de la falsa felicidad, que no la apreciamos. Por eso cuando escuché, después que me prestaron varios CD´s, la canción de Jesús Adrián Romero: "Ayer te vi" contribuyó a enamorarme del Señor, entender lo equivocado que viví, aprovecho para darle gracias, igual a todos los cantantes de música cristina, enumerar uno a uno todas las canciones que escuché encerrado en mi celda por las noches, sería una lista larga, pero gracias a sus voces sus canciones, cada palabra, cada letra contribuyo a poder soportar el tiempo de la prueba.

¿No se cansan de tantas malas noticias? ¿De ver en los medios de comunicación solo tragedias y problemas?

Ahora en estos tiempos estamos levantándonos porque entendimos que el mundo se está destruyendo contaminado de tanto plástico, tomamos conciencia del cambio climático. También es momento de un cambio en nuestras vidas. Depositamos nuestra confianza en los políticos, pensando que van hacer un mundo mejor, pero no depositamos nuestra FE en el Dios que sabemos es real, aceptamos que estuvo en este mundo, lo descrito en la biblia es palpable y está físicamente comprobado, ni así reaccionamos.

Ahora que estoy preso en Holanda y después de muchos años, Dios tocó mi corazón, me dio el entendimiento y la FE que siempre le pedí, ahora comprendo, me acompañó durante toda mi vida, cuidándome y protegiéndome. Que equivocado estuve durante muchos años, quejándome porque mi padre terrenal había muerto cuando tenía 2 años y no lo conocí, inclusive le eché la culpa de mis errores de juventud, a la consecuencia de ser huérfano.

Ahora entiendo que nunca estuve solo, mi Padre Celestial estuvo conmigo, todas las veces que me salvé de la muerte, en los accidentes de carro, de lancha, de bala, estuvo ahí con su mano protectora, cuando intenté suicidarme, me clavé 11 veces una tijera en el pecho buscando el corazón para terminar todo, cubrió con su Gracia mi corazón, lo protegió, me salvó la vida.

Como no voy a decirles que DIOS SI existe, que es real, tangible, presente y omnipotente. Como no voy a compartirles, la gracia la misericordia y las bendiciones que mi SEÑOR me ha dado. Como no voy a contarle al mundo que DIOS me transformó, cambio mi vida, abrió mis ojos. Como voy a ser tan egoísta y no contarles lo feliz que me hizo JESUS al darme la bendición de ser su hijo.

Dios me dio, Dios me quitó, era tan ignorante que ni en la abundancia, nunca le di las gracias, ni siquiera cuando me quitó todo para que entendiera, ni en la dificultad fui capaz de orarle y pedirle ayuda, simplemente seguía tratando y buscando la solución por mis propios medios, mis propios méritos, sin entender que una vida sin DIOS es una vida vacía, perdida sin norte sin rumbo.

Gracias a su misericordia, tuvo compasión, me trajo a la cárcel de Holanda, con su Gloria me abrió los ojos y pude ver (Job 42:5) entender y aceptar que vivir sin DIOS no es vivir, es sobrevivir. Es estar ciego teniendo ojos, es estar sordo teniendo oídos, es ser un minusválido teniendo bien las piernas, siempre lo tuve delante de mi abriendo sus brazos, estaba tan ocupado dedicando mi vida a una "Equivocada Profesión".

Sé que aquí dentro sin tener la tentación, no estar en el mundo, es fácil decir que ahora **si** voy a vivir como manda mi SEÑOR.

Soy consciente que cuando termine mi condena y salga libre, empieza la verdadera prueba de FE, pero estoy tan enamorado de DIOS, sé estará ahí en cada paso que dé.

Si mi Padre Celestial permite, quiero dar por terminada esta equivocada manera de vivir, que sea el principio de una nueva, honrada y decente vida, que abandoné hace muchos años, que anhelo y extraño en la cual vivía y disfrutaba junto a mi familia, principalmente al lado de mi madre, le ocasioné demasiados dolores de cabeza, lamentablemente falleció sin verme regresar al camino correcto que me enseñó.

Me gasté mi juventud y mi adultez viviendo la vida a mi gusto, tuve dinero, mujeres viajes por el mundo, pero en realidad no tenía nada. Ahora después que mi Dios me abrió los ojos, entendí que estaba vacío y perdido en la vida, ni con todo lo material pude llenar el vacío que había en mí.

Entendí que sin Jesús en nuestro corazón no tenemos la paz, la tranquilidad que únicamente ÉL puede dar. Ahora deseo agradar a Dios y vivir según sea su voluntad (Mateo 6:10)

La mayoría de compañeros de la prisión me preguntan, de que voy a vivir cuando salga si no tengo nada ahorrado ni guardado, de cuando vivía para ese mal llamado medio de vida.

Tengo la Fe y la Fortaleza para entender, antes cuando estaba lejos de Dios nunca me faltó trabajo, ahora que entendí la grandeza de mi Señor, que tenía sus ojos puestos en mí, con más abundancia y bendición me proveerá.

El tiempo les mostrará a ustedes que están leyendo, podrán saber, entender si estaba equivocado, por el contrario, esto que recibí de mi Padre Celestial es una verdad tan cierta como el SOL que nos ilumina, aunque de noche no lo vemos, pero tenemos la certeza de que está ahí y saldrá con el nuevo día.

Compartirles lo que llena mi corazón y mi mente, es lo mínimo que debo hacer para que entiendan lo que en estos momentos de mi vida que me impulsa hablarles y expresarles mi sentir, voy a darles los detalles de cómo fue realmente lo que me pasó.

A pesar de haber vivido innumerables experiencias, esto fue algo único y glorioso, como les narré al principio de este capítulo, solo las personas que tienen amplio conocimiento en lo caminos del Señor, puede entender lo que me sucedió.

El acontecimiento del día 25 de mi arresto, fue un preámbulo del proceso que Dios hizo conmigo, el encuentro fue real y me motivó a iniciar el resumen de mi vida, mandó que escribiera, pero mi forma de pensar y ver la vida, el sentir de mi corazón, estaban iguales a como vivía antes, a través de los meses, me fue mostrando cosas y casos de la vida real que no conocía, las historias que escuché aquí en Ter Apel, hacen parte de ese proceso, para justificarme o encontrar una explicación, deduzco, cuando mi compañero me presto los CD´s de música cristiana, entre todos escuché una canción de Marcos Witt, es cantante y autor nacido en USA radicado en México, la canción se llama: "Renuévame Señor Jesús", repetí tantas veces esa canción, la canté, la lloré, la gocé de tal manera, pienso que mi Dios escucho mis suplicas.

Cuando faltaban pocos meses para salir en libertad, una noche después de orar y cantarle al Señor, como era mi rutina después del encierro diario, me fui a dormir como de costumbre, esa noche caí tan pesado que no recuerdo nada, a la mañana siguiente abrí los ojos todavía acostado, quedé mirando el techo por unos minutos, como perdido sin saber que hacer o como esperando despertar en otro lugar, me levanté y mi primer instinto fue mirarme al espejo, por alguna razón que todavía no entiendo, vi mi cara diferente a lo acostumbrado, miré mis brazos, sentía que eran diferentes, por lo menos los veía diferentes, no le di importancia porque no tenía explicación para lo que pasaba, cuando abrieron la puerta de la celda para ir a trabajar, salí como siempre, pero al escuchar a los compañeros hablar de los mismos temas de todos los días, entendía todo de manera diferente. Para resumirles lo que me ocurrió a partir de esa noche, mi mente cambio, mi forma de ver la vida mudó, mi manera de sentir, era otra, mi corazón siente cosas nuevas, si fuera una computadora, diría que me reprogramaron el disco duro, a partir de ese día soy otro, tal vez todos me vean igual, pero en mi interior todo es nuevo, tanto se lo pedí, tantas veces le imploré que me renovara, tuvo la misericordia y me lo concedió.

A partir de ese día, entendí el propósito de mi vida, comprendí porque me salvé de tantos accidentes, de tantos sucesos que antes no había explicación, la respuesta de porqué ni siquiera enterrándome 11 veces una tijera en mi pecho acabó con mi vida, llegó a mi entendimiento de forma automática, ahora quiero hacer las cosas como DIOS manda, no como pretendía que fueran, sé que me espera un largo camino lleno de sacrificios, pero ahora más que nunca tengo el convencimiento de que estoy caminando por el sendero correcto.

Nuevamente mi vida se dividió en un antes y un después, igual que en la juventud cuando nos mudamos del Barrio El Prado a los Nogales, ahora siento como si hubiera nacido nuevamente, es ver las mismas cosas, pero con otra óptica, otra visión, otra proyección de la vida. A partir de ese momento, gracias a la misericordia de mi Dios, me sobreabundan las bendiciones, sin pasar por engreído ni presumido, siento que Dios me quiere para su propósito, este manuscrito que llegó a sus manos, es porque Él lo permitió.

Me faltan pocas semanas para dar por terminado "El Final de este Ciclo", gracias a Dios, mi amigo Ali que conocí cuando entré a la prisión de Rotterdam, me trajo mi maleta con ropa perdida.

No les he contado el desenlace de la historia de Ali, aunque se oiga raro decirlo, desde que entré a la cárcel en Holanda, Dios me ha dado muchas bendiciones, ha hecho milagros impensables.

Después que nos despedimos en la prisión de Rotterdam, cumplió sus 90 días de prisión preventiva, como el fiscal de su caso no tiene lista la acusación, el juez decretó otro periodo extra, Ali aparte de ser turco tiene nacionalidad holandesa, tiene negocios y familia en Rotterdam, su abogado solicitó que lo dejaran salir a esperar su juicio en la calle.

Como llamaba frecuentemente a su esposa para saber cómo iba su proceso, un día me avisó que estaba libre, me dio su nuevo número celular, periódicamente llamo a saludar. Se tomó el trabajo de ir a la oficina del marroquí Isaac, la inmobiliaria que me había rentado el "apartamento de las 5 horas" le pidió la maleta con mi ropa que estaba en ese apartamento.

Les había dicho que la policía únicamente tomó la droga, el arma, mi celular, dejó botada mi ropa, se dieron cuenta que el celular se lo quedó uno de los policías o se extravió, sabrá Dios. Mi ropa la recogió Isaac, la llevó a su oficina, hasta allá fue Ali a recogerla, la guardó en su casa. Me contó que en realidad la fiscalía no tenía nada en contra de él, nuevamente le decretaron otra extensión, cuando por fin le tocaba ir por su sentencia, prefirió antes venir a Ter Apel a visitarme y traer mi ropa. Con la cual, si Dios quiere y permite, viajaré a Colombia, prefirió venir antes de recibir su sentencia final.

En su caso hay un ecuatoriano, también dos holandeses, a todos los iban a sentenciar según su implicación en el caso, previendo lo que pudiera suceder, se vino. Daba por perdida la maleta y toda mi ropa, Ali se tomó el trabajo de venir a traérmela, Ter Apel está casi en la frontera oeste con Alemania, me dio alegría verlo nuevamente. Jamás se me hubiera ocurrido que aquel turco que conocí en la prisión de Rotterdam, estuviera sentado en el salón de visitas, llegó a visitar a un amigo, aparte recuperó mi maleta. ¿De qué otra forma lo puedo describir sino es dando testimonio de otro de los muchísimos milagros que hace mi Dios?

Una hora y media de venida, una hora de visita, otra hora y media de regreso, 4 horas de su tiempo gastó Ali para ayudarme, es musulmán, si fuera cristiano o católico, sería algo menos extraordinario. Con esto quedo más que convencido, cuando se mueve el espíritu de Dios, no importa que religión o de qué país sean, cuando toca mi Señor el corazón.

A los dos días después que vino Ali, recibió su sentencia le dieron 18 meses, pero su abogado apeló la sentencia porque le pareció extremadamente alta e injusta. El ecuatoriano recibió dos años de sentencia, pero a los holandeses les dieron libertad, siendo los verdaderos culpables de esa importación, el juez nuevamente le extendió el permiso, lo dejó en libertad hasta esperar el día de la apelación, ahora le toca esperar con paciencia pues nadie conoce la voluntad de mi Dios.

Hoy es 14 de noviembre, faltan 5 días para que se cumpla la mitad de mi sentencia, con el beneficio del gobierno, gracias a Dios, salgo en libertad. Como les dije, soy un bendecido con mi sentencia de 32 meses, por fin pasaron los 16 que tengo que cumplir.

Hoy recibí mi boleto de regreso a Colombia, en el vuelo Ámsterdam-Bogotá destino final Barranquilla, wow quien lo iba a pensar, después de tanto rodar por el mundo, de tantas vivencias, volver a la ciudad que me vio nacer, volver a mi familia, mis amigos. Me pesa no tener a mi madre viva, para correr donde ella, darle la noticia que tanto esperó en vano, decirle con toda sinceridad, me cansé de correr detrás del "Dinero Fácil" quiero cambiar de vida.

Ojalá donde mi Dios la tenga, por lo menos le llegue la noticia.

Prácticamente tendría que dar por terminado la narración de mis historias, pero hace poco llegó a esta prisión un colombiano con un caso tan sorprendente que es imposible no contarles ni darles testimonio de la grandeza de mi Padre celestial, lo que hizo por él.

Luis Manuel es su nombre, tiene 36 años, es otro más de los miles de colombianos que salen del país hacer un trabajo en Holanda, para ayudar a sacar a sus familias adelante. Primera vez que Luis Manuel sale de Colombia, desde muy joven aprendió a trabajar en los laboratorios de cocaína, algo común, por algo nos ganamos la fama en los 80´s.

Me contó directamente su historia, estaba trabajando cerca de Ámsterdam en una bodega procesando la droga, de Colombia le habían mandado la materia prima, base de coca. Las personas que lo contrataron son una sociedad de colombianos con rusos, tenían varios días trabajando, estaba con un ayudante de ellos, cuando empezaron, el ruso no tenía ni la más mínima idea de cómo se elabora ni se hace ese proceso. Tenían varios días trabajando, el ruso se dedicó a observar con cuidado para aprender. Pero no sabe que este oficio como cualquier otro, lleva años, mucho esfuerzo y sacrificios aprenderlo.

En medio de la etapa de secado donde se utilizan varios microondas y líquidos específicos en cantidades exactas, Luis bajó un momento, tiene 2 niveles, salió unos minutos de la bodega.

En ese tiempo el ruso confiado en sus pocos días de aprendizaje, tomando atribuciones que nadie le dio, colocó dentro de los microondas la droga con los líquidos que pensó eran los adecuados con las cantidades correctas.

Cuando Luis regresó subió, en ese mismo instante los microondas empezaron a sonar dando por terminado el tiempo de secado, se dio cuenta que los líquidos que había utilizado el ruso no eran los correctos, de inmediato le gritó que corriera apagarlos, se apresuró apagar el más cercano, en el momento que se está aproximando, Boooommm...estallan todos al mismo tiempo como bombas sincronizadas, uno le explotó al ruso en la cara y lo lanzó lejos como si fuera el estallido de una granada de guerra.

De inmediato se originó una ola inmensa de fuego en toda la habitación que cubrió a Luis completamente, me dice que salió corriendo, bajó las escaleras prendido como si fuera una antorcha humana, no me quiero ni imaginar ese momento, ni lo que estaba viviendo Luis.

En el momento que salía alcanzó a ver a los rusos, subían auxiliar a su amigo, sin ni siquiera darle una mirada, preguntarle cómo estaba ni decirle nada, pasaron a su lado como si no existiera.

Luis salió corriendo de la bodega, en un canal de los muchos que hay en toda Holanda, se zambulló como pudo para apagarse el fuego, en ese momento no sentía ni dolor ni nada, la adrenalina del susto y de la reacción no da espacio al dolor.

Años antes, eso mismo sentí, aunque mucho menos y nada comparado con esto, pero me puedo hacer una idea, igual le pasó a los ecuatorianos Pistón y Facundo.

Lo de Luis Manuel fue a grandes escalas, después que salió del canal, únicamente le quedó el pantaloncillo interior, toda su ropa se le había quemado.

Desgraciadamente no solo fue la ropa, sus piernas sus manos su cabello su cara, se medió palpó la cara con la mano, aunque no se veía, sentía la rigidez de la piel chamuscada y quemada.

Estuvo como 15 minutos detrás de un árbol viendo impasiblemente como se terminaba de quemar y consumir la bodega donde estaban trabajando, no pudo ver por dónde salieron los rusos con su amigo, que debió sufrir igual o peores quemaduras.

Al cabo de un rato pasó un automóvil de la nada con un hombre conduciendo, se le ocurrió parase en medio de la calle, hacerlo detener, me imagino la impresión de ese hombre al verlo todo quemado semidesnudo, ver detrás la bodega en llamas.

Como Luis no habla inglés, solo atinó a decirle al señor: HOSPITAL PLEASE HOSPITAL.

Recuerda que llegó a la sala de emergencia de un hospital, lo sentaron en una silla, como si las fuerzas le hubieran alcanzado exclusivamente hasta ese punto, se desvaneció, se desmayó.

Para resumirles todos los detalles que Luis me contó, duró un mes en coma con quemaduras del 78% de su cuerpo, 10 meses hospitalizado, varias cirugías en su cara y su cuerpo.

Gracias a mi Dios bendito, aunque su cara es diferente a como era antes, quedó muy bien, pero sus manos le faltan varias cirugías para que vuelvan a ser funcionales porque sus dedos quedaron pegados entre sí.

Como sé perfectamente, puedo dar testimonio, para mi DIOS no hay nada imposible, abrió mares, revivió muertos, abrió cárceles y muchos milagros más, que algún día les narraré, sé muy bien, si es su voluntad, Luis recuperará la maniobrabilidad de las manos, tengo FE de que va hacer así.

En los pocos días que tengo conociéndolo, me di cuenta que es una gran persona, un buen ser humano, si antes buscaba y pensaba poco en Dios, ahora todos los días le da gracias por su bondad, le permitió seguir con vida.

Nadie conoce la voluntad de mi SEÑOR, conocer a Luis pocos días antes de salir en libertad es parte de sus designios.

Las bendiciones de mi Dios llegaron en abundancia, por medio de otros colombianos que estaban aquí antes, me informaron que hay una organización NO Gubernamental, ayuda a los migrantes a regresar a sus países que estén fuera de Europa, en una forma más sutil que ser deportados por las autoridades holandesas.

Con esta organización salimos de Holanda con un término que se llama: "Repatriación Voluntaria" aparte que el trámite de salida es más fácil, nos dan una ayuda económica para no llegar a nuestros países en total desamparo económico.

No tengo experiencia en escribir libros, no sé cómo cerrar este "ciclo final", quiero dejar escrito el agradecimiento a muchos guardias de esta prisión que hicieron su trabajo de una manera profesional, algunos de ellos fueron especiales en el trato conmigo, como mi mentor, todo el grupo de guardias del área de deportes, siempre me tuvieron en cuenta en las actividades que estaban extras de la rutina normal, para hacerme más llevadero mi tiempo en la prisión.

Paradójicamente ahora que empieza mi libertad, comienza una nueva etapa en mi vida, inicia la verdadera prueba de FE.

A mi Dios no lo tengo que probar ni siquiera dudar, tantos años, tantas veces, tantas ocasiones me ha demostrado, regalado su abundante misericordia, me regaló la Libertad, no solo la física al sacarme de la prisión pronto, me dio la libertad espiritual que tanto necesito, sentir que mi alma y mi corazón son libres para alabarlo.

Por fin, llegó el tan esperado momento, que diferente es en la cárcel de su américa, allá cuando tienes el tiempo cumplido, sueñas, esperas con ansias la tan codiciada boleta de salida.

Ya les había contado, unos días antes, la funcionaria del área de deportaciones, que es en español servicio de regreso y salida(D.T.&V) (Diest Terugkeer en vertrek) me llevó al lugar donde trabajo el boleto de avión para regresar a mi país mi ciudad.

Aunque el boleto lo financió la Organización de ayuda a los migrantes, ellos no tienen oficina en la prisión, únicamente vienen con citas programadas para hablar con los que les han pedido ayuda, por esa razón todos los documentos que nos quieran hacer llegar es a través de D.T.&V tienen un despacho permanente en esta prisión, como les dije antes, la organizaron especialmente para los detenidos que no tienen residencia legal en Holanda, serán expulsados del país.

El boleto tiene fecha para el martes 19 de noviembre, la sensación de saber que tienes un boleto de avión que te sacara de la prisión, te llevara de vuelta a tu tierra natal, es indescriptible. La misma tierra que dejaste, de la que renegaste muchas veces por estar cansado de lo mismo, de sentir que el gobierno no avanza no evoluciona no da oportunidades, tenía mi pasaje a esa ciudad, como una madre, recibe siempre a sus hijos, con los brazos abiertos, no importando cuantas veces te fuiste.

El vuelo sale de Ámsterdam hacia Bogotá a las 9:30 am, me sacan un día antes, para empezar los movimientos.

El día 18 de noviembre me avisaron que tenía que estar en el BAD a la 1 pm, antes les expliqué que era el BAD, me dio curiosidad por saber cómo se escribe, pues tantas veces le dicen a uno que vaya, BADAFDELING, no tengo ni la menor idea porque eso en español significa: departamento de baño.

A las 1:15 pm estaba en el BAD, el funcionario me entregó mis pertenencias, mi maleta con la ropa que Ali me había recuperado junto con mi morral verde militar, le di una rápida revisada a las cosas, únicamente tomé una chaqueta-chamarra (jacket) me presente solamente con la ropa que tenía puesta, por supuesto el manuscrito de mi libro, el cual por alguna razón decidí llamarlo: "La niña de mis Ojos", aunque el sustantivo de libro se refiera al género masculino.

Durante de los 16 meses de mi sentencia había reunido buena cantidad de ropa, la que me habían regalado los guardias, los compañeros, cuando llegué a la prisión de Rotterdam, la que me había mandado El comandante, más la que me habían regalado los compañeros de Ter Apel que se fueron en libertad, sumaba bastante, por tradición cada vez que salía en libertad de una prisión, esta era la tercera vez, regalaba todo lo que tenía dentro de la celda, solamente me llevaba lo puesto.

Me dejaron en un cuarto esperando mi transporte, me imagino me llevarán a dormir en la prisión que está enfrente del aeropuerto. Dicho y hecho, a las 2:30 pm llegó el transporte, me entregaron la maleta y la mochila, para que las cargara hasta la camioneta jaula que sería mi vehículo, era la primera vez que entraba a una de estas con alegría. Cuando por fin se abrieron las puertas para que saliera el transporte a la calle, alcancé a darle una última mirada a las paredes de Ter Apel, el sentimiento que tenía en ese momento, era una combinación de alegría y tristeza, feliz por recobrar la libertad, apenado por los compañeros que dejé atrás, aunque sé pronto seguirán este mismo camino, no puedo dejar de sentir nostalgia, sea como sea, fueron mi familia el tiempo que permanecimos juntos.

Después de viajar aproximadamente 2 horas, llegamos a otra prisión a recoger pasajeros convictos, me bajaron, esperamos como 45 minutos, aparentemente no estaban listos, al cabo de un tiempo, con los nuevos viajeros, continuamos dirección Ámsterdam.

Paso más de una hora cuando por fin, llegamos al área metropolitana de Ámsterdam, la misma ciudad que tantas veces, tantos años había visitado, disfrutado, gozado y divertido de muchas maneras, ahora la estaba apreciando desde un transporte del ministerio de justicia, ésta vez, en calidad de recluso que termina su sentencia y va de vuelta a su país. Que ironías tiene la vida o más bien que vueltas da.

Llegamos a la prisión que está enfrente del aeropuerto, ahí nos distribuyeron de acuerdo a cada propósito, el mío gracias a Dios, alistarme para el gran día, regreso a la libertad.

Se dice fácil, pero era la tercera vez o cuarta ni recuerdo, ahora estoy mayor, con menos fuerzas que las veces anteriores, pero como nunca antes con Dios en mi corazón, confiando en su grandeza.

Me subieron a un pabellón en el tercer piso, la celda era más o menos parecida a la de Ter Apel, esta solamente tiene un TV una cama, un baño, pero con ducha, parecía más un hotel 3 estrellas de turistas de los muchos que hay en esa ciudad, Me dieron el paquete de costumbre, una caja negra de comida congelada, una bolsa con azúcar, café, té, el guardia que me recibió amablemente se ofreció a calentarme la comida, agua para té porque aquí no había microondas.

Estaba agotado por el viaje, pero ansioso porque llegara el día siguiente, cené y me acosté a dormir tratando de no pensar tanto.

Únicamente pude dormir 4 horas, a las 5 am estaba levantado, revisando la caja negra para ver qué quedó de comer, me duché, cuando el guardia de turno me avisó que a las 7 am estuviera listo, ya lo estaba. Me llevaron en otro transporte para cruzar hasta el aeropuerto Schiphol.

¡Ay aeropuerto!, si tu pudieras hablar y contar tantas historias, vivencias, anécdotas, locuras que hice aquí en el pasado. Ahora era entregado por los funcionarios del ministerio de justicia a los militares que están a cargo del aeropuerto.

La muy famosa y temida KONINKLIJKE el nombre en holandés del real ejército, conocida por MARECHAUSSE.

Los dos oficiales que me recibieron, con mucha cortesía me hicieron unas preguntas, me dieron la última revisada junto mis pertenencias antes de entrar a la zona del aeropuerto. Les pregunté si podía llevar mi maleta y mi mochila como equipaje de mano, después de revisarla y sacarme un shampo que había comprado en México antes de iniciar todo lo que me llevo a Holanda le dije: no hay problema ese shampo no es nada importante.

El beneficio de llevar mi equipaje de mano en un vuelo de 10 horas hasta Bogotá, después de esperar 4 horas seguir hasta Barranquilla, es muy grande.

Metieron mis cosas en un locker hasta el momento del viaje, me llevaron a un recinto de espera, porque no parece celda, tiene varios baños, ahí encontré un africano y un marroquí esperando su turno para la deportación.

Al cabo de 2 horas cuando estaba próxima la hora de salida de mi vuelo, llegó un funcionario de la organización de ayuda a los migrantes, los que me compraron el boleto. Les vuelvo a repetir, ser ayudado por esa ONG es una bendición más de parte de Dios, tal vez pensaran que estoy un poco fanatizado, pero les puedo asegurar que ser deportado de un país como USA y ser sacado de Holanda en calidad de repatriado voluntariamente, es una diferencia tan grande como el cielo y la tierra.

El funcionario de la ONG abrió la celda me llamó por mi apellido, me dijo: vamos es hora, sin decirle una palabra lo seguí, iba con paso rápido porque habían empezado abordar el avión.

Caminamos un poco, abrió varias puertas con el pase de persona autorizada que tenía, llegamos a una ventanilla de la Marechausse, les pidió mi pasaporte, sin decir nada más que: toma y vamos rápido, me lo entregó, salimos a paso ligero.

Wow tenía mi pasaporte colombiano en mi mano, la sensación era emocionante, a diferencia de USA, que uno solo ve el pasaporte en Colombia cuando la azafata se lo entrega a los de inmigración, aquí lo tenía en mis manos. Seguí al señor pasar otras puertas más, cuando me di cuenta, estábamos caminando en la zona del Duty Free del aeropuerto. Dios mío que sensación, ese aeropuerto es bien grande, seguro que lo conocía muy bien, caminamos como 10 minutos más, cuando casi llegábamos a la sala de mi vuelo, como si las bendiciones de mi Señor no se acabaran, el señor de la ONG paró en un cajero automático de los varios que hay dentro del aeropuerto, sacó una tarjeta debito que asumo es de la ONG, retiro 200 euros, me los dio. Para que no llegues con las manos vacías; me dijo en un tono de benefactor, le di las gracias, tomé el dinero con mucha felicidad. Este señor no creo que tenga idea que me está entregando más de medio millón de pesos colombianos, un poco menos que el salario mínimo, en mi situación, es una bendición.

Seguimos caminando, hasta que llegamos a la sala del vuelo de KLM destino Bogotá, el señor se acercó a la empleada de la aerolínea, se identificó como de la ONG hablaron en holandés. Pude entender que explicaba, llevaba mi equipaje de mano, la funcionaria estuvo de acuerdo, el señor de la ONG me dio la mano, me deseó buen viaje dio media vuelta y se fue.

Quedé como que no te la crees, saliendo del país después de estar 16 meses en una cárcel, estaba con mi equipaje de mano enfrente del avión. Para despedirme del país, con los beneficios que da estar de la mano de mi Padre

Celestial, la empleada de la aerolínea me invita abordar el avión en la línea de VIP Primera clase.

Caminar en el túnel, entrar al avión, buscar mi asiento asignado, se siente muy placentero, me asignaron en medio de dos asientos, como entré de los primeros, todavía no llegaban los dueños de esos 2 asientos.

Estaba tan emocionado que ni siquiera podía reflexionar en lo que me esperaba en Colombia, en mi futuro, en cómo será mi vida con un corazón renovado, lleno de Fe en mi DIOS.

En ese momento únicamente quería que el avión despegara pronto, quería dejar atrás ese pasado lleno de errores, no veía la hora de llegar a Colombia.

Para convencerme de que mi SEÑOR no me va a dejar solo, los pasajeros que llegaron a buscar sus sillas eran: a mí izquierda, una chica colombiana del departamento de meta muy agradable, del lado derecho otra igual de agradable colombiana de Villavicencio.

Después de intercambiar saludos solamente se me ocurrió decirles a mis dos compañeras: voy de regreso a Colombia, bendito entre las mujeres.

A ustedes que se han tomado el tiempo de leer las historias de mi agitada vida, siento la obligación en un futuro no muy lejano, dejarles saber, como se vive transitar por el camino correcto, de la mano de un Dios Vivo, únicamente me resta decirles como presagio de lo que me espera:

"BIENVENIDOS A LA PUERTA DE ORO"

**FIN**

Made in the USA
Columbia, SC
30 September 2020

21782540R00178